KB235748

금서禁書,
시대를
읽다

금서禁書, 시대를 읽다

문화투쟁으로 보는 한국 근현대사

백승종 지음

산처럼

1

금서란 무엇입니까? 그것은 시대와의 불화를 알리는 불만과 저항의 목소리입니다. 일탈과 혐오, 저주와 선동, 좌절과 소망의 문화공간입니다. 권력자들의 입장에서 보면, 금서는 지나치게 음란 퇴폐적이거나 사상적으로 불온한 것이라서 제거와 격리의 대상입니다. 금서의 대상은 지배 권력이 권위적이고 억압적일수록 전방위로 확장되고, 선정 기준도 자의성을 띠게 됩니다. 이런 사실은 한국사에서도 뚜렷이 확인됩니다. 군국주의에 눈멀었던 일제와 군사독재정권의 금서 탄압은 참으로 가관이었습니다.

지난날의 금서는 대부분 억압의 사슬에서 풀렸습니다. 이제 우리는 과거의 금서를 자유롭게 읽을 수 있게 됐습니다. 그런데 왜 역사 속의 금서를 또 이야기하려는 것일까요? 이미 역대의 금서정책을 다룬 책도 있고, 도서 검열의 사회사를 서술한 것도 있지 않느냐는 물음도 있을

법합니다. 맞는 이야기이지만 금서에 관한 우리의 궁금증은 아직 해소되지 못했습니다.

이 책에서는 금서의 문제를 '문화투쟁'이란 관점에서 바라볼 것입니다. 새로운 사상과 관점을 주장하는 금서의 저자들과 그들을 억압하는 지배 세력 또는 기득권층 사이의 문화적 충돌에 주목하겠다는 말씀입니다. 그들의 '문화투쟁'은 문화적 헤게모니를 둘러싼 투쟁인데, 그 양상은 꽤 복잡했습니다. 때로 그것은 제한적이기도 하고 단속적이기도 했지만 매우 복합적인 성격을 가질 때도 있었습니다.

문화투쟁의 역사를 쓰는 것은 역사를 이해하는 새로운 방법입니다. 이 책은 바로 그 문화투쟁의 역사 속으로 여러분을 안내할 것입니다. 그런데 여기서 읽게 될 문화투쟁은 다소 제한적입니다. 주제의 방대함 때문에 저는 금서 저자들의 '서사전략'에 초점을 맞출 것입니다. 이 책에서 우리가 만날 금서의 저자들은 자신들의 저술이 권력의 탄압에 직면할 줄로 예감하는 경우가 많았습니다. 그들은 신변의 위협에도 불구하고, 독자들에게 전달하고 싶은 절실한 메시지를 가지고 있었습니다. 그러면서도 그들은 권력자들의 탄압에서 벗어날 궁리를 했기 때문에 이런저런 이유로 금서의 저자들은 저마다 독특한 '서사전략'을 구사했습니다.

금서에 관한 논의를 서사전략에만 국한할 생각은 아닙니다. 그 텍스트에 담긴 다양한 문제를 안팎에서 살펴보기도 하고, 시대를 바라보는 저자들의 비판의식과 미래를 향한 소망과 의지를 살피기도 할 것입니다. 그래도 이 책의 중심은 금서 저자들의 '서사전략'입니다. 이런 용어가 다소 딱딱한 느낌을 주는 것은 사실이지만, 이 책의 논지와 서술은 일반 시민들도 쉽게 읽을 수 있도록 평이하게 만들고자 노력했습니다.

2

돌이켜보면, 우리 역사상에는 참으로 많은 금서가 존재했습니다. 조선 후기에 등장한 예언서『정감록鄭鑑錄』은 나라의 멸망을 예언했대서 상당한 탄압을 받았습니다. 구한말에도 시국에 저촉된다는 이유로『조선책략朝鮮策略』,『금수회의록禽獸會議錄』,『을지문덕』같은 책들이 발매 금지됐습니다. 일제 시기에는 더 많은 책들이 금서로 낙인찍혔습니다. 해방 이후조차 상당수 시인과 소설가, 학자와 언론인의 글이 금서로 묶였습니다. 이 책에서 검토하게 될『백석 시집』,『8억인과의 대화 : 현지에서 본 중국대륙』,「오적五賊」,『태백산맥』등도 한때는 금서였거나 금서 논쟁에 휩싸인 책들입니다.

금서 가운데는 사회 현실을 풍자한 것이 많았습니다.『금수회의록』은 일제 침략의 부당성을 고발했고,「오적」은 독선적이고 부패한 군사독재정권을 질타했습니다. 독서 대중은 시원하고 날카로운 그 풍자에 환호했습니다. 하지만 도덕적 기반이 취약했던 권력자들은 문제의 도서들을 용납하지 못했습니다.

유가 다른 금서들도 있었습니다. 지식의 시대적 한계에 도전하고, 기존의 인식 틀을 무력화하는 금서가 그에 해당합니다.『조선책략』이나『8억인과의 대화』가 바로 그러했습니다. 하지만 금서 조치와 투옥 등의 강력한 제재 조치에도 불구하고, 역사의 도도한 물결이 완전히 막히는 법은 거의 없었습니다. 세상일은 결국 순리대로 가게 마련입니다. 또 그래야 마땅한 일이겠지요.

체제 저항적인 내용으로 말미암아 금서로 낙인찍히고 마는 경우는 고전적인 사례에 해당한다고 할 것입니다.『정감록』이 그런 학대를 받은 것은 어쩔 수 없는 일이었다손 칩시다. 그러나 일제 침략자들이『을지문덕』과 같이 한국인의 애국심을 불러일으키는 책들을, 그것도 이 나라가 강제 병합도 되기 전부터 노골적으로 탄압한 것은 지나친 일이었습니다. 군사독재 세력의 잔당들은 빨치산의 역사를 썼다는 이유만으로도 대하소설『태백산맥』까지 금서로 취급하여 시민들의 분노를 샀습니다. 이념의 덫은 맹목적일 때가 많습니다. 그랬기에 눈먼 당국자들은 백석의 서정시집 같은 것조차 오랫동안 철창 안에 가두어놓았습니다.

요컨대 금서의 종류는 다양했지만 제가 보기에 그것은 '문화투쟁'이라는 하나의 개념으로 포괄될 수 있습니다. 그것이 정치적 자유를 향해 타오르는 요원한 투쟁의 불길이었든, 새로운 시대의 가치와 정치적 이념을 실천하기 위해서였든, 결국에는 문화적 헤게모니를 둘러싼 갈등과 대립이었기 때문입니다. 금서 저자들의 '서사전략'에 주목한 이 책은, 금서를 둘러싼 다양한 성격의 문화투쟁이 한국 근현대사의 수레바퀴를 움직인 중요한 동력이었음을 증명하게 될 것입니다.

3

전부터 저는 금서의 역사를 탐구하고 싶었습니다. 아니, 시 실온『정감록』에 대한 연구를 통해 부분적으로나마 그것을 실천했습니다. 하지만 제 열망은 더욱 깊었습니다. 한국 근현대사를 써내려간 금서를 읽어가며, 그것이 초래한 '문화투쟁'의 역사를 기록하고 싶었습니다. 금서를 통해 한국 근현대사의 고뇌와 성취를 제대로 이해하고 싶었다는 말씀입니다.

2012년 봄, 마침 금서를 강의할 기회가 주어졌습니다. 모두 여덟 차

레에 걸쳐, 저는 위에서 언급한 8종의 금서들을 검토했습니다. 덕분에 생각의 실마리가 잡혔습니다. 참석자 여러분과의 질의응답을 통해 제 문제의식은 더욱 뚜렷해졌습니다. 재삼 감사드립니다.

금서 강좌를 기획하고 힘써 격려해준 인문학박물관의 관계자 분들께도 깊이 감사드립니다. 성가시고 까다로운 원고 정리를 정성껏 도와준 도서출판 산처럼의 식구들에게도 감사의 말씀을 드립니다. 이 책에 매달린 금년 여름은 유난히도 무더웠습니다.

2012년 가을

백승종 씀

차례

'금서' 강의를 시작하며

　　우선 금서란 무엇인지 그 성격을 대강이나마 짚어볼 필요가 있습니다. 또 한국 근현대사에서 금서로 낙인찍힌 책들로는 어떤 것이 있었는지도 점검해야 마땅하지 않을까 합니다. 나아가 이 책에서는 하필 왜 8종의 금서를 주목하게 됐는지도 설명해야겠습니다.

금서는 '문화투쟁'의 역사다

　　금서의 역사는 문자의 출현만큼이나 오래됐습니다. 고대부터 정치·도덕·종교상의 이유로, 책자의 간행과 소장 및 열람이 금지되는 일이 있었습니다. 때로 책을 불사르는 분서焚書 조치가 강행되기도 했습니다. 관련자들이 옥에 갇히거나 유배되는 것은 다반사였지요. 그것으로도 문제의 책을 완전히 추방하지 못할 때가 많았습니다. 뭐가 금지됐다 하면 괜히 더 들춰보고 싶은 생각이 드는 것은 인지상정이라 도리어 인기를 끌기도 했습니다.

　　인간 사회에 악영향을 미칠 것이라는 염려가 컸기 때문에 금지 조치가 내려졌다고 하지만, 그 결정은 대체로 권력자들의 이익을 지키기 위한 것이었습니다. 인간 보편의 입장에서 보면 오히려 권장되어야 할 말

과 행위가 금지되고 만 경우가 더욱 많았습니다. 그랬기에, 과거에 금지
됐던 책들이 나중에는 융숭한 대접을 받는 경우가 비일비재했습니다.

역사 속 금서를 굳이 살피는 이유가 사실은 그 점에 있지요. 많은 금
서에서 우리는 그 책들이 권력을 자극한 불온성 즉, 책이 시대와 불화
한 지점을 발견하게 됩니다. 달리 말해 금서란 시대가 당면한 과제들을
본격적으로 논의한 것이 대부분이었습니다. 따라서 금서를 자세히 읽어
보면, 역사의 새로운 지평을 열기 위한 위대한 동력이 재발견됩니다. 요
컨대 금서는 새 시대를 열기 위한 '문화투쟁'의 도구일 때가 많았습니
다. 그런 점에서 이 책은 금서로 쓴 문화투쟁의 역사라 하겠습니다.

왜 금서가 되는가

권력자들이 어떤 책을 금지하는 원인은 여러 가지였지만 일차적으로
는, 그것이 정권의 토대를 위협하는 정치적 메시지를 담았기 때문이었
어요. 장 자크 루소(1712~78)의 『사회계약론』과 『에밀』도 그랬습니다
만, 서양 근대의 계몽사상가들은 금서 작가로 낙인찍히는 경우가 허다
했습니다. 기성 정치 세력은 그들의 저술에서 심각한 정치적 위협을 느
꼈기 때문입니다.

금서의 결정에 강력한 권력을 휘두른 또 다른 집단은 기성의 종교
세력이었습니다. 역사상 종교와 정치 지배집단은 하나로 통합될 때가
많았기 때문에 이런 구분은 무의미해 보일 때도 적지 않았습니다. 가령
조선왕조는 성리학의 이름으로 이단의 서적을 탄압했습니다. 18세기
후반부터는 서학(천주교)에 관한 서적들을 모두 금지했어요. 이러한 사

정은 중국의 역사에서도 확인됩니다. 도교와 불교가 격심하게 경쟁을 벌이던 시대에는 서로 상대방의 경전을 금지하기도 했던 것입니다.

서양 중세 때는 로마 교황의 권력이 막강했기 때문에, 교황청이 정한 도그마(교리)에서 한 치라도 어긋나는 글은 종류 여하를 막론하고 모두 금지됐습니다. 오늘날까지도 가톨릭교회는 교황의 '무오류성infallibility'을 고집합니다. 오이겐 드레버만Eugen Drewermann(1940~) 신부는 독일 파더본 대학교의 전도유망한 신학자였지만, 가톨릭교회는 그에게서 신학을 가르칠 권리를 빼앗고 사제의 지위도 박탈했습니다. 드레버만 박사는 심층심리학을 토대로 성서를 새롭게 해석했습니다. 그는 독자가 자신의 내적 경험을 통해서 성서 본문을 직접 이해할 수 있다고 주장했습니다. 결과적으로 그는 교황청의 도그마를 부정한 셈이 됐습니다.

방금 말한 정치적·종교적 이유 말고도 금서들을 양산한 이유가 또 있었습니다. 미풍양속 또는 성도덕에 관련된 것이 그것입니다. 가령 장정일의『내게 거짓말을 해봐』또는 드 라클로의『위험한 관계』등은 성풍속을 문란하게 할 위험이 있다 해서 판매가 금지됐습니다. 그런 책을 금지시킨다고 해서 과연 인간 사회가 얼마나 도덕적으로 변화될 수 있는 것일지 의심스럽기 짝이 없습니다.

금서의 문제를 제대로 논의하려면, 금지된 그림과 음반, 영화, 연극들도 포함시키는 것이 마땅합니다. 권위주의적 지배 체제 아래서는 책뿐만 아니라 거의 모든 종류의 예술 또는 창작 활동이 호된 검열을 거치게 되어 있으니까요.[1] 현대 한국 사회만 해도 '7080가수'로 이름난

---

1. 프랑스 계몽주의 시대의 금서를 문화사적으로 조명한 주명철의『서양 금서의 문화사 : 프랑스 계몽주의

송창식이나 양희은 같은 이들도 왕년에 금지된 노래가 몇 곡씩은 다 있었습니다. 송창식의 「왜 불러」라는 노래도 금지가 됐습니다. "왜 불러, 왜 불러, 돌아서서 가는 사람을 왜 불러?" 이게 뭐가 어째서 미풍양속에 위배가 된다는 것입니까? 영화 「바보들의 행진」에서 경찰이 장발 단속을 하자 주인공이 도망을 치는데 바로 그 순간 「왜 불러」라는 노래가 흘러나옵니다. 이 영화를 본 검열 당국자들은 「왜 불러」가 '공무집행방해'를 했다고 판단해 금지곡으로 정했다고 합니다. 정말 어처구니가 없지요.

군사정권이 자의적인 기준으로 마구잡이식 검열을 한 것이 아니냐는 혐의를 둘 만도 합니다. 이런 판국이었기 때문에 춘화, 즉 포르노그래피에 대한 검열은 더욱 심했습니다. 한국의 춘화를 연구한 이태호 교수라고 있습니다. 오래전에 그가 조선 시대의 춘화를 묶어서 책으로 낸 적이 있었습니다. 제가 그 책을 우연히 보게 됐는데, 춘화를 춘화답게 만드는 은밀한 부위가 모두 먹칠이 되어 있었습니다. 이게 무슨 춘화입니까?

훨씬 노골적인 춘화첩이 당나라 시대에도 유행했지만 당시에는 별 문제가 없었어요. 일본의 에도 시대江戸時代에도 '우키요에浮世繪'라는 다색판화가 널리 판매됐어요. 그 판화들 가운데는 과감하고 독창적인 것이 많았습니다. 이러한 일본 판화는 서양의 포르노그래피 발전에도 상당히 기여했고, 이른바 인상파라는 독특한 화풍을 탄생시키는 역할도 했습니다. 그런데 한국에서는 포르노그래피의 출판이 아직도 금지되고

시대를 중심으로』(길, 2006)는 신문화사의 관점에서 금서의 문제를 본격적으로 살핀 책입니다. 한국의 금서 문제를 이해하는 데도 많은 시사점을 던져주고 있습니다. 금서에 관한 보다 일반적인 논의는 한상범의 『금서, 세상을 바꾼 책』(이끌리오, 2004)이 참고됩니다.

있어요.

금서를 논의할 때 하필 우리는 권력자들이 금지한 도서만을 염두에 두어야 하는 것은 아닙니다. 이른바 금서의 개념을 저는 현대적 의미의 모든 '텍스트'로 확장하고 싶습니다. 그림도, 음반도, 영화도, 모두 금서의 범위에 포함시키고 싶은 것입니다. 금서에 관한 이야기는 그처럼 폭넓고 다양해야 제맛이라고 생각합니다.

다만 금서의 외연을 그렇게 확장시켜놓고 보면 검토해야 할 사항이 많아집니다. 금서에 관한 앞으로의 제 연구에서는 개념의 확장을 시도하겠습니다. 하지만 이 책에서는 8종의 도서에 국한하여 논의를 진행하겠습니다. 8종의 금서가 과연 한국 근현대를 대표하는 '금서 중의 금서'인가를 쉽게 판가름하기는 어려운 점이 있습니다. 그럼에도, 그것이 어느 면에선가는 각 시대의 금서를 대변할 수 있다고 생각합니다. 그 점은 이 글의 끝부분에서 다시 한 번 거론할 예정입니다.

금서의 '문화투쟁'

미풍양속이 구실이 됐든, 올바른 종교적 신앙, 혹은 정치적 이념을 위해서라 하든 금서는 결국 '문화적 헤게모니'를 둘러싼 싸움입니다. 인간 사고의 틀과 행동규범을 근본적으로 장악하기 위한 노력이 금서 조치라는 정치적 행위의 목적이라는 말씀입니다. 결국 이것이 금서 문제의 핵심입니다.

문화투쟁은 영어로 '컬처 워culture war'라고 하고, 독일어로는 '쿨투어 캄프Kulturkampf'라고 부릅니다. 이것은 '문화적 헤게모니'를 장악하려는 다툼입니다. 물론 이 경우에 '문화'란 용어는 정치와 경제와는 다른 협소한 일개 활동 분야가 아닙니다. 제가 사용하는 이 '문화'는 대단히 포괄적인 개념입니다. 그것은 인간의 의식과 실천적 행동을 포괄하는 방대한 내용입니다. 하필 그것을 '문화'라고 표현하는 까닭은, 그 언어적인 측면을 중시해서입니다.

이것은 물론 제 개인적인 생각이지만, '문화투쟁'이란 개념을 가지고 금서의 문제를 다룰 때 우리는 현실 권력의 문제를 정치경제적인 측면에서 분석할 때보다 더욱 심층적으로 탐구할 수 있습니다. 지배와 소유라는 현상적 이해의 틀을 초월할 수 있습니다. 현실 권력의 향방을 짚어보는 데 그치지 않고 그 저변을 흐르는 평화와 공존의 이상을 지향하는 인간 역사의 의지를 확인하게 됩니다. 요컨대 금서의 역사를 '문화투쟁'의 역사로 이해한다는 것은, 인간 문제의 본질에 한 발 더 깊숙이 다가서기 위한 노력인 것입니다.

한국 역사상의 금서

동서양 모두 금서의 역사는 대단히 깁니다. 서양에서는 기원전 5세기 프로타고라스의 『제신諸神에 관하여』가 불살라졌습니다. 이때부터 서양 철학자들의 세계관이나 우주관 및 종교관들이 검열의 대상이 됐습니다. 중국에서도 일찍부터 금서가 많았습니다. 기원전 4세기에는 노자의 『도덕경道德經』이 문제가 됐다는 기록이 전합니다. 도가사상이 배척을 받았기 때문에 그런 조치가 내려진 것입니다.

고대에 관한 기록이 비교적 드문 편이라 그런지 몰라도 한국에서는 금서에 관한 기록이 비교적 늦게 발견됩니다. 조선 초기인 1411년(태종 11)에 참위서讖緯書와 음양서陰陽書를 불태우게 했다는 『조선왕조실록』

의 관련 기사가 눈에 띕니다. 혹세무민惑世誣民을 염려해서 그랬다고 하지만, 전후 맥락으로 미루어보면 조선왕조의 정치적 안정을 저해하는 예언서들만 선별적으로 탄압한 것이 틀림없습니다. 세조 때나 성종 때도 비슷한 조치가 반복됐습니다.

연산군 때는 한글로 쓴 격서檄書를 통해 왕을 비난하는 사건이 일어났습니다. 그러자 한글 서적이 모두 금지되는 사태가 연출됐지요. 또 『여지승람輿地勝覽』 등 나라에서 간행한 책자들도 비밀문서로 취급됐습니다. 민간에서는 그런 책들의 열람마저 금지됐습니다. 통치 비밀이 중국과 일본 등 이웃 나라로 빠져나가는 것을 극도로 두려워했다는 증거입니다.

중국 명나라 역시 폐쇄적인 지식정보정책을 고집했습니다. 14세기까지만 해도 동아시아는 지구적인 차원에서 보더라도 가장 개방적이었습니다. 원나라는 문화적으로 활짝 열린 세계 대제국이었어요. 그랬는데 명나라가 들어서면서 폐쇄 모드로 전환한 겁니다. 조선 초기 한국의 지배층은 어떻게 하면 명나라에 유학해 선진 문물을 받아들일 수 있을까를 궁리했습니다. 하지만 명나라는 그러한 요구를 거부했어요. 그들은 자기들이 가지고 있는 것을 제대로 지켜내지 못할까봐 조바심을 냈습니다. 결국 시간이 갈수록 명나라 외부 세계의 장벽은 두꺼워졌습니다.

그래도 조선왕조에 비하면 명나라는 개방적인 편이었습니다. 명나라 말기가 되면 서양의 가톨릭 신부들이 들어와서 선교 활동을 폈습니다. 서양과의 무역도 일정한 틀 안에서 계속적으로 유지됐습니다. 외부 세계와의 이러한 개방정책은 당시 한국으로서는 상상도 못할 일이었습니다.

성리학지상주의자들의 문화투쟁

조선 사회의 폐쇄적인 풍토는 극에 달했고, 그 결과 다양한 금서가 양산됐습니다. 권력의 주체들은 기득권을 수호하기 위해 날이 갈수록 숨 막히는 금서정책을 폈습니다. 16세기 이후 성리학이 주류 이데올로기로 확고한 위치를 차지하게 되자 금서의 범위는 더욱 확대됐습니다. 같은 유학이라도 양명학陽明學 서적조차 금지의 대상이 됐습니다. 국내뿐만 아니라 중국에서 간행된 서적들도 수입이 금지됐습니다. 그러다 보니 중국과 접경인 함경남도 의주에서는 사신 일행의 봇짐까지 수색할 정도가 됐지요.

사상 통제 경향은 갈수록 더욱 강화되어 17세기 후반에는 주류에서 벗어난 성리학자들의 저작도 금지됐어요. 박세당(1629~1703)은 소론 계열의 대학자였지만, 노론의 영수 송시열(1607~89)은 그를 '사문난적斯文亂賊'이라고 낙인찍었습니다. 박세당의 문집은 판각이 훼손되는 등 고난을 겪게 됐습니다.

그래도 그때는 아직 중국에서 '서학'에 관한 서적들이 남몰래 수입됐습니다. 중국과 한국 사이의 문화적 국경이 어느 정도 열려 있었다는 말입니다. 명말 청초의 새로운 문예사조를 대표하는 책들도 들어왔습니다. 중국의 패관문학稗官文學도 소개됐던 것입니다. 그 가운데 특히 소품小品은 주관적인 감정을 드러낸 경우가 많았기 때문에, 객관과 보편을 추구하는 성리학적 이념과 배치됐습니다. 이것이 결국 조선 지식계에서 큰 문제로 인식됐습니다.

18세기 말 조정에서는 중대 조치를 단행했습니다. 1788년 『천주실의天主實義』를 비롯한 서학 관련 서적이 불태워졌습니다. 이어서 중국에서 어떤 책자도 수입하지 못하게 됐어요. 정조가 바로 그런 조치를 취했습니다. 그는 중국과 문화적 교류를 전면적으로 차단한 최초의 왕이었습니다. 정조를 대단히 진보적이고 개혁적인 왕이라고들 생각하는 경향이 있지만 사실은 그렇지 않았습니다. 그가 중국을 통해 수용되기 시작한 신지식을 일괄적으로 금지한 것은 대단히 안타까운 일이었습니다.

정조의 보수적 문화투쟁

흔히들 영·정조 시대에는 문화가 꽃피웠다고들 평가하지요. 영조와 정조가 유난히 책을 사랑했고, 그 시기에는 문화계 전반에 활기가 감돌았던 것은 틀림없는 사실입니다. 하지만 그들의 문화 애호는 일반이 짐작하는 것과는 달리 보수적인 성격이 강했습니다. 특히 정조는 신문화의 수용을 거부하고 일종의 문화투쟁을 벌였습니다. 정조는 세종을 모델로 삼았고, 어느 정도 성공한 왕으로 평가될 수 있지요. 그러나 본질적인 면에서 세종과는 비교가 되지 않아요. 세종은 과거에 존재하지 않은 것을 만든 창조적인 왕이었습니다. 신하들이 맹렬히 반대해도 세종은 한글을 만들기까지 했어요. 그런데 정조는 세종 시대를 흉내 내는 데 그쳤다고 볼 수 있습니다. 정조는 새 시대를 열지 못하고, 뒤로 돌아가는 꿈만 꿨다고, 저는 그렇게 평가합니다. 정조는 앞으로 나아가는 것에 대해 엄청난 두려움을 가지고 있었다는 점이 문제의 핵심입니다.

아마도 세종 같았으면 서학을 수용했을 가능성이 적지 않습니다. 말년에 세종은 신하들의 격렬한 반대에도 불구하고 경복궁 안에 내불당內佛堂을 건설했지요. 왕은 불교 신앙을 포기하지 않았던 것입니다. 그런 왕이라면 궁궐 안에 서학의 교당도 지을 수 있고, 서양 신부를 초빙해 외국어와 과학기술도 가르치게 할 수 있지 않았을까요? 그러나 정조에게는 그러한 비전이 없었어요. 정조는 자기 시대의 주류 이데올로기에 파묻혀 이단을 물리치기 위한 문화투쟁에 골몰했지요. 이것은 온전한 성리학 국가가 되는 것을 의미했습니다. 다른 왕들에 비하면 정조는 지적으로 뛰어났고 정치적으로도 탁월한 능력을 지녔지만 유감스럽게도 시대의 사명을 제대로 인지하지는 못했다고 생각합니다.[2]

구한말의 금서 논란 : 신구 가치관의 충돌

조선왕조 말까지도 폐쇄적인 분위기가 그대로 유지됐습니다. 사회 분위기는 더욱 경직될 수밖에 없었지요. 이런 가운데 19세기 후반, 동학이라는 새 종교가 등장했습니다. 조정이 동학의 경전인 『동경대전東經大全』과 『용담유사龍潭遺詞』를 금지한 것은 오히려 당연한 일이었다고 생각될 정도입니다.

국호를 개방한 다음에도 외국 문물에 대한 경계심과 두려움은 쉬 사라질 기미가 없었어요. 1880년에 들어온 『조선책략』은 한 차례 회오리를 몰고 왔지요. 중국, 일본 및 미국과 함께 러시아를 견제하자는 주장 때문에 전국의 유생들이 들고일어났습니다. 그들은 이 책을 『중서문견中西聞見』과 『만국공법萬國公法』 등과 함께 종로 네거리에서 불사르자고 주장했습니다. 유생들은 서양사정을 기록한 『중서문견』과 국제법에 관한 기본 지식을 정리한 『만국공법』을 모두 적대시했습니다. 하지만 시대의 흐름은 이미 바뀌어, 서구 지식의 수용은 막지 못할 대세가 됐습니다.

그런데 19세기 말까지 조선 사회에서 가장 지속적으로, 철저하게 탄압받은 책자는 따로 있었습니다. 『정감록』이 바로 그것입니다. 조선왕

---

2. 이 문제를 자세히 알고 싶으면 제 책, 『정조와 불량선비 강이천』(푸른역사, 2011)을 참고하기 바랍니다.

조는 곧 망하고, 정씨鄭氏가 계룡산에 도읍한다는 정치적 예언이 그 핵심이었습니다. 18세기 후반부터 각종 역모사건에 이 책이 개입됐습니다. 그 위력은 20세기 전반까지도 지속됐지요. 새로운 사회를 열고 싶어 하는 평민지식인들의 열망이 이 예언서를 중심으로 전개됐기 때문에, 일제 식민지 권력도 문제의 예언서를 두려워했습니다.[3]

한마디로, 구한말 금서 논란의 핵심은 개화와 수구의 가치관을 둘러싼 문화투쟁이었습니다. 그것은 기성의 성리학 중심 사회를 극복하려는 신지식인들과 기득권을 지키려는 보수 집권층의 힘겨루기였습니다. 집권층 가운데서도 새로운 질서를 추구하는 이들이 아주 없지는 않았습니다만, 크게 보면 그랬던 것입니다.

일제 군국주의의 금서

일제 시기에 이르러 금서에 대한 탄압은 더욱 공교해지고 일상화됐습니다. 1908년부터 교과서검인정제도가 도입됐고, 그 이듬해에는 이른바 '출판법'이 등장해 사전심의제도가 강화됐습니다. 현채의 『월남망국사越南亡國史』를 비롯해, 김대희의 『20세기 조선론』과 안국선의 『금수회의록』 등이 탄압을 받았어요. 정인호의 『초등대한역사』와 신채호의 『을지문덕』 등도 저들의 검열에 걸렸습니다. 일제는 1910년까지 무려 50여 종의 도서를 금지시켰습니다. 식민화에 앞서 사상적 저항을 최소화하기 위한 사전 조치였습니다.

한반도가 일제의 식민지로 전락한 1910년대에는 출판물에 대한 통

---

3. 『정감록』을 비롯한 정치적 예언서에 관해서 저는 『한국의 예언문화사』(푸른역사, 2006)에서 종합적으로 고찰한 적이 있습니다. 조선 후기의 정치적 예언서에 관하여는 고성훈, 「민중운동의 사상적 기반」, 『한국사 36 : 조선 후기 민중 사회의 성장』(국사편찬위원회, 1977)도 참고됩니다.

제가 더욱 심해졌어요. 강제로 나라를 빼앗은 직후에 일제는 51종 20여 만 권의 서적을 발매 금지하고 압수했다고 합니다. 물론 20여 만 권이란 숫자는 정확한 것이 아니었지만 그것이 상징하는 바는 명확합니다.[4] 금지된 도서 가운데는 윤치호의 『찬미가』, 이승만의 『독립정신』, 이해조의 『자유종』과 『철세계』, 유길준의 『노동야학』 등도 포함됐습니다.

그 뒤 저들의 강압적인 무단통치에 맞서 3·1운동이 거국적으로 일어났고, 그 뒤 일제는 일종의 유화정책을 펴게 됐습니다. 저들은 '문화정책'을 표방하며 자유를 허락하는 듯 보였습니다. 그러나 실제로는 지독한 검열제도를 확립해놓고 자유로운 의사표현을 금지했습니다.[5] 겉으로나마 유화적이었던 일제의 태도는 결코 오래가지 못했지요. 1937년 중일전쟁이 시작되자 출판물에 대한 탄압이 전보다 몇 배나 노골적이고 악랄한 성격을 띠게 됐습니다. 소위 '출판법'에 따라 1941년 초까지 342종의 책자가 금서로 분류됐습니다.

박은식의 『한국독립운동지혈사』와 『한국통사』 등 민족의식을 고양하는 도서는 당연히 그 안에 포함됐습니다. 저들은 문면상으로는 전혀 흠잡을 구석이 없는 한용운의 시집 『님의 침묵』까지도 금지했습니다. 그런 판국이라 안재홍의 『월남 이상재』와 최현배의 『주선민족갱생

<hr>

4. 김진학, 한철영, 『제헌국회사』, 신조출판사, 1954, 22쪽 ; 이중연, 『『책』의 운명 : 조선~일제강점기 금서의 사회·사상사』, 혜안, 2001, 405~406쪽을 참조하기 바랍니다. 이중연의 책에는 특히 일제 시기의 금서 조치들에 관한 여러 가지 사실들이 자세히 분석되어 있습니다. 최근 장신은 「한국 강점 전후 일제의 출판 통제와 '51종 20만 권 분서(焚書)사건'의 진상」, 『역사와 현실』 80, 2011년 6월호, 211~244쪽에서 일제가 많은 책을 불사른 것은 사실이지만 그 숫자를 '20만 권'으로 못 박는 것은 무리라는 점을 논증했습니다.
5. 일제 시기의 검열에 대한 연구로는 동국대학교 문화학술원 한국문학연구소 편, 『식민지 시기 검열과 한국 문화』(동국대학교 출판부, 2010)와 『식민지 검열 : 제도·텍스트·실천』(소명출판, 2011)이 있습니다. 여기서 자세히 언급할 겨를은 없지만 이들 책자에서는 일제 시기의 검열정책이 깊이 있게 검토됐습니다.

의도』, 배성룡의『조선경제론』과 안익태의『대한국애국가』등 한국인의
민족의식을 일깨우는 책들은 모조리 금지됐습니다. 그리하여 1930년
대 후반부터는 읽을 만한 책들이 다 사라진 셈이었어요.

일제 군국주의자들은 사회주의사상을 전파하는 책들도 모두 금지
했습니다. 크로포트킨의『청년에게 소訴함』(조병기 옮김)도 그렇고,『노
동자의 살길』,『메이데이』,『캅프 시인집』,『불별 프로레타리아 동요집』,
『통속 사회주의 경제학』,『무산청년에게 여與함』(조철영) 등 수십 종이
치안유지에 방해된다는 이유로 탄압을 받았습니다. 알다시피 1920년
대부터 한반도에는 사회주의 계열의 이념서적이 지식인들의 인기를 끌
었습니다. 이것은 물론 한반도의 특수한 사정은 아니었고, 세계적인 현
상이었습니다.

더욱 기가 막히는 노릇은 일제가 사소한 표현 또는 내용을 문제 삼
아 족보와 문집조차 검열의 대상으로 삼았다는 점입니다. 그들은 심지
어 기독교 관련 신앙서적들도 금서로 지정했습니다. 일제 말기에는 한
글로 된 소설조차 금지했습니다. 후대에는 친일파로 악명을 얻은 이광
수의 소설조차 저들에게는 민족감정을 일깨우는 위험한 소설로 인지되
어 금지처분 됐습니다. 이른바 '황민화皇民化'에 걸림돌이 되는 서적이면
무엇이든 저들은 전방위에 걸쳐 탄압을 자행했던 거지요. 사실 따지고
보면 저들의 황국신민화는 한국인을 일본인으로 바꾸려는 것이 아니
라 제2등 국민으로 만들어 차별을 영속화하려는 것이었지마는 한국적
정체성은 철저히 부정됐습니다. 그에 더하여 일제 말기는 출판 용지도
부족할 정도로 경제 사정이 무척 악화되어, 일제 말기 한국의 문화계는
그야말로 암흑시대를 경험했습니다.

냉전적 사고가 양산한 금서

1945년 해방이 되자 한국의 진보지식인들은 비참한 현실을 타개하기 위해 다방면에 걸쳐 많은 저술 활동을 했어요. 그것은 문학과 예술을 비롯해 신생 독립국가의 문화를 살찌우는 것이었습니다. 그러나 이때도 상당수의 문화적 업적이 검열과 탄압의 칼날을 피하지 못했어요. 여기서 저는 한 가지 사실을 강조하고 싶습니다. 당시 한국 사회는 극심한 '레드컴플렉스'에 사로잡혀 있었습니다. 즉, 냉전적 사고가 한국인의 삶을 철저하게 유린했던 것입니다.

남쪽에 국한해서 설명하자면, 이 점은 특히 6·25전쟁을 겪은 다음에 더욱 그러했습니다. 월북한 작가의 문예작품도 무조건 금서가 됐고, 북한에 남아 있던 문인들의 작품도 모두 금지됐습니다. 심지어는 납북인지 월북인지도 판단하기 어려운 작가들의 작품들까지도 금서의 딱지가 붙었습니다. 이렇게 한번 금서란 딱지가 붙고 나면, 그들 작품은 도무지 한국 문학사에서 언급될 수가 없게 됐어요. 현대 문화사의 큰 손실이었지요. 그렇건마는 당시 한반도를 지배하던 냉전적 사고는 그에 대한 반성과 비판마저 허용하지 않는 상황이었습니다. 민주화가 조금이라도 진행됐더라면 사정은 달랐을 것입니다. 하지만 장기간에 걸쳐 독재정권이 냉전이데올로기에 기대어 권력을 강화하고 있었기 때문에, 이처럼 맹목적인 금서 조치에 누구도 항거하지 못했습니다.

금서로 묶인 허다한 작품들 가운데서 문학적으로 호평을 받은 것은 다음과 같습니다. 박태원의 『소설가 구보씨의 일일』(1934), 김기림의 『기상도』(1936), 이용악의 『오랑캐꽃』(1947) 및 정지용의 『백록담』과 『정지용 시집』 등이 그 대표적인 작품입니다. 물론 금서 가운데 명저가 문학에만 국한될 리는 없었습니다. 역사학을 비롯하여 인문사회과학

분야에서도 주목할 만한 도서들이 결코 적지 않았습니다.

남북한의 대립과 갈등이 깊었기 때문에, 자국민이 상대방 지역을 여행하고 돌아와서 쓴 기행문조차 금서로 묶였습니다. 가령 황석영의 『사람이 살고 있었네』(『창작과 비평』 제66호, 1989년 겨울호)라든가 양은식 등의 『분단을 뛰어넘어』(1989), 임수경의 『어머니, 하나 된 조국에 살고 싶어요』(1990) 등이 그것이죠. 이외에 북한의 내부 사정을 그린 도서들도 상당수가 판매 및 출판 금지 처분을 감수해야 했습니다. 남대현의 『청춘송가』(1988)도 그렇지만, 『한 자위단원의 운명』이라든가 『꽃 파는 처녀』(1989)도 읽거나 소장해서는 안 될 금서였습니다. 그나마 이것도 북쪽에 비하면 남쪽의 사정은 대단히 자유로운 편이었습니다. 지금도 북쪽의 지식인들은 감히 당국의 의지를 거슬러 남쪽을 방문하고 자국으로 되돌아가서 활동을 계속할 수가 없습니다.

한국의 사정은 극단적이었습니다. 과거에 독일도 동서로 분단이 됐고, 동독 쪽으로 사회주의 경향을 가진 문인들이 상당히 많이 넘어갔습니다. 그렇지만 독일 사람들이 그들 작품에 대해 보인 태도는 우리와 너무 달랐어요. 독일 사람들은 어떤 문인이 서독에서 동독으로 넘어갔다 해도 동독으로 넘어가기 전에 쓴 작품까지 금지하지는 않았습니다.

그들 식으로 말한다면, 이 책에서 다루게 되는 백석 같은 시인이 나중에 북한을 찬양하는 시를 썼다 하더라도 해방 이전에 쓴 그의 시는 처음부터 문제될 것이 전혀 없었다는 것입니다. 하지만 한국의 문화적 맥락은 이런 '관용'을 조금도 허용하지 않았어요. 누구든 한번 낙인이 찍히면 그것으로 끝장이었습니다. 우리는 해당자의 특정한 행위만을 비난하는 것이 아니라, 그 인간 자체를 전부 부정하는 악습을 보였습니다. 유감스럽게도 그런 나쁜 습성이 아직도 남아 있는 것 같아 씁쓸합니다.

과거를 대하는 현대 한국인의 태도에는 좀체 납득하기 어려운 점이 있습니다. 독재자들의 기념물을 함부로 없애는 것도 마찬가지 문제점을 안고 있습니다. 독재자 이승만과 박정희는 각지를 순방하며 많은 글씨를 남겼습니다. 그들은 자기들이 모든 곳에 현재화하기를 간절히 원했던 것입니다. 그런데 그런 유물의 대다수가 더 이상 남아 있지 않습니다. 없애는 것이 능사가 아닙니다. 잘 남겨둠으로써 역사의 교훈을 삼는 것이 더 현명한 처사가 아닐까 합니다. 싫다 해서 무조건 없애는 것은 도리어 한국의 민주화에 부정적인 영향을 미칠 수 있습니다.

독재정권의 문화투쟁

현대 한국 사회에서는 금서와 관련하여 또 한 가지 나쁜 관행이 있었습니다. 그것은 독재정권에 의한 언론 탄압이었습니다. 1955년 대구에서는 괴한들이 대구매일신문사를 습격하는 사건이 일어났어요. 당시 이 신문사 주필인 최석채가 사설「학도를 도구로 이용하지 말라」에서 이승만 독재정권을 비판한 것이 문제가 됐던 것입니다. 사건이 벌어지자 경찰은 테러범들을 처벌하기는커녕 최석채를 국가보안법 위반으로 구속했어요. 그는 결국 대법원에서 무죄로 판명됐지만, 그야말로 인구에 회자된 대표적인 필화사건이었어요.

1958년에도 아주 유명한 사건이 벌어졌지요. 함석헌이「생각하는 백성이라야 산다」(『사상계』, 1958년 8월호)는 글에서 6·25전쟁을 미국과 소련의 대결이 빚은 '꼭두각시의 놀음'이었다고 썼어요. 그것이 국가보안법에 저촉된다 해서 구속됐지요. 1970년이 되면 또 사건 하나가 벌어지죠. 함석헌의 글이 발표됐던 그 『사상계』에 김지하가 「오적」이라는 담시譚詩를 발표하지 않습니까? 시인은 권력자들의 부정부패를 풍자했다가 날벼락을 맞아 영어의 몸이 됐어요. 『사상계』는 아예 등록 취소를 당해 간판을 내렸지요. 그 뒤를 이어 리영희(1929~2010)와 소설가 남정현 등에게도 화가 미쳤어요. 리영희는 정권이 금기로 여기던 중국과 미국에 관한 새로운 정보를 퍼뜨렸기 때문에 문제가 됐고, 남정현은 1965년 『현대문학』 3월호에 실린 「분지糞地」가 문제 됐던 것입니다. 이 소설은 저자의 허락도 없이 북한의 『통일전선』에 전재됐습니다. 사회 비판적인 성격을 북쪽에서 악용한 것입니다. 그러자 당국은 깊은 생각 없이 이 소설의 용공성과 반미적인 색채를 문제 삼았습니다.

1975년에는 대중가요 「아침이슬」까지 금지됩니다. 가수 양희은의 진술에 따르면, 이 노래는 건전 가요상을 받았습니다. 그런데 대학생들이 시위 때 많이 부르는 바람에 금지곡으로 선정되고 말았습니다. 그의 노래 가운데 「이룰 수 없는 사랑」도 금지곡이 됐습니다. 남녀의 사랑이 왜 이루어지지 않느냐고 해서 금지됐다는 것입니다. 그런가 하면 「0시의 이별」은 당시 통행금지 시간인 0시에 청춘남녀가 이별하는 것은 불건전하다는 이유로 방송 불가 처분을 받았습니다. 박정희 독재정권의 위세는 참으로 대단해서 누구도 이런 조치에 항의할 수가 없었습니다. 비민주적 권력자들은 당사자들의 해명이나 이의제기를 조금도 용납하지 않았습니다.

오늘날의 입장에서 보면 좀체 이해가 안 되는 일입니다. 그저 검열 당국의 자의적이고 막무가내 식인 금지로만 여겨질 수 있습니다. 그러나 생각을 조금 달리해보면 이런 엉뚱한 일들도 하나의 '문화투쟁'으로 드러납니다. 문화적 '표현'과 '상징'에 대해 독재정권이 얼마나 엄격한 잣대를 들이댔는가 하는 사실이 명확해집니다. 저들은 자기들이 원하는 표현 방식을 강하게 고집했습니다. 그것은 곧 저들의 문화적 헤게모니를 지키려는 처절한 싸움이었던 것입니다. 저들은 간접적 또는 암시적으로 드러난 저항을 읽는 데 과민하다고 말할 수 있을 정도로 민감한 후각을 가지고 있었습니다.

유신시대 말기를 대표하는 금서 중의 금서는 아무래도 송건호 등이 쓴 『해방전후사의 인식』(1979~89)이 아닐까 합니다. 59명의 필자가 10년 동안 집필한 이 책은 총 6권으로 간행됐습니다. 이른바 담론의 안정성은 견고하지 못했다고 하지만 『해방전후사의 인식』은 한국 현대사의 전개 과정을 비판적으로 조명한 본격적인 저술이었습니다. 좌편향이라는 비판도 없지 않으나, 탈냉전적 구도로 한국 현대사를 해부했다는 점에서 큰 의의가 인정됩니다. 1979년 10월 유신정권 말기에 이 책은 첫 권이 간행되기 무섭게 판매 금지 조치로 묶였습니다. 그러나 다행히도 1980년 '서울의 봄'과 함께 금서의 사슬에서 풀려났습니다.

1980년 5월 신군부가 다시 정권을 잡게 되자 더 많은 금서들이 탄생했습니다. 유신정권의 후계자인 제5공화국은 진보적 사상이 담긴 것이면 무조건 다 금지했어요. 자연히 많은 지식인들이 수모를 당했어요. 소설가 한수산은 1981년 5월 『중앙일부』에 연재 중이던 장편소설 『욕망의 거리』가 문제되어 필화를 입었습니다. 그는 이 소설에서 베트남전쟁에 파견된 한국군의 일상생활을 묘사하기도 했습니다만, 신군부 당국자들은 작가가 전두환 장군 등 군부를 모독했다는 혐의를 작가에게 씌웠습니다. 그들은 작가 한수산은 물론 동료와 신문사 관계자들까지도 체포하여 국군보안사령부에서 심하게 고문했습니다. 이로 인해 한수산은 한동안 국내에서의 창작 활동을 포기하고 일본으로 건너갔습니다. 시인 박정만은 그때의 고문 후유증에 시달리다가 1988년에 사망하고 말았습니다. 당국자들이 문제의 소설에 영향을 미친 '문우文友'의 이름을 대라고 족치는 바람에 한수산은 마지못해 박정만(당시 고려원 편집장)의 이름을 대고 말았답니다. 그로 인해 박정만은 말로 이루 표현할 수 없는 고초를 당했던 것입니다. 당시에는 누구든지 정권의 비위를 거스르면 언제든 고문과 탄압의 대상이 될 수 있었습니다.

금단의 영역에 발을 딛으려면 상당한 각오가 필요했습니다. 조정래는 대하소설『태백산맥』을 통해 많은 인기를 얻었지만 그 작품은 오랫동안 금서 시비에 휘말리기도 했습니다. 그런 사실조차 기억하는 이가 드물지만 실은 그 탄압이 이만저만 아니었어요. 작가가 1980년대까지도 금기시되던 빨치산의 역사를 본격적으로 다루었기 때문입니다.

이른바 '운동권'이 즐겨 읽은 이념서적들도 권력자들을 크게 자극했습니다. 그들은 사회주의적 관점에서 한국 사회의 문제를 파헤친 이념서적이라면 무조건 배격하는 경향이 있었습니다. 박정희의 뒤를 이어 집권한 신군부는『창작과 비평』과『문학과 지성』등을 강제 폐간해 지식인들의 활동공간을 축소했습니다. 금서 조치도 더욱 활발해져, 1986년 5월에는 소위 '이념서적'을 233종이나 압수했습니다. 그러나 한번 시작된 민주화의 불길은 박정희 유신정권도, 신군부도 끄지 못했습니다. 민중의 요구를 반영하는 '사회과학서적'은 1970년대부터 등장하기 시작해, 1980년대에는 혹심한 탄압에도 불구하고 그 전성기를 구가했습니다.

이들 이념서적은 한국 사회의 흐름을 바꾸는 데 적잖이 기여했다고 봅니다. 현재 한국의 정치지배 질서를 우리는 '1987년 체제'라고 부르는데, 이것의 성립에는 여러 가지 금서의 영향이 컸습니다. 금지된 문학

작품들도 기여한 바가 컸겠지만 '이념서적'들의 역할도 그에 견줄 만큼 대단했습니다.

이상에서 살핀 것처럼 독재정권의 금서정책은 다양한 방식으로 전개됐습니다. 이념서적, 탈냉전적 사고, 심지어는 새로운 흐름의 가요조차 탄압의 대상이었습니다. 독재자들은 가치의 다원화, 특히 민주적 시민사회를 향한 일체의 움직임을 부정했습니다. 그러나 그러한 문화투쟁의 최종 승리자는 권위주의적인 독재정권이 아니라 시민사회였습니다.

민주화 시대의 금서 : 이른바 '미풍양속'의 문화투쟁

최소한의 민주화가 실천됐다고 볼 수 있는 1987년부터 한국 사회에는 새로운 변화가 감지됐습니다. 우선 그동안 금서로 묶였던 431종의 판매 금지가 해제됐습니다. 그 이듬해에는 정지용, 김기림 등 납북 및 월북 작가 120여 명이 해방 전에 발표한 작품의 출판도 허용됐습니다. 바야흐로 정치적 금서의 해금시대가 찾아온 것입니다.

그러나 금서 자체가 완전히 사라진 것은 아니었습니다. 문제는 성적 표현의 자유였습니다. 1990년대까지도 그런 이유로 많은 작품들이 판매 금지의 대상이 됐습니다. 1991년 1월, 폭력과 외설을 이유로 허문순(?~1990)의 장편소설『바람과 불』을 출간한 출판사(자유시대사)는 등록 취소를 당했고, 그 이듬해에는 마광수의『즐거운 사라』가 철퇴를 맞았어요. 법정은 미풍양속에 어긋난 퇴폐적인 성행위 묘사를 문제 삼았습니다. 저자 마광수와 출판사 대표 장석주가 구속됐어요. 몇 년 뒤에는 역시 음란문서 제조 행위를 이유로『내게 거짓말을 해봐』의 작가 장정일이 법정 구속을 당했어요. 2003년에도 이현세의 만화『천국의 신화』가 외설적이라는 이유로 금서 논란에 휩싸였습니다. 이 만화

는 동이족의 고대사를 그린 것인데 중간에 성적인 묘사가 노골적이라
는 것을 문제시했습니다. 이처럼 21세기에도 한국 사회에는 금서라는
제도가 여전히 남아 있어, 표현과 사상의 자유를 상당히 제약하고 있
습니다.

2008년에는 이른바 '국방부 금서목록'이라는 것도 등장했습니다. 23
종의 책을 국가 안보에 해가 된다는 구실로 군복무 중인 시민들이 읽
지 못하게 막은 것입니다. 국방부가 금지한 책들 중에는 일반 시민들
이 애독하는 장하준 교수의 『나쁜 사마리아인들』도 포함됐습니다. 이
책은 신자유주의를 비판했다는 이유로 정부의 눈 밖에 났습니다. 또
제주 4·3사건을 다룬 현기영의 장편소설 『지상에 숟가락 하나』도 졸
지에 금서로 전락했습니다. 한국의 군부는 아직도 4·3사건을 민간인
학살사건이 아니라, 좌익이 일으킨 폭동으로 간주하는 모양입니다. 그
런데 상당수 청년들은 아마도 군에 입대하기 전에 이런 책들을 읽거나
본 경험이 있었을 겁니다. 그러면, 그로 인해서 우리의 안보가 조금이
라도 위협을 받는다고 볼 수 있을까요? 의심스럽기 짝이 없습니다. 국
방부의 금서목록에 대하여 시민사회는 차갑게 반응했습니다. 군부가
자의적인 기준으로 독자들의 호평을 받는 양서들까지도 불온서적이라
고 낙인찍는 어처구니없는 사태라는 한탄이 여기저기서 터져 나왔습니
다. 그래도 국방부는 여태 시정할 조짐을 보이지 않습니다.

결론적으로 말해, 금서의 역사는 아직도 끝나지 않았습니다. 어떤
면에서 한국 사회는 여전히 권위적이고 폭력적이라 하겠습니다. 이처
럼 현재진행형인 금서의 역사를 훑어보노라면 한 가지 강력한 의문이
제기됩니다. 과연 권력자들이 어떤 책의 출판과 유통을 금지한다고 해
서 금서의 메시지가 완전히 사장되고 마는 걸까요? 그럴 리가 없지요.

금서 조치는 권력자들의 기대와는 달리 별 효과를 내지 못하는 경우가 태반이었습니다. 동서고금의 역사를 통해 두루 확인되는 사실입니다. 본디 책의 생명은 권력의 의지에 달린 것이 아닙니다. 그 운명을 결정하는 것은 책의 깊이와 수준입니다. 더더욱 중요한 것은 문제의 금서를 대하는 독자들의 태도와 반응이 아닌가 생각합니다.

8종의 금서

서두에서 말한 것처럼 문화투쟁이라는 관점에서 저는 금서의 문제를 역사적으로 살펴보고 싶습니다. 그것도 이 책에서는 8종의 금서에 초점을 맞추고자 합니다. 그것들은 과연 한국 근현대사를 이해하는 데 가장 필수적인 것인가요? 이런 의문이 제기될 여지는 없지 않습니다. 일제 시기의 사회주의서적이나 1980년대의 이념서적들이 제가 다루게 될 8종의 금서에 하나도 포함되지 못한 것도 문제로 제기될 수 있습니다. 또 기왕에 민족주의 사학자 신채호와 반체제 언론인 리영희의 저작을 다룬다면, 왜 하필 『을지문덕』과 『8억인과의 대화』를 선택했느냐는 의문도 나올 법합니다. 끝으로, 외설의 혐의 때문에 금서가 된 책들은 왜 고려에서 빠졌는가도 문제 삼을 수 있습니다. 모두 일리가 있는 비판입니다.

하지만 크게 보면 말입니다, 신채호와 리영희의 어떤 책을 다루더라도 그 결과는 별로 다르지 않을 것입니다. 또한 이 책이 사회주의 또는 이념서적을 직접 검토하고 있지는 못하지만, 그러한 문제의식 자체가 완전히 실종된 것은 아닙니다. 외설 혐의를 받은 금서들도 문화투쟁이란 맥락에서 당연히 중요성을 인정해야 하겠지만 첫술에 배부르기를 바랄 수는 없습니다. 이 책에서 다루지 못한 주제들은 다른 기회에 좀 더 심층적으로 다룰 것을 기약합니다.

이제부터는 이른바 그 8종의 금서 이야기를 하겠습니다. 편의상 시대 순으로 더듬어보지요. 가장 먼저 검토할 책이 조선 후기에 유행한 『정감록』입니다. 그것은 18~19세기 한국 사회를 이해하는 데 소중한 단서를 제공하는 금서이기도 합니다. 지배층의 눈으로 봤을 때『정감록』은 음험한 책이었지만, 그 시대의 진보적인 평민지식인들에게는 미래의 희망이었습니다. 이 책은 조선 영조 때 함경도에서 등장하여 불과 30여 년 만에 전국으로 확산됐지요. 조정의 금지와 탄압에도 불구하고 사실상 조선 최고의 베스트셀러가 된 것입니다. 저는『정감록』의 유행이라는 역사적 사실에 내포된 큰 의미는 평민지식인의 등장이라고 주장해왔습니다.[6] 그들 평민지식인들은 지배 이데올로기였던 성리학을 상대로 험난한 '문화투쟁'을 벌이고 있었다는 점을 강조하고 싶습니다.

다음으로 주목할 금서는 『조선책략』이지요. 흥미롭게도 이 책자를 금지한 것은 국가권력이 아니었습니다. 대신에 전국에 산재한 보수 유생층, 즉 당대의 '문화권력'이었습니다. 그들은 중국 외교관 황준헌黃遵憲(1848~1905)이 쓴 이 책에서 기독교를 두둔하는 것으로 해석되는 구절을 발견했습니다. 크게 자극된 유생들은 '신사辛巳(1881) 척사상소운동'을 일으켰습니다. 그들과 달리 고종을 비롯한 집권층은 이 책의 논리에 따라 개화시책을 강화했습니다. 이 책의 저자는 한·중·일 3국이 미국과 연합하여 러시아의 남하정책을 저지하자고 했던 것인데, 그렇

---

6. 이 점은 제 책 『정감록 역모사건의 진실게임』(푸른역사, 2006)을 참고하기 바랍니다.

게 하려면 우선 조선왕조의 근대화, 즉 개화가 필수적이었어요. 요컨대 『조선책략』은 19세기 후반 한국 사회에서 신구 문화를 대변하는 양대 세력을 충돌시킨 기폭제였습니다.

혼란 속에서도 한동안 개화정책이 추진됐습니다. 그 결과는 그다지 성공적이지 못했어요. 외세의 압박은 날로 커졌고, 한국은 망국의 길로 내몰렸습니다. 구한말의 국내 사정이 그랬습니다. 제가 주목한 그 시절의 금서가 『금수회의록』입니다. 그것은 기독교의 이름으로 인간 사회를 해부한 신소설이었지요. 또 이 책은 구한말의 인기 풍자소설이었습니다. 최근의 연구 결과에 따르면, 저자 안국선(1878~1926)은 일본 책을 번안했다고 합니다. 그러나 제가 보기에 그것은 단순 재창작이 아니었습니다. 안국선은 이 책에서 일본제국주의의 침략성을 신랄하게 성토했거든요. 그는 친일파의 비굴함도 날카롭게 파헤쳤어요. 당황한 권력자들은 치안 방해를 구실로 이 책을 금서로 묶었습니다. 제가 주목하는 것은 『금수회의록』에 표출된 신지식인 안국선의 내면적 갈등입니다. 그의 문화투쟁은 그 한 사람만의 고민이 아니었지요. 그것은 문화의 전환기마다 지식인이 겪은 일종의 공황 증세였습니다.

망국의 시간이 다가오자 신채호(1880~1936)는 민족 영웅의 부활을 노래했습니다. 1908년, 이 민족주의 역사가는 살수대첩의 영웅 을지문덕(7세기)을 조선의 영웅으로 되살려냈지요. 이른바 '을지문덕주의'의 부활이었습니다. 아무리 적이 강해도 절대로 굴복하지 않고 끝까지 싸워 이기자는 주장이었지요. 물리적인 힘보다 정신을 몇 배 강조한 신채호였습니다. 근대화에 성공한 일본 침략군을 상대해야만 했던 한국의 지식인으로서 그는 다른 방도를 찾지 못했어요. 신채호는 그때 그렇게 민족주의와 영웅주의를 결합했습니다. 민족주의 담론이 문화투쟁의 도구로 사용된 것입니다.

해방 이후 냉전이데올로기가 도대체 얼마나 맹위를 떨쳤던지 월북 작가의 작품은 물론이고, 재북 작가의 것조차 모두 접근 자체가 금지됐습니다. 식민지 시기의 대표적 서정시인 백석白石(1912~96)의 시도 예외가 아니었어요. 시인은 사투리와 민중의 소박한 일상, 신앙 등을 기록함으로써 자연과 인간의 원초적인 관계를 복원하려 애썼어요. 하지만 분단은 그의 주옥 같은 시집마저 외면하게 만들었습니다. 우리가 백석을 다시 만나게 된 것은 1980년대였습니다. 미국과 소련을 정점으로 한 양극 체제에 균열이 생기면서, 그동안 금서의 영역에 갇혀 있던 백석의 시가 되돌아온 것입니다. 다시 읽은 그의 시 세계는 식민지적 우울과 정신분열이 투영된 어두운 공간이었습니다. 이러한 그의 시에서 우리는 천만뜻밖에도 한 가지 중요한 사실을 마주치게 됩니다. 일제 말기 백석은 '문화적 정체성'을 지키고자 은밀한 문화투쟁을 벌였습니다.

한반도가 냉전의 기류에 감싸여 있던 시절, 군사독재정권은 이른바 근대화를 맹렬한 속도로 추진했습니다. 부정과 부패가 거듭 연출되는 가운데 시민적 저항이 쑥쑥 자라났습니다. 시인 김지하(1941~)의 「오적」은 빼어난 사회풍자시였어요. 오늘날 그 일을 뒤돌아보면 '붓이 칼을 이겼다!'는 탄성이 터져 나올 만도 하지만, 그 과정은 사실 순탄하지 못했지요. 1970년 5월에 발표된 이 담시로 말미암아 시인은 국가보안법 위반 혐의로 옥에 갇혔습니다.

시인은 폭력적인 독재와 개발정책에 맞서 싸우는 가운데 새로운 문화적 대안을 만들어나갔습니다. 그가 『정감록』과 동학을 거치며 세련되고 강화된 민중의 자의식을 계승했다는 것은 주목할 점입니다. 시인의 문화투쟁이 전통적인 평화생명사상을 계승하는 것으로 마무리됐다는 데서 저는 큰 의의를 발견합니다. 때로 그의 변절을 두고 많은 말들이 있습니다만, 김지하가 평민지식인의 맥을 계승하고자 노력했다는 사실은 아무리 보아도 고무적입니다.

냉전적 사고가 한국 사회의 국가적 이데올로기로 정착된 것은 불행한 일이었지요. 그런 점에서 냉전이데올로기에 맞선 실천적 지식인 리영희의 문화투쟁은 우리의 관심을 끕니다. 그의 편저 『8억인과의 대화』는 '죽의 장막'을 걷어내려는 몸부림이었지요. 6·25전쟁을 겪은 뒤로 한국에서는 반공 독재정권이 한층 강화됐어요. 중국을 적대시하는 분위기가 팽배했습니다. 중국을 거론하는 것 자체가 금기시되고 있었습니다. 하지만 리영희는 문제의 책을 통해 역사적 진실을 향한 문을 활짝 열어젖혔어요. 당국은 이 책을 금서로 지정했고, 편저자를 감옥에 가두었습니다. 이 책에서 저는 냉전적 질서에 맞서 외롭게 투쟁한 한 지식인의 문화투쟁을 봅니다.

한국 현대사는 여러 가지 굴곡으로 점철됐습니다. 그 가운데 하나의 분기점은 아마 6·25전쟁이었을 겁니다. 그 비극적 사건을 형상화한 문인들은 많았습니다. 하지만 그 규모와 깊이에 있어 압권은 작가 조정래(1943~)의 대하소설 『태백산맥』이었습니다. 작가는 이 비극적 전쟁을 역사화했습니다. 빨치산의 역사를 씀으로써 역사가들이 미처 수행하지 못한 과제를 완수했다는 거지요. 마치 그는 그 역사를 쓰려고 작가가 된 것이 아닐까 묻고 싶을 정도였습니다. 복잡다단한 일상의 욕망으로 빚어진 중층적 세계를 묘사하는 데 소설만큼 적절한 도구는 없었던 것이 아닐까요? 『태백산맥』에 나타난 작가의 서사전략을 탐구해봄으로써 우리는 이 소설 자체가 조정래 고유의 문화투쟁임을 확인하게 됩니다.

서사전략에 초점을 두다

이상에서 말한 8종의 금서를 다룰 때 우리는 여러 가지 접근 방법을 고려할 수 있습니다. 우선 금서 저자들의 서사전략을 검토하는 것입니다. 그러기 위해서는 금서의 저자와 독자들, 금서 조치를 내린 권력자들에게도 상당한 관심을 가지는 것이 마땅한 일이지요. 아울러 금서 조치를 초래한 당대의 정치적·사회적 맥락도 살펴보아야 할 것입니다. 이를 통해 우리는 당사자들의 현실적인 이해관계 이면에 자리한 근본적인 문제에 다가갈 수 있을 것입니다. 금서를 다양한 층위에서 읽는 것은 그러한 목적 달성의 한 가지 보조수단이기도 합니다. 이러한 여러 가지 접근 방법은 문화투쟁의 관점에서 한국 근현대사를 읽겠다는 이 책의 취지에 부합됩니다.

각 강의에 따라 강조점이 조금씩 달라질 수 있습니다. 어디서는 저자의 서사전략을 중심으로, 또 어디서는 독자들의 반응이나 당대의 정치적·사회적 맥락이 강조될 것입니다. 또는 다양한 층위에서의 독법이 시도되기도 할 것입니다. 그러나 대체로 보아서는 저자의 서사전략을 가장 중시한다고 볼 수 있습니다. 이 책에서 밝히고자 하는 문화투쟁의 주체는 저자이고, 바로 그들의 투쟁 목표와 전략이 가장 잘 드러난 부분은 서사전략이기 때문입니다.[7] 금서는 그 자체로서 역사를 만들지는 못합니다. 그러나 금서의 저자들은 한 시대의 흐름을 결정하는 담

---

7. '서사전략'은 말 그대로 금서의 저자들이 이야기를 풀어가는 데 구사한 여러 가지 방법을 뜻합니다. 여기서는 특정한 이론을 그대로 추종하기보다 각각의 저자들이 구사한 화법 또는 문체와 이야기를 전체적으로 구성하는 원칙에 주목했습니다.

론의 물꼬를 틉니다. 거기에 금서의 역사적 역할이 있습니다.

참고문헌

니컬러스 J. 캐롤리드스, 마거릿 볼드, 돈 B. 소바, 손희승 옮김, 『100권의 금서』, 예담, 2006.
이민희, 『조선을 훔친 위험한 책들』, 글항아리, 2008.
이중연, 『'책'의 운명 : 조선∼일제강점기 금서의 사회·사상사』, 혜안, 2001.
주명철, 『서양 금서의 문화사 : 프랑스 계몽주의 시대를 중심으로』, 길, 2006.
한상범, 『금서, 세상을 바꾼 책』, 이끌리오, 2004.

문화투쟁이란 무엇인가

문화투쟁Kulturkampf이라는 말이 처음 등장한 것은 19세기 독일에서였습니다. 맨 처음에는 '교회의 영향으로부터 문화를 해방시키는 투쟁'이라는 의미로 이 용어가 사용됐습니다. 정확히 말해, 1871년부터 1880년까지 독일 프로이센의 철혈 재상 비스마르크(1815~98)가 교황 비오 9세(1792~1878)의 지배 아래 있던 독일의 가톨릭교회, 특히 그 대변자 격이던 가톨릭 정당인 중앙당Zentrumspartei을 상대로 벌인 정쟁이 곧 문화투쟁이었습니다.

독일을 통일한 비스마르크는 가톨릭교회가 일부 지방에서 교육기관을 장악한 것에 반대하여 반反가톨릭정책을 폈습니다. 가톨릭교회는 그에 맞서 격렬히 투쟁했고, 결과적으로 가톨릭 반대 법안은 대부분 폐기됐습니다. 하지만 문화투쟁을 치르는 과정에서 독일의 교육기관은 교회의 통제에서 벗어나 국가에 종속됐습니다. 결국 국가는 교회를 누르고 승리했습니다.

이후 '문화투쟁'이라는 개념은 적용 범위가 점차 확대됐습니다. 현재는 문화투쟁이 '문화적 지배권'을 행사하기 위해 일어난 모든 투쟁을 아우르게 됐다 해도 과언이 아닙니다. 국가의 가치와 정체성을 둘러싼 다양한 싸움이 '문화투쟁'으로 인식되기에 이르렀습니다. 문화투쟁은 이제 시공간을 초월해 사용될 수 있는 일반 개념이 됐습니다. 가령 중국 공산당의 최고 지도자 마오쩌둥毛澤東(1893~1976)이 1966년부터 1976년까지 10년 동안 벌인 이른바 문화대혁명도 일종의 문화투쟁이었다고 할 수 있습니다. 당시 마오쩌둥은 사회주의 가치관의 실현을 목적으로 대중운동을 일으켜 자신의 정적들을 모두 숙청했습니다.

영미권에서는 주로 'culture war(문화전쟁)'라는 용어를 더 애호하는 경향이 있습니다. 그러나 제 생각에는 독일 역사에서 기원한 '문화투쟁'이란 용어가 더 적합한 것 같습니다. 어감상으로 보더라도 '전쟁'은 '투쟁'보다 군사적 측면이 훨씬 도드라집니다. 투쟁은 무력 충돌뿐만 아니라 다양한 대립과 대결 상태를 상징하는 힘이 강합니다. 이런 점을 감안해 저는 문화전쟁이 아니라 문화투쟁이라는 용어를 앞세우고 싶습니다.

여기서 한 가지 명확히 할 점이 있습니다. '문화투쟁' 가운데 문화란 정치, 사회, 경제 등과 같이 세분화된 특정 분야가 아닙니다. 그 총합으로서의 문화인 것입니다. 당연히 우리 역사 속에도 그러한 문화투쟁이 빈번했습니다. 불교, 유교 및 기독교를 수용할 때 빚어진 갈등도 일종의 문화투쟁이었고, 새마을운동이나 산업화 현상은 물론 민주화운동 역시 우리 역사상의 문화투쟁이었습니다. 미시사가인 저로서는 문화투쟁이야말로 역사를 이해하는 가장 본질적인 개념의 하나라고 확신합니다.

제1강

『정감록』

평민지식인들의 역사적 진화

『정감록』에 관해서 저는 이미 다섯 권의 책을 썼습니다. 이 강의에서는 그것을 바탕으로 세 가지 주장을 펴려고 합니다. 첫째, 금서『정감록』은 조선 영조 때 함경도에서 처음으로 출현했고, 그런 지 불과 30여 년 만에 전국으로 확산됐다는 사실입니다. 조정의 금지와 탄압에도 불구하고 이 책은 조선 최고의 베스트셀러가 됐다는 점입니다. 둘째,『정감록』의 유행은 평민지식인의 등장과 깊은 관련이 있었지요. 이것은 참으로 놀라운 사실이었습니다. 셋째,『정감록』은 성리학이라는 지배 이데올로기를 상대로 평민지식인들이 벌인 문화투쟁의 도구였다는 점입니다. 이 점이야말로 가장 중요한 사실이 아닐까 생각합니다.

『정감록』의 등장과 확산

허다한 정치적 예언서들이 실개천이라면『정감록』은 그 냇물들이 모여서 이뤄진 하나의 호수였습니다. 18세기 전반, 조선 영조 때 그 책자는 역사의 무대 위로 떠올랐지요. 그러고는 200~300년이 흐르는 동안에 내용이 더욱 풍부해져, 19세기가 되면 민간에 유행하는 예언서를 모두 일컫는 일반명사가 됐습니다.

조선왕조의 멸망을 예언했기 때문에 이것은 금서가 됐지요. 그 출현 시기에 관해 여러 가지 주장이 있었지만 뚜렷한 증거는 없었지요. 여러 해 전부터 저 역시 『정감록』의 기원을 알고자 했습니다. 『조선왕조실록』을 검색하면, 영조 15년(1739) 음력 8월 6일(경진)자에 『정감록』의 성격과 그 책에 대한 당시 조정의 입장을 보여주는 중요한 구절이 있어요.

이때 서북 변방(함경도)의 사람들이 '정감의 참위한 글鄭鑑讖緯之書'을 서로 널리 전했다. 그래서 조정의 신하들이 그 책을 불살라 금지시키기를 청했다. 아울러 소문의 뿌리를 캐자고 주장했다. 그러나 임금은 말하기를, "그것이 어찌 진시황이 서적의 소유를 금지한 것과 다르겠는가? 바른 기운正氣(유학을 숭상하는 기풍)이 충실하면 나쁜 기운邪氣은 저절로 사라질 것이다. 바른 기운을 북돋우는 데 학문이 아니면 무엇으로 하겠는가?" 이어서 왕은 수백 마디 말로 훈시했다.

이 기사는 『정감록』에 관한 아주 중요한 한 가지 사실, 즉 『정감록』은 1739년경 함경도 지방에 유행했다는 사실을 알려주죠. "이때 서북 변방의 사람들이 '정감의 참위한 글'을 서로 널리 전했다"라는 구절로 보아 명백해요. 만일 그때 『정감록』이 전국에 널리 퍼져 있었다면 특히 서북 지방이 심했다는 식으로 기술됐겠죠.

『정감록』이 1739년 서북 지방에서 출현했다고 하는 사실은 또 다른 자료인 『비변사등록備邊司謄錄』을 통해서도 확인됩니다. 『조선왕조실록』보다 약 두 달쯤 앞선 그해 6월 15일자 기록에서 『정감록』의 유행에 대한 새로운 단서가 포착되죠.

우의정 송인명이 또 아뢰었다. "『정감록』, 『역년歷年』 등에 관한 일은 조사에 있어 철저를 기해야 하고 또 엄히 다스려야 합니다. 그러려면 함경감사에게 명령해서 조사 결과를 보고하게 하는 게 옳습니다. 그런데 본사(비변사)에 있는 서류를 살펴보니 조유제趙裕齊 등이 아주 밀접하게 관련돼 있습니다. 이 사람들의 이름을 차례로 적어가지고 비밀리에 함경도로 내려보내서 수사에 도움을 주면 어떨까 합니다." 임금은 그 말대로 하라고 말했다.

문맥으로 보아 『정감록』이나 『역년』은 모두 예언서가 분명하지요. 그 전파에 관여한 이는 조유제라고 이름이 밝혀져 있어요. 전후 관계로 보아 함경도 관찰사는 미처 모르고 있던 정보를 비변사가 입수했다는 뜻으로 봐야 됩니다. 조유제는 예언서나 괴문서를 조작한 전과가 있었을지도 모르죠. 그러나 만일 그런 사실이 있었더라면 함경도 당국이 몰랐을지 의문입니다.

조유제가 누구인지를 정확히 알고 싶어 『조선왕조실록』 등을 검색해보았으나 도무지 정보가 없었어요. 좀 더 추측해보면, 비변사가 그의 행적을 자세히 파악할 수 있었다는 점으로 미루어보아 그는 어떤 사건에 연좌돼 함경도로 유배된 사람이었을 가능성이 있어요. 하지만 『조선왕조실록』에 조유제란 이름이 단 한 번도 나오지 않는 점으로 볼 때, 그의 정치적인 비중은 낮았다고 여겨집니다.

『정감록』이 실제 출현한 시기는 기록에 나타난 1739년보다 앞섰는지도 모릅니다. 예언서란 것이 민간에 남몰래 유행했다는 점을 고려하면 조정에서 문제로 삼기 전에 이미 항간에 유포됐을 가능성은 충분하니까요. 다만 그것이 역사 기록에 처음 등장한 것이 1739년이었다는 사실입니다. 그때부터 조선왕조는 『정감록』을 문제의 책으로 인식하기 시작했습니다.

하필이면 왜 『정감록』이 서북 지방에 출현했을까요? 조선왕조가 오랫동안 북부 지방 출신을 차별했다는 것이 그 이유로 지적될 만합니다. 또 한 가지, 서북 지방이 악명 높은 유배지였다는 사실 역시 『정감록』의 서북 출현에 원인이 되죠. 지금도 우리들에게 익숙한 속담 중에 "내일은 삼수三水(함경남도) 갑산甲山(함경남도)을 갈지라도"라는 표현이 있잖아요. 함경도의 삼수나 갑산 같은 곳으로 유배를 당할망정 지금 당장은 뜻대로 하고 싶다는 말이지요. 이 속담이 웅변하듯이 서북 지방의 유배지는 누구에게나 최악의 거주 장소였어요.

권좌에서 축출돼 서북 변경으로 귀양 온 정객이라면 현실 정치에 대해 불만이 컸을 것이 당연하죠. 그렇지 않아도 지역 차별정책으로 말미암아 국가에 대한 반발심이 컸던 서북 지역에 다수의 불만 정객들이 원한을 품은 채 지내는 실정이었으니, 서북 지방은 조선왕조의 입장에서 볼 때 일촉즉발의 화염병이었죠.

따라서 『정감록』처럼 '민심을 현혹시키는' 예언서가 서북 지방에서 출현하게 된 것은 역사적으로 보아 필연이 아니었을까요? 앞에서 저는 『비변사등록』에서 『정감록』 사건의 관련자로 거론된 조유제를 유배객 또는 지방 양반으로 추정했는데, 바로 그와 같이 불우한 인사들이 예언서를 조작하고 유포했을 거라고 봐요. 즉 나라를 원망하는 뜻이 꺾인怨國失志 사람들의 손에서 『정감록』이 탄생한 거지요.

우리가 읽어본 『조선왕조실록』 기사를 되새겨보면, 『정감록』은 "참위讖緯"라고 했잖아요. 이것은 두말할 나위 없이 왕조의 정치적 운명에 관한 예언서란 뜻인데, 왕조의 뜻에 반하는 예언서라서 문제가 된 것이죠. 이런 예언서는 당시의 정치적 현실에 불만을 가진 세력들이 조작하고 유포했다고 봐야 합니다. 당쟁에서 실패한 사람들과 애써 관직을 구하던 선비들이 조선왕조를 전복시키고자 할 때면 반드시 『정감록』의 예언에 의지하게 됐던 것이죠.

조선의 금지된 베스트셀러 『정감록』

조정의 금지와 탄압에도 불구하고 『정감록』은 사실상 조선 최고의 베스트셀러였습니다. 필사본의 형태로 전국 각지에 널리 퍼졌죠. 조선왕조가 망하고 계룡산 아래 새 왕조가 세워진다는, 그야말로 왕조의 근간을 부정하는 구절이 포함되어 있어, 『정감록』은 읽어서도 소지해서도 안 되는 금서였어요. 한데 베스트셀러라는 말은, 엄밀히 말해 틀린 말이죠. 서점에서 돈을 받고 파는 것은 아니었으니까요. 그저 몰래몰래 베껴 보고, 빌려 보고, 전해 듣고 또 이야기하고 그런 거였지요. 이것이 처음 나타나서 한 세대가 지나기도 전에 전국에 널리 퍼졌어요.

『정감록』의 핵심은 정감과 이심 및 이연 등 3인의 대화에 있습니다. 이를 「감결鑑訣」이라고도 하는데 이본異本이 많지요. 길이가 가장 짧은 한글본은 약 2,430자, 가장 긴 한문본은 6,030여 자나 돼요. 『정감록』에는 「감결」을 비롯해 여러 종류의 예언서가 포함되어 있어요. 「삼한산림비기三韓山林秘記」, 「화악노정기華岳路程記」, 「구궁변수법九宮變數法」, 「동국역대본궁음양결東國歷代本宮陰陽訣」, 「무학비결無學秘訣」, 「도선비결道詵秘訣」, 「남사고비결南師古秘訣」, 「징비기徵秘記」, 「토정가장비결土亭家藏秘訣」, 「경주이선생가장결慶州李先生家藏訣」, 「삼도봉시三道峰詩」, 「옥룡자기玉龍子記」 등이 그것입니다.[1] 그런데 『정감록』이 예언서의 집성이 되는 이유는, 한국 역사상 등장했던 모든 예언서가 그 이름 아래 묶였기 때문이 아니라 그보다는 여러 예언서에서 탐지되는 중요한 특징이 모두 『정감록』에 살아 있어서입니다.

　『정감록』이 등장하는 데 가장 큰 영향을 끼친 사건은 임진왜란이었어요. 선조 25년(1592)에 일어난 왜란의 여파는 무척 커서, 전쟁이 끝나고 얼마 안 돼 전쟁에 관한 예언이 수집됐죠. 일종의 사후 약방문인 셈이었는데, 그것이 장차 『정감록』에 녹아들었어요.

　전라도 광양에선 돌에 적힌 예언서가 발견됐는데, 쇠무덤鐵叢이라 알려진 곳에서 출토된 예언서에는 이상한 내용이 적혀 있었죠. "동쪽으로 시오리 되는 곳에 황금총이 있을 것이다. 그것을 발견하면 만 배 이익이 될 것인데 그리되면 아들은 능지기가 되고 노비가 능 주인이 되어 상하가 뒤집힌다. 승려가 승려 노릇을 그만두고 선비가 붓과 먹을 버리게 되며, 베 짜는 여인이 베틀을 버리고 농부가 쟁기를 버린다." 상하의 질서가 무너지고 사람들이 본업에 충실하지 않는 괴상한 일이 일어난다는 예언이죠. 이 비슷한 표현이 『정감록』에도 있습니다.

　또 "임진년壬辰年에는 나라가 셋으로 갈라졌다가 계사년癸巳年에 다시 평정되리라. 말해 또는 양해에 다시 태평하여질 것이다. 두류산에 들어가 난을 피하는 것이 제일이다. 호서는 조금 편안하고, 한양에 도읍하면 마땅히 800년을 갈 것이다. 당나라 병사가 임진강을 건너면 국운이 200년은 더 하리라"라는 예언이 있는데, 이 대목은 『정감록』에 많은 영향을 주었어요. 삼국으로 갈라졌다 하나로 통일된다는 것, 말해와 양

---

1. 여기서 언급한 각종 비결의 내용은 대동소이합니다. 모두 역대 왕조의 흥망성쇠, 특히 조선왕조의 멸망을 예고한 것입니다. 글의 형식으로 보면, 서사적인 것도 있고 시의 형식을 빌린 것도 있습니다. 이들 예언서 가운데서도 많은 사람들의 관심을 끈 주요 예언서의 등장 경위와 주요 내용에 관해서는 제 책, 『예언가 우리 역사를 말하다』(푸른역사, 2007)를 참고하기 바랍니다.

해가 대길하다고 예언한 것은 모두『정감록』에 수용됐죠. 이런 점을 보더라도 한 번 나온 예언은 어떤 식으론가 계승되게 마련인 것을 알 수 있어요.

평민지식인과『정감록』

『정감록』은 1730년대 차별의 땅 서북 지방에서 역사의 표면 위로 떠올랐고, 조정의 엄한 금지 명령 속에서도 재빨리 전국 각지로 번져나갔습니다. 그러면 누가, 왜『정감록』을 퍼뜨렸는가 하는 것이 두 번째 요점입니다. 이게 이제 중요하고도 흥미로운 거지요.

저는『정감록』을 읽고 퍼뜨린 배후 세력을 '평민지식인'이라고 봅니다. 역사 기록에는 평민지식인이라는 말은 나오지 않고, '술사術士'라는 표현만 발견됩니다. '술사'는 점쟁이죠. 말하자면 마이너리그의 지식인이라는 말이지요. 그런데 '술사'라고 하는 말은 역사적 용어로 사용하기에 부적합하다고 저는 생각해요. 거기에는 폄하의 뜻이 포함되어 있기 때문입니다. 그런 표현에서 저는 지배층의 폭력을 봅니다.

그들은 결코 점쟁이 '따위'가 아니었어요.『정감록』을 퍼뜨리고『정감록』사건에 걸려들어 죽은 그 사람들은 평민이었습니다. 그래서 저는 '평민지식인'이라고 하는 새로운 개념으로 그들을 부릅니다.

역사학자들은 이처럼 새로운 개념을 잘 받아들이지 않습니다. '그건 역사적 용어가 아니다.' 그렇게 말하며 거부하는 것이 일반적입니다. 하지만 역사적 용어가 아니어도 역사책에 자주 등장하는 용어들이 사실은 많습니다. '호족'이라는 개념도 그에 해당합니다. 후삼국 시대에 등장해서 고려를 세운 사회 세력들을 당대의 역사 기록에서 호족이라고 한 적이 한번도 없습니다. 그럼에도 불구하고 우리는 그들을 호족이라 부릅니다. 또 고려 시대의 지배층을 귀족이라고들 말합니다만, 고려 시대의 역사 기록에서 지배층이 귀족이라고 언급된 적은 없었습니다. 같은 맥락에서 '평민지식인'이라는 말을 쓰지 못할 이유가 하나도 없다는 것이 제 주장입니다.

글에 기초한 지식이라는 것은 일반적으로 양반의 것이었지요. 그런데 18세기 후반부터는 평민도 지식인으로 행세하게 됐으니, 신기한 일이 아닙니까? 그들이 지식인으로 행세하면서 금지된 '이상한 책'을 들고 다녔다! 이렇게 귀한 일은 역사상 별로 없었습니다.

물론 한 가지 오해는 없어야 됩니다. 평민지식인들이 『정감록』만 읽고, 『정감록』만 말하고, 『정감록』만 퍼뜨렸다는 것이 아니지요. 당연히 그들도 성리학을 공부했습니다. 그에 더하여 풍수지리학, 의학 지식들을 가지고 있었습니다. 중요한 점은 그들을 역사의 무대 위로 불러온 것은 다른 무엇이 아니라 『정감록』에 관계된 지식이었다는 것입니다. 『정감록』이야말로 평민지식인들의 아이덴티티(정체성)를 결정했어요. 이 사실이 주목을 끕니다.

문제의 예언서가 전파되는 과정을 잘 보여주는 이야기가 있지요. 18세기 황해도 출신 평민지식인 박서집의 진술이 그러합니다. 1731년(영조 7) 황해도 해주에서 태어난 그는 이미 어린 시절 집에서 한글 『정감록』을 읽었고, 나중에는 예언에 빠져 정든 고향을 등진 채 홀로 충청도 진천으로 이주했어요. 그러다가 1782년 그는 『정감록』 사건에 연루돼 처벌됐습니다.

그가 아홉 살 되던 1739년(영조 15)에 역사상 처음으로 『정감록』이 금지됐는데, 박서집이 『정감록』을 읽은 것은 열두 살 때였어요. 한글로 된 필사본이었어요. 나중에 서당 훈장이 된 그는 의술과 풍수에 관한 지식도 갖춘 평민지식인이었죠. 그에게는 『정감록』이 한 가닥 희망이었습니다. 그는 황해도와 평안도를 두루 돌아다니다가 마흔 살 무렵에는 남부 지방으로 이주했어요. 『정감록』이 약속한 구원의 땅은 남쪽에 많았기 때문입니다. 그는 계룡산 언저리를 배회하기도 했고, 십승지+勝地를 비롯해 많은 길지吉地를 일일이 답사했으며, 그 과정에서 자신과 생각이 비슷한 사람들을 많이 만나게 됐답니다.

　1770년대에는 『정감록』이 이미 전국에 퍼졌어요. 박서집과 같은 서북 지방의 평민지식인들이 퍼뜨렸지요. 박서집 사건만 보더라도, 관련자는 대부분 북쪽 출신이었어요. 반역죄로 죽은 문인방은 평안도 양덕 출신, 함께 죽은 그 제자 백천식도 그러했죠.

　평민지식인들은 '글을 팔아서 먹고살거나', '혀를 놀려서 먹고사는' 일종의 유랑 지식인들이었지요. 미약하나마 그들이 하나의 사회 세력으로 등장한 것이 18세기였죠. 당시에는 전국 어디서든 초보적인 교육을 받을 수 있는 서당이 널리 퍼져 있어, 평민지식인들이 많이 배출됐어요. 그런데 문제는 그들이 신분의 벽에 가로막혀 있었다는 점이지요. 그들은 주류 사회로부터 버림받은 '타자화'된 지식인들이었고, 그래서 그들은 더욱 현실 비판적이었고 『정감록』 같은 금서를 애호했습니다.

『정감록』은 문화투쟁의 도구

　「요한계시록」은 예수의 재림이 가져다줄 인류 역사의 완성을 예언하고 있지요. 그에 비해『정감록』은 기껏해야 왕조 교체를 논하는 수준이라는 평가가 일반적입니다. 하지만『정감록』이란 텍스트를 어떻게 읽느냐에 따라서 결론이 달라집니다.『정감록』을 읽는 제 방법은 문화적인 맥락에 따라 읽는 것입니다.

그런 독법에 의지하여 저는『정감록』이 성리학이라는 지배 이데올로기를 상대로 평민지식인들이 벌인 '문화투쟁'의 수단이었다는 점을 설명하고 싶습니다. 즉『정감록』은 평민지식인들이 꺼내놓은 '대항 이데올로기'였다는 말씀입니다.

그깟『정감록』을 가지고 '나라가 망한다. 새 나라가 일어날 거다'라고 말하고 돌아다닌 것이 무슨 문화투쟁이었는가, 그렇게 생각하실 분도 많을 것입니다. 저는 그렇게 간단한 일이 아니었다고 봅니다. 동학을 비롯해 19세기 후반에 등장한 신종교들의 가르침에서 그 증거가 뚜렷이 나타납니다.

『정감록』은 새 종교와 새 문명을 창출하는 도구였어요. 평민지식인들은『정감록』의 이름으로 뭉치고 탄압받고 헤어지기를 되풀이하면서 조직의 기술을 연마했고, 비밀결사의 운영 방법을 터득하게 됐어요. 그들은 종교운동이 곧 정치운동임을 체험했어요. 조선과 같은 폐쇄적인 사회에서는 정치운동도 종교적 색깔을 덧씌워 시작할 때 가장 성공적이라는 사실도 그들은 학습했어요.

동학이 도대체 무엇입니까? 그들이 추구하는 세계는 어떤 겁니까? 그것은 완전히 새로운 세계였어요.『동경대전』이나『용담유사』를 보면 최제우는 "오만 년 대운의 시대가 왔다"라고 주장하거든요. 세상이 열린 지 오만 년 만에 최제우가 다시 큰 가르침을 열었다. 동학이라는 이상적인 종교를 통해 새 세상을 건설할 때라는 것입니다. '이제 인류 역사에 완전히 새로운 문명이 시작된다.' 이렇게 말했을 때 동학은 하나의 종교운동이고, 하나의 사회운동이고, 하나의 문화운동입니다. 최시형은 이것을 하나의 생명운동으로까지 끌어올렸지요. 바로 이런 운동들이 『정감록』에서 비롯됐어요.

동학의 새 세상은 『정감록』이 예언하는 진인眞人의 새 나라에서 출발했습니다. 『정감록』의 유행이 있었기에 많은 사람들은 최제우의 주장을 받아들일 수 있었습니다. 『정감록』 운동의 터전 위에서 동학이 꽃핀 것입니다. 『정감록』 없이는 동학도 존재할 수 없었다고 저는 생각합니다. 동학의 명칭을 천도교로 바꾼 손병희도 『정감록』을 중시했어요.

최제우는 『정감록』 예언을 빌려서 「몽중노소문답가夢中老少問答歌」에서 말세의 풍경을 이렇게 예언했어요.[2] "십이제국十二諸國 괴질운수怪疾運數 다시개벽 아닐는가." 여기서 말하는 십이제국이란 온 세상을 가리키는 것으로 봐야 합니다. 또 다른 곳에서는 '삼년괴질三年怪疾'이니 '연년괴질年年怪疾'과 같은 말도 해요. 요샛말로 인류가 조류독감이나 에이즈와 같은 질병으로 몇 년을 시달린 다음에 '개벽'이 온다는 거였어요. 이것은 말세의 큰 환란을 겪은 뒤 예수가 재림한다는 기독교와 다름없는 말세관입니다.

조선 후기에는 천주교가 수용되어 종말론이 널리 전파됐지요. 『정감록』에 기록된 환란도 그와 불가분의 관계가 있습니다. 최제우의 동학 역시 그 점에서 일치합니다. 이름부터가 동학은 서학(천주교)을 의식하고 있습니다. 겉으로는 대립되는 것 같지만 꼭 그렇게 볼 일이 아닙니다.

---

2. 「몽중노소문답가」는 1861년 동학의 교조인 최제우가 지은 교리 가사입니다. 노인과 젊은이가 문답의 형식으로 동학의 이치를 설명했습니다. 『용담유사』에 실려 있습니다.

『정감록』을 퍼뜨린 평민지식인들의 꿈은 미륵세상이었지요. 동학을 비롯해『정감록』의 영향 아래 탄생한 신종교에서도 마찬가지였어요. 그들은 누구나 미륵세상을 가슴에 품고 있었고 당시에는 그것이 하나의 상식이었어요. 그래서『정감록』이든 또는 동학의 경전이든 그들의 이상향에 관해 따로 장황하게 설명한 경우가 없었습니다.

그들이 궁금했던 것은 이상향의 모습이 아니라, 언제 그날이 밝느냐는 문제였어요. 다가올 새 문명을 한국의 신종교에서는 '후천後天'이란 말로 표현합니다. 이미 지난 세상은 선천先天, 다가올 세상은 후천으로 나뉘었어요. 선천은 각종 모순이 쌓여 불합리하고 상극이 되어 충돌하던 어두운 세상이었지만, 밝아올 후천은 상생의 논리가 지배하는 희망의 세상이라고 설명했습니다.

원불교 교조 박중빈은 이미 선천과 후천이 교대를 시작했다고 보았습니다. 평화롭고 평등한 문명 세상이 후천으로, 온갖 종류의 차별과 대립이 사라진 지상낙원입니다. 한국이 이 새 문명의 중심이 된다고 했어요.

요컨대『정감록』이 기약했던 정진인의 나라는 결국 19세기 말 또는 20세기 초에 이르러 후천 세계로 귀결됐다는 것이 제 주장의 핵심입니다. 이 새로운 문명운동, 또는 신문화 창출의 운동이『정감록』에서 비롯됐어요.『정감록』에 새 시대의 이상이 담긴 것은 아니었지만 이 책에 대한 관심이 새로운 대안의 창출을 유도했습니다. 이런 가능성을 두려워했기에『정감록』의 흐름을 차단하려는 시도들이 많았어요. 영조 때부터 금지의 역사가 계속 이어졌습니다. 특히 정조의 시대에 말썽이 많았습니다. 왜 하필 정조의 시대였을까요?

정조는 학문에 탁월한 왕이었습니다. 역대 왕으로서는 유일하게『홍재전서弘齋全書』라고 하는 100권도 넘는 거질의 문집을 남겼어요. 그림도 잘 그리고 음악에도 조예가 깊었어요. 정조는 정치도 탁월해, 공작 정치도 달인 수준이었지요. 그는 『정감록』의 핵심 문제가 무엇인지를 확실히 알고 있었지요. 그래서 다각적으로 『정감록』 금지운동을 벌였습니다.

정조의 염려는 나중에 현실로 나타났습니다. 정조는 서학이나 『정감록』 같은 것이 조선왕조를 위기로 몰아넣을 화근임을 미리 알아보았습니다. 그래서 그 뿌리를 말살하려고 들었어요. 그런데 당시의 치안 능력으로는 아무리 조사를 한다 해도 빈틈이 많았지요. 정조는 적극적인 문화투쟁으로 맞섰습니다. 그게 바로 문체반정文體反正이었어요. 글쓰기를 고전시대 투로 돌이키자는 것이었어요. 정조의 목적은 뒤로 돌아가는 것이었습니다. 앞으로 나아가는 것이 아니었습니다. 우리가 알고 있는 정조의 모습하고는 너무 다르지요.

아무튼 이 자리에서 제가 명확하게 말씀드리고 싶은 것은, 『정감록』은 동학을 비롯한 신종교가 주장하는 새로운 문명의 씨앗을 이미 내포했다는 점입니다. 또 『정감록』을 수단으로 한 각종 조직 경험이 신종교의 모태가 됐다는 사실입니다.

『정감록』은 '반反이데올로기', 또는 '대항 이데올로기'의 씨앗이었습니다. 그러나 그런 사실을 알아보기란 쉽지 않습니다. 텍스트에 대한 이해는 독자의 목적에 따라 달라집니다. 기독교의 4대 복음서(마태복음, 마가복음, 누가복음, 요한복음)를 보더라도 거기에는 신학적 이론이나 체계적인 주장이 별로 보이지 않습니다. 그러나 복음서를 빼놓고서 기독교 신학을 말할 수는 없습니다. "누구든지 어린아이가 되지 않고서는 천국에 들어갈 수 없다." 예수의 말씀은 이런 식으로 간단했습니다. 그것을 신학으로 바꾸는 것은 학자들의 몫이었습니다. 『정감록』의 경우에도 마찬가지입니다.

얼핏 보면 『정감록』의 상당 부분은 이미 낡고 때 묻은 사상들이었어요. 풍수지리사상이나 불교적 관념의 잔재가 많이 보입니다. 거기에는 또 『주역』에 가까운 사고방식이 단편적으로 끼어 있기도 합니다. 정통 성리학자나 스님들 또는 풍수 전문가들이 보면 친근하면서도 좀 이상한 텍스트였습니다. 『정감록』은 기묘한 합성물이었습니다.

그런데 새 세상을 꿈꾸는 사람들은 바로 그런 점을 좋아했습니다. 『정감록』이 지닌 생명력은 그 기묘한 합성에 있었습니다. 『정감록』을 특히 사랑한 이는 최제우였어요. 『용담유사』에는 『정감록』을 패러디한 부분이 있습니다. 지금까지 아무도 그런 사실을 중시한 사람은 없었지만 그것은 엄연한 사실입니다. 『정감록』을 패러디하는 작업은 20세기에도 계속됐습니다. 『찢겨진 산하』라는 금서의 저자, 일본에서 활동한 정경모가 그랬습니다. 앞으로 이 강좌에서 다루게 될 금서의 저자인 김지하도 『정감록』을 패러디한 적이 있었습니다. 문학연구자들은 그런 점을 아직 눈치 채지 못한 것 같지만 틀림없는 사실입니다.

감록촌의 등장

『정감록』을 가장 두려워한 지배자들이야말로 실은 그 위력을 제대로 알고 있었다 하겠습니다. 일제 식민지 통치배들도 『정감록』을 두려워했습니다. 그래서 그들은 이 책을 일본의 동경東京에서 출판했습니다. 사상 최초였지요. 저들이 문제의 금서를 출판한 것은 『정감록』의 뇌관을 제거하기 위해서였습니다. '그저 허무맹랑한 책이야!'라고 선전함으로써 『정감록』이 가져올 충격을 줄이려고 했어요.

그래도 책을 구입한 한국인의 입장은 달랐습니다. 일본 사람들은 이른바 '계몽'을 위해서 이 책을 찍었는데, 『정감록』을 신봉하는 한국 사람들이 모두 샀으니까 말입니다. 그들은 충청도 계룡산 일대에 '감록촌鑑錄村'을 만들었습니다. 『정감록』 예언을 믿는 수천 명이 모여서 소도시를 만들었던 것입니다. 경상북도의 봉화, 충청북도의 단양 등 곳곳에 감록촌이 들어섰어요. 그 흔적이 아직도 남아 있어요.

군사정권 말기에 노태우 전 대통령이 있었습니다. 소문에는 그 할아버지가 『정감록』을 믿고 북쪽의 고향을 버리고 봉화로 이주했다고 해요. 맞는 말인지 모르겠지만 봉화에서 그런 말을 들었습니다. 이런 얘기를 하기로 들면 끝이 없습니다. 요컨대 20세기 전반까지도 『정감록』의 매력은 대단해서 전국 각지에 없던 마을이 새로 만들어질 정도였습니다.

『정감록』의 독법

이제 『정감록』 몇 줄을 함께 읽어보겠습니다. 『정감록』이 어떤 것인지를 여러분이 직접 느껴보시기 바랍니다.

완산백 한융공漢隆公에게 아들 셋이 있는데 큰아들은 일찍 죽고, 둘째 심沈과 셋째 연淵이 정감鄭鑑이라는 사람을 만나 팔도를 유람했다. 정감은 『삼국지』에 나오는 유비의 은사隱士인 수경 선생 사마휘나 지략가 제갈공명보다도 더 나은 사람이었다.

이들은 경치가 빼어나고 기이한 금강산을 구경하면서 "천지는 음양의 주장으로 이루어졌다”는 이야기를 서로 돌아가면서 했다. 형인 심이 “산수의 법이 기이하고 경치가 참으로 빼어나도다”라고 말했다.

흔히『정감록』의 원본이라고 말하는「감결」의 첫 대목입니다. 여기서 주목되는 것은 첫째, 등장인물이 세 명이라는 점이지요. 이李씨 둘에 정鄭씨 하나입니다. 이 셋이라는 숫자가 중요해요. 본래 네 사람이 등장할 수 있었습니다. 이씨는 삼형제였으니까요. 그런데 그중 하나가 죽었기 때문에, 결국 세 사람이 등장하는 겁니다. 요컨대 이 짧막한 서술은 3·3 구조입니다.

3이라는 숫자는 완전수입니다. 솥 정鼎자가 그렇듯, 원초적으로 그러합니다. 양이 하나 있고 음이 하나 있으면, 그것이 운동을 해서 또 하나를 만듭니다. 마치 성숙한 남성과 여성이 아이를 만드는 것과 같은 이치입니다. 우주도 그러합니다. 천지인天地人의 셋이 갖추어지면 완전한 조화가 기대될 수 있지요.

그런데 이씨는 아들 셋을 낳았지만 하나가 죽었어요. 그것도 첫째 아들이 죽었습니다. 치명적인 흉조입니다. 이씨 왕조는 처음부터 그런 약점이 있다는 것이 암시됐습니다. 조선왕조, ‘이건 망할 놈의 나라다.’ 그렇게 읽는 것이『정감록』의 독법입니다.

등장인물의 이름을 살펴보더라도 이씨는 약세입니다. 그들의 이름은 심沈이고, 연淵입니다. 모두 물이죠. 물은 흙에 담기는 존재, 땅의 일부일 뿐입니다. 그런데 정씨의 이름은 감鑑입니다. 감은 곧 거울입니다. 무당이 반드시 소지해야 할 것이 이 거울이죠. 청동기 시대 유물 중에서도 최고로 값진 것이 다뉴세문경多鈕細文鏡 즉, 동경銅鏡이었습니다. 그것은 최고 제사장이자 왕인 우두머리가 가지는 권위의 상징입니다. 예언의 정확성을 보장하는 도구입니다. 이심이나 이연에 비하면 정감의 신통력은 차원이 다르다는 뜻입니다.

그런데 왜 그 성씨가 정鄭이냐? 그것도 이씨가 소개되고 나서 정씨가 언급된다는 사실에 주목합시다. 먼저 들어선 이씨 왕조의 불완전성을 극복하고 셋이라는 안정의 구도를 재생시킬 인물은 정씨라는 암시입니다. 정씨는 이씨 왕조를 멸망시킬 새로운 지배자를 상징합니다. 우선 정몽주(1337~92)가 생각납니다. 이방원이 그를 제거했기 때문에 고려왕조를 끝장낼 수 있었던 것입니다. 또 이씨 왕조를 도와서 나라를 세운 이가 정도전(1342~98)인데, 그도 역시 이방원이 죽였잖아요. 게다가 조선 선조 때 역적의 누명을 쓰고 죽은 정여립(1546~89)이 있어요. 「감결」의 저자는 역사의 구도를 그렇게 이해했던 것입니다. 이씨 왕조는 불완전한 왕조, 이씨 왕조는 처음부터 싹수가 틀려먹은 왕조다, 그것을 대체할 수 있는 것은 정鄭이라는 겁니다.

정감에게 권위를 부여하기 위해 「감결」은 우선 유비劉備(161~223)를 등장시켜요. 유비는 조선 후기 민간에서 가장 인기가 높은 영웅이었지요. 『삼국지』에 많은 영웅들이 나오지만 사람들은 그를 첫 손가락에 꼽았답니다. 유비에게는 남다른 덕성이 있다고 봤기 때문입니다. 그런데 그 유비를 왕으로 만든 이가 제갈공명諸葛孔明(181~234)이 아닙니까? 「감결」은 그를 끌어들였습니다. 그에 만족하지 않고 또 그 스승인 사마휘司馬徽(133~208)까지 불러들입니다. 이렇게 해서 또 3이란 숫자가 구성됩니다. 예언가 정감은 역사상 가장 덕과 지혜가 많았던 인물들과 비교될 만하다는 주장인 것입니다. 동시에 정씨의 창업이 유비의 후한과 비교될 만하다는 뜻이 내포되어 있습니다.

이 모든 것이 상서롭다는 점도 충분히 암시되어 있습니다. 여러분과 함께 읽은 첫 단락은 전체적으로 보아, 3·3·3의 구도입니다. 완전수의 완전수가 「감결」의 서막을 장식합니다. 그야말로 완벽한 예언서라는 것입니다.

불과 몇 줄밖에 안 되는 글이지만, 이것으로 정감鄭鑑의 반조선왕조적 성격이 합리화됐습니다. 또 그에게 절대적인 지혜가 부여됐지요. 정씨 왕조의 길상吉祥도 충분히 암시됐습니다. 이처럼 『정감록』은 꼼꼼히 읽어보면 무언의 예언과 상징이 가득합니다. 어떻게 읽느냐에 따라서 텍스트의 의미가 드러나기도 하고, 감추어지기도 합니다.

아마도 18세기 이후 많은 평민지식인들은 위에서 제가 풀이한 것보다 훨씬 더 깊고 철학적으로 『정감록』을 해석했을 것입니다. 이것은 확실히 문제적 텍스트였어요. 상징과 의미로 꽉 차 있는 텍스트라서 여기서 동학도 나오고 증산교와 원불교도 나왔습니다. 그들이 즐겼던 『정감록』 패러디는 심심풀이 장난이 아니었다는 점을 몇 번이고 강조하고 싶습니다.

물론 이제는 더 이상 『정감록』이 대중의 관심사는 아닙니다. 누가 이 책을 탄압할 리도 없고, 그 예언을 바탕으로 새로운 문화투쟁이 전개될 가능성도 많지 않은 것 같습니다. 그러나 20세기 전반까지도 사정은 달랐습니다. 조선 후기의 평민지식인들은 물론 20세기 초반의 신종교 지도자들도 『정감록』을 불쏘시개 삼아 신문명 창조라는 '문화투쟁'의 횃불을 들었습니다. 우리는 그런 역사적 사실을 이해해야 할 것입니다.

그러나 각도를 달리해보면 『정감록』은 여전히 매력적이고 살아 있는 지혜의 원천이기도 한 것 같습니다. 그 책은 민중의 소망을 표현하는 '비법'을 간직한 금서였습니다. 그런 까닭에 김지하와 같은 지식인은『정감록』에서 민중적 화법을 체득하기도 했고,『정감록』에서 비롯된 동학사상으로 달려가 한국적 생태사상의 우물을 길어올렸습니다(제6강 참조).

참고문헌

고성훈, 『민란의 시대』, 가람기획, 2000.
김　탁, 『정감록』, 살림, 2005.
백승종, 『정감록 진실게임』, 푸른역사, 2006.
＿＿＿, 『한국의 예언문화사』, 푸른역사, 2006.
＿＿＿, 『예언가 우리 역사를 말하다』, 푸른역사, 2007.
＿＿＿, 『정조와 불량선비 강이천』, 푸른역사, 2011.
＿＿＿, 『정감록 미스터리』, 푸른역사, 2012.
이민수, 『정감록』, 홍신문화사, 1985.

『조선책략』

개화와 척사의 엇갈린 선택

　　19세기 후반 조선 사회는 서구 열강의 침략 위협에 직면했습니다. 그때 중국의 청년 외교관 황준헌이 『조선책략』을 집필했습니다. 한·중·일 3국이 미국과 연합하여 러시아의 남하정책을 저지해야 한다는 내용이었지요. 이 책이 도입되자 성리학적 가치관을 대변했던 전국의 유생들은 『조선책략』을 단죄하며 이른바 신사辛巳 척사상소운동으로 맞섰습니다. 이 책의 논리에 수긍하면서 개화 시책을 강화한 집권층과는 완전히 상반된 태도였어요. 요컨대 한 권의 책이 구한말 한국 사회에 개화·척사운동이라는 문화투쟁을 야기했습니다. 정치권력(고종)과 문화권력(유생층)이 격돌한 것입니다. 바로 그러한 문화투쟁의 의미를 되돌아보는 데 이 강의의 목적이 있습니다.

　　『조선책략』에 관해서는 이미 많은 연구가 있습니다. 「한국사연구휘보」에서 검색해보면 50개 정도의 논저가 나옵니다. 『조선책략』의 저자 황준헌에 관하여도 12~13개의 논문이 발표됐어요. 저는 기왕의 연구 성과를 두루 참고하면서도 제 독자적인 해석에 초점을 맞춰 이야기를 전개할 것입니다. 제 이야기는 다음의 두 가지를 중심으로 전개됩니다.

　　첫째, 『조선책략』의 다중적인 성격을 논의할 것입니다. 무릇 책이란 어떻게 읽느냐에 따라 평가가 달라질 수 있습니다. 『조선책략』도 그것을 하나의 생존전략으로 읽은 사람들이 있었습니다. 그것은 조선왕조가 살아갈 하나의 방법이기도 했고, 동아시아 사회가 공존 공영할 수 있는 전략이기도 했습니다. 하지만 『조선책략』은 또 문화투쟁이라는 차원에서 큰 의미가 있었어요. 이 책을 놓고 개화파와 척사파가 충돌한 것을 생각해보세요. 『조선책략』으로 인해 문화적 헤게모니를 둘러싼 투쟁이 격화되지 않았습니까? 그 밖에도 장기적인 관점에서 보면, 이 책은 한반도의 식민화를 알리는 신호탄으로 읽힙니다. 『조선책략』의 저자는 그런 의도를 노골적으로 드러내지 않았지만 식민화의 밑그림이 이 책의 행간에서 읽힙니다.

둘째, 앞의 이야기와도 직접적인 관계가 있는 것이지만 『조선책략』을 바라보았던 당시의 다양한 시선들을 검토해보고 싶어요. 가령 저자 황준헌의 입장도 중요하지만, 이 책의 내용이 과연 그 한 사람의 생각일까도 따져볼 필요가 있지요. 또한 그 책을 수용한 당대 조선의 명사 김홍집을 비롯해 조선 국왕이나 조정 대신들의 시각도 궁금해집니다. 이울러 『조선책략』을 바라보는 이해 당사국들 즉, 일본 사람들과 미국 사람들은 무슨 생각을 했을지도 염두에 두고 싶습니다.

역사적 배경

19세기 말 조선에는 쇄국과 개화 양쪽을 오가는 긴박한 흐름이 있었습니다. 알다시피 1866년(고종 3)에는 병인양요丙寅洋擾가 있었고, 1871년(고종 8)에도 또 한 차례 신미양요辛未洋擾가 일어났어요. 병인양요에 앞서 천주교 박해가 전후 네 차례에 걸쳐 있었지요. 박해사건은 1866년 봄에 시작되어 그해 여름부터 가을에도 한 차례 소동이 있었지요. 다시 1868년(고종 5)과 1871년에도 살육이 반복되어 8천 명 이상이 순교했습니다.

실권자 대원군은 본래 천주교에 대해 동정적이었습니다. 그러나 서구 세력이 중국 침략을 감행하자 태도가 달라졌어요. 국내에도 위기의식이 고조되자 그의 정적들은 천주교와 가깝다는 이유로 대원군을 비난하기 시작했거든요. 그러자 대원군은 입장을 바꿔 천주교 박해를 결행했습니다.

그러나 1876년(고종 13)이 되자 국면 전환이 일어났습니다. 개항의 바람이 분 것이죠. 겉으로 보면 그것은 일본의 포함외교砲艦外交에 굴복한 결과 같았지만, 조정 내부의 개방 의지도 어느 정도 작용했어요. 특히 노론 북학파의 후예들이 큰 역할을 담당했습니다.

북학파 중에는 일찍부터 통상을 지지하는 흐름이 있었어요. 그 선구자인 박제가(1750~1805)는 학예 진흥을 위해 서양인을 초빙하자고 주장했죠. 또 이규경(1788~1856)은 통상 무역이 쌍방에 유익하다며, 중국의 예를 들었어요. 최한기(1803~77)도 우리 선박이 세계를 일주하고, 서양의 앞선 기술서적을 번역해야 한다는 의견이었습니다. 그러나 북학파의 이런 주장은 전혀 먹히지 않았습니다.

그러나 이러한 사상을 계승한 박규수(1807~76)가 조정의 분위기를 바꿨습니다. 사신으로서 연경燕京을 몇 차례 왕래하며 세계 대세를 파악했던 그의 눈에는 개방이 필연의 추세였습니다. 역관 오경석(1831~79)도 이를 절감했어요. 오경석은 중국인들이 저술한 '신서'를 구입해왔죠. 이것은 서양의 문물과 제도를 소개하고 서양의 침입에 대비한 정책을 논의한 것으로, 『해국도지海國圖志』, 『영환지략瀛環志略』, 『박물신편博物新編』, 『월비기략粤匪紀略』, 『북요휘편北徼彙編』, 『양수기제조법揚

水機製造法』, 『지리문답地理問答』, 『해국승유초海國勝遊草』, 『천외귀범초天外歸帆草』, 『중서문견록中西聞見錄』 등이었어요. 강위(1820~84) 역시 개국론자로서 1876년 일본과 강화도조약을 체결할 때 실무를 담당했습니다.

강화도조약은 일본에게 유리한 불평등조약이었지요. 이후 청나라의 중개로 조선이 서구 열강과 잇달아 체결한 조약들도 그러했습니다. 조선은 제국주의라는 험한 시대 조류에 휩쓸리고 만 것입니다.

중국과 일본의 근대화운동

개항은 동아시아 모든 나라의 현안이었습니다. 우여곡절은 있었지만 중국에서는 동치중흥同治中興 또는 변법자강운동變法自彊運動이 일어났어요. 일본에서도 메이지유신明治維新이 일어나 근대화를 향한 역사적 행진이 시작됐습니다.

청나라는 아편전쟁과 태평천국의 난을 겪고 나서 서구화의 필요성을 절감했습니다. 증국번曾國藩(1811~72)과 이홍장李鴻章(1823~1901) 등은 자강운동自强運動을 일으켜, 서구의 무기를 사들이고, 신식 군사공장을 건설하며, 서구와의 통상 교류를 촉진하기 위해 외국어를 가르치거나 유학생을 파견했지요. 그들은 점진적인 근대화 노선을 추구했습니다. 이른바 '중체시용론中體西用論'이었습니다. 그에 비해 과격파인 캉유웨이康有爲(1858~1927) 등은 입헌군주 정치운동을 폈습니다. 1890년대가 되면 근대화운동의 주도권이 잠시 캉유웨이 등에게 넘어갔어요. 하지만 중국의 근대화는 실패했고, 20세기 전반 중국은 서구 열강의 반半식민지가 되고 맙니다.

그러나 일본의 경우는 달랐습니다. 1850년대부터 메이지유신이 시작되어 1890년대까지 괄목할 만한 성과를 냈습니다. 왕정이 복고되고,

미국과 유럽에 대규모 사절단 및 유학생이 파견됐어요. 사회적으로 큰 변화가 일어나 왕족과 화족華族 외에는 모두 평민이 됐어요. 근대화에 성공한 일본은 식민지를 얻기 위해 이웃 나라를 연달아 침략했습니다. 1894년 청일전쟁을 일으켰고, 1904년의 러일전쟁을 거쳐 1910년에는 한국을 강제로 점거합니다. 물론 이것은 『조선책략』이 역사의 무대 위에 등장하고 나서 한 세대가 지나기도 전에 일어난 사건들입니다.

러시아 공포증

19세기 말 러시아에 대한 공포심이 널리 퍼져 있었습니다. 그때 러시아는 신흥공업국이었고, 팽창일로에 있는 하나의 '괴물'이었습니다. 러시아의 급성장은 강경 보수주의자 니콜라이 1세(1796~1855) 황제 때부터 시작됐습니다. 그는 근대적 사회개혁을 거부한 채 '관제 국민주의'를 앞세워 군사력 강화에 매진했어요. 1848년 유럽 각국에서 시민혁명이 일어났을 때도 니콜라이 1세는 절대군주제의 수호자를 다짐하며 '유럽의 헌병'을 자임했어요. 이후 러시아는 강한 보병을 앞세워 세계 각지에서 남하정책을 감행했지요. 자연히 서유럽에는 러시아의 침략에 대한 위기감이 확산됐습니다.

그 공포증은 동아시아로도 퍼졌습니다. 러시아는 중국과 국경을 마주하게 됐고, 드디어는 조선과도 강 하나를 두고 대립하는 형세였습니다. 이것이 1860년대 동아시아의 시급한 현안이었습니다. 황준헌이 『조선책략』을 통해 러시아의 남침을 막을 방법을 고심한 데는 그럴 만한 사정이 있었습니다. 19세기 말 유럽 제국은 물론이고 중국과 일본까지도 러시아에 대한 두려움에 시달린 것입니다.

『조선책략』의 출현

문제의 책,『조선책략』과 밀접한 관계가 있는 사람들을 하나씩 살펴봅시다. 우선 그 저자 황준헌으로 말하면, 중국의 청년 외교관이었어요. 객가客家(본래 한족의 일파로 황하 이북에 거주했으나 차츰 광둥성廣東省과 푸젠성福建省 등지로 이주한 사람들) 출신인 그는 1880년 당시 주일 청국 공사관의 참찬관이었습니다. 그는 일본에서 수신사로 건너온 김홍집(1842~96)을 만났습니다. 황준헌은 김홍집보다 여섯 살이 젊었어요. 그들이 만났을 당시 황준헌은 33세, 김홍집은 39세로서 둘 다 아직 30대 청년이었어요.

황준헌은 장차 조선의 외교전략 수립에 참고할 만한 자료라며『조선책략』을 주었습니다. 그것은 물론 개인의 저술이었지만, 현직 청나라 외교관이 조선 외교관의 손에 직접 쥐어주었다는 점에서 상징적 의미가 컸습니다. 청나라 정부가 조선 정부에게 비공식적으로 외교 지침을 시달한 것이나 마찬가지였습니다.

그 책의 주요 내용은 무엇인가요? 러시아의 침략을 막기 위해 조선은 중국을 비롯한 일본 및 미국 등과 동맹을 맺어야 한다는 것이었지요. 김홍집은 귀국하자마자 이 책을 국왕에게 바쳤습니다. 그러자 전국 각지에서 척화斥和(외국과의 통상 교섭을 반대) 상소가 봇물을 이루었죠. 그래도 고종의 뜻이 개화에 있었기 때문에, 조정의 개화 노선은 크게 바뀌지 않았습니다.

황준헌은 국제사정 특히 일본 형편에 밝았어요. 그는 훗날 고향인 광저우廣州에서『일본국지日本國志』(1898)를 저술해 일본의 문물을 자세히 소개할 정도로 박식했습니다. 일본의 정치, 외교, 군사 사정을 빠삭

히 알고 있었지요. 그랬던 만큼 중국과 동아시아 각국의 사정을 두루
고려하여『조선책략』을 저술한 것입니다.

『조선책략』의 저술 동기

문제의 책에서 황준헌은 특히 세 가지 사항을 염려했다고 생각됩니
다. 첫째, 당시 중국은 조선이 러시아의 식민지로 전락할까봐 크게 염
려했습니다. 그가 보기에는 일본도 마찬가지 걱정을 가졌습니다. 조선
의 지정학적 위치는 해양이나 대륙으로 진출하는 데 대단히 매력적이었
습니다. 문제는 조선왕조가 너무 약하기 때문에 외침을 초래한다는 점
이었어요. 과거 중국이 동아시아의 패자였을 때는 그것이 중국의 입장
에서 볼 때 바람직한 일이었습니다.

둘째, 서구의 제국주의정책, 특히 러시아의 남하정책이 걱정거리였습
니다. 19세기 말 서구 열강은 동아시아 진출에 적극적인 관심을 갖게
됐어요. 그들은 한반도를 동아시아 진출의 교두보로 인식했어요. 그러
나 조선이 자력으로 서구 열강의 압박을 이겨낼 가능성은 희박했지요.
이웃 나라들로서는 이 점이 큰 문제였죠. 전통적으로 한반도에서 자국
의 영향력을 행사해온 중국으로서는 걱정이 적지 않았습니다. 이 문제
는 1870년대를 지나면서 더욱 심각한 양상을 띠게 됐습니다. 러시아가
남하정책을 적극 추진하는 것처럼 보였기 때문입니다. 황준헌은 바로
그 문제를 고심했습니다.

사실 러시아는 19세기 내내 영토 팽창에 힘을 쏟았습니다. 처음에는
크림 반도 쪽으로 뻗어나갔어요. 그러나 흑해까지 내려간 다음에는 더
이상 남하하지 못했죠. 이에 러시아는 방향을 바꿔 시베리아를 횡단해
서 동아시아로 내려오죠. 1850년대의 중국은 영국과 프랑스의 침략을

방어하느라 정신이 없었습니다. 그 틈에 러시아는 만주 위쪽을 모두 점령해버렸습니다. 그로부터 30년쯤 뒤 러시아는 극동함대를 창설하여 블라디보스토크에서 수십 척의 군함이 출동 준비를 완료했습니다. 이것은 중국에게 심각한 도전이었습니다.

중국은 동아시아에서 패권을 유지하기 위해 러시아의 남하를 저지해야 했습니다. 서구 열강은 중국이 러시아의 남하를 막을 수 있기를 바라고 관망했습니다. 그러나 중국은 자국의 힘만으로는 그 일이 어렵다는 점을 알고 있었지요. 영국이나 프랑스에게 도움을 청하고도 싶었지만, 중국의 눈에 비친 그들은 이미 악랄한 침략자였습니다. 톈진天津이 함락되는 사건을 겪으면서 중국은 서구 열강의 침략성을 뼈저리게 인식했습니다.

셋째, 그런 와중에 황준헌은 조선이 미국과 협력하게 할 필요를 느꼈습니다. 본래 미국은 오랫동안 고립정책을 유지했지요. 그들은 아메리카 대륙 바깥에서 일어나는 일에 간섭하지 않겠다는 원칙을 유지했더라는 말씀입니다. 그러나 19세기 말이 되자 미국은 신흥 산업국가로 성장했고, 새로운 시장이 요구됐어요. 그들이 태평양 너머에 있는 일본의 문을 두드린 것은 결코 우연이 아니었습니다. 이것이 메이지유신의 기폭제가 됐지만 미국은 일본에 대해 영토의 할양을 요구하지 않았어요. 그 과정을 지켜본 중국은 미국이 식민지 건설에 소극적이라는 결론을 내렸어요. 그런 미국이라면 한반도에 진출하더라도 중국의 이해관계를 해치지 않을 것으로 판단했습니다. 굳이 영국이나 프랑스와 같은 침략자들을 끌어들이지 않고도 러시아의 남하를 저지할 수 있다면 최상이라고 보았던 것입니다.

요컨대 황준헌은 한반도에서 중국의 이익을 지키고, 동아시아에서 중국의 패권을 유지하겠다는 생각으로 『조선책략』을 저술했습니다. 하지만 한 가지 의문이 듭니다. 이처럼 중요한 외교전략을 젊은 외교관이 독자적으로 수립했을까요? 아마도 그럴 수는 없었을 것입니다. 황준헌의 견해는 곧 당시 중국 조정의 입장이었을 것입니다.

『조선책략』의 숨은 저자들

실제로도 황준헌이 『조선책략』을 조선 쪽에 건네기 전에 중국은 조선이 미국과 수교하기를 바랐습니다. 미국 역시 한국의 문을 두드리고 있었습니다. 슈펠트 제독이 동래에까지 찾아와서 문호를 개방하라고 요구했습니다. 조선의 조정이 그 제안을 거절했기 때문에 슈펠트 제독은 아직 답변을 기다리고 있었습니다. 바로 이러한 외교적 맥락 속에서 『조선책략』이 저술됐습니다.

따라서 『조선책략』은 30대 초반의 중국 외교관 황준헌이 혼자 썼다고 보기 어렵습니다. 그의 상관 하여장何如璋(1838~91)의 견해가 담겨 있다고 볼 수 있습니다. 하여장은 통상 전문가, 특히 관세 전문가였으니까요. 서양 여러 나라와 조약을 맺는다면 결국 통상 협력을 하는 것 아닙니까? 무슨 품목에 얼마만큼 관세를 매길지 정하는 것은 통상의 핵심 사항이었어요. 바로 그런 문제에 하여장이 전문가였습니다. 그의 입김이 『조선책략』의 저술에도 일정 부분 영향력을 행사했고, 그 책자를 김홍집에게 전하기로 작정한 데도 그의 외교적 판단이 큰 영향을 미쳤다고 저는 생각합니다.

그런데 하여장은 이홍장의 천거로 3년 동안 일본 공사를 했습니다. 그런 점에서 문제의 책에는 이홍장의 정치적 입장이 작용했다고 추측될 여지가 있습니다. 이런 관점에서 이 책은 중국 쪽의 비공식 외교

지령이라고 볼 수도 있습니다. 과연 처음부터 중국 쪽은 외교적 의도를 가지고 있었어요. 1880년 김홍집 일행이 일본에 도착하자마자 그들은 먼저 만나자는 연락을 보내왔습니다. 여섯 차례쯤 필담이 거듭됐습니다.

저는 그 필담의 목적을 세 가지로 짐작합니다. 하나는 미국을 한반도에 진출시키고자 하는 중국 쪽의 의도를 설득하는 것이었어요. 두 번째로는 김홍집 일행이 일본에서 무슨 일을 하고 있는지를 정탐하려는 뜻도 있었습니다. 황준헌 등에게는 조선 정부의 외교 활동을 정확하게 파악해 본국 정부에 보고할 의무가 있었습니다. 끝으로, 한반도에서 중국의 이익을 관철할 수 있는 방법을 타진하는 것이었습니다. 중국 쪽으로서는 너무도 당연한 일이었습니다.

이제 김홍집의 입장도 살펴봅시다. 김홍집은 일본과의 관세 문제를 앞으로 어떻게 처리할 것인가 하는 문제가 숙제였습니다. 일본공사관을 설치하는 것도 중요한 과제였고, 인천에 세관(해관)을 둔다면 어떻게 운영할지도 걱정이었습니다. 그는 이와 같은 현안을 가지고 제2차 수신사가 되어 일본을 방문한 것입니다. 김홍집은 30대 후반의 재기발랄한 인재였습니다. 그는 60명가량의 수행원을 데리고 일본에 가서 국익을 관철하기 위해서 백방으로 노력했습니다. 하지만 일본 정부와의 협상이 원만하게 진행되지 않았습니다.

그래도 그의 일본 시찰은 나름대로 소득도 있었습니다. 그는 중국 관리들을 만나서 견문을 넓혔습니다. 중국의 한반도 경영 방침도 정확히 인식하게 됐습니다. 러시아의 팽창에 관해 중국이 위기의식을 느끼고 있다는 사실도 명확히 이해했습니다. 또 조선에 대해서 중국이 어떤 역할을 주문하고 있는지도 알게 됐습니다.

황준헌 쪽에서는 아무래도 마음이 놓이지 않았습니다. 필담을 통해 김홍집과 많은 의견을 주고받았지만, 그가 과연 조선 국왕에게 제대로 보고할지 어떨지 확신하기 어려웠습니다. 그래서 그는 한 권의 얄팍한 책자를 만들었다고 봅니다. 그것이 바로 『조선책략』이었어요. 한문 글자 수로 약 6천 자, 한글로 번역하면 40~50쪽 정도의 소책자였습니다.

부언하면 황준헌은 1882년 조·미 조약이 체결될 때도 핵심적인 역할을 맡았어요. 이홍장의 지시에 따라 그가 조약문을 기초했습니다. 훗날 그의 관직은 더욱 높아져 호남안찰사라는 고관을 지냈어요. 그는 문학에 조예가 깊어서 자유신시自由新詩를 주창했습니다. 그의 시는 '신파시新派詩'로도 불렸습니다. 그는 외래어, 새로운 단어, 방언과 속어 등을 거침없이 시어로 사용했다고 합니다.

『조선책략』의 세계인식과 그 한계

『조선책략』은 곧 황준헌을 비롯한 청나라 외교관들의 정세 분석이었습니다. 그 가운데서 가장 주목되는 부분은 두말할 나위 없이 방아책防俄策이었지요. 러시아의 남하를 저지하기 위해서 조선은 친중국親中國, 결일본結日本, 연미국聯美國하여 '자강'을 도모하는 것이 옳다는 것이었습니다. 그들이 말하는 '자강'이란 곧 '개화'였지요. '개화'는 근대화의 일본식 표현이고, '자강'은 중국식 용어입니다.

이 책에서 황준헌은 미국을 대단히 미화했습니다. 미국은 조선에게서 이익을 얻을 욕심이 전혀 없고, 다만 조선을 이롭게 할 것이라고 전망했습니다. 따라서 미국과 수호통상조약修好通商條約을 속히 체결하는 것이 좋겠다고 권장했습니다. 나아가 영국을 비롯한 프랑스, 독일, 이탈리아 등과도 조약을 체결해 문호를 널리 개방하는 것이 조선의 장래에 유리하다고 말했습니다. 통상과 개방은 장차 조선의 산업과 무역을 진흥시키고, 부국강병의 기초가 된다고 그는 낙관했습니다.

문제는 일본의 사할린과 중국의 헤이룽장성黑龍江省 동쪽을 차지한 러시아가 이미 두만강까지 남하했다는 사실이었습니다. 그로 인해 조선은 느긋하게 각국과 통상을 도모할 시간적 여유가 없어졌으니, 하루빨리 일본과 힘을 합쳐야 한다고 했습니다. 일본이든 조선이든 어느 한쪽이 서구 열강의 손아귀에 들어가면 모두 피해를 보게 되니까 그렇다는 겁니다. 황준헌을 비롯한 청국 관리들은 장차 일본이 조선을 침략할 것으로 보지 않았습니다. 사실 1880년 당시 일본은 그럴 만한 여건을 갖추지도 못했고요. 외채도 많았고 아직은 외국과의 교역에서 손해를 많이 보는 상황이었어요. 일본 내부에 이미 정한론征韓論이 등장했다 하더라도, 현실적으로 일본은 조선을 차지할 정도의 강국은 아니었습니다. 당시 상황에는 어느 정도 부합되는 주장이었지만, 장기적인 관점에서 보면 위험천만한 일본관이었습니다.

황준헌은 미국을 강대하고 공명하며 정의로운 나라라고 칭찬했지요. 남의 영토를 탐내는 나라가 아니라서 미국은 조선에 아무런 문제도 일으키지 않을 거라고 주장했습니다. 『조선책략』을 보면 황준헌은 만국공법을 절대적으로 신뢰하는 것처럼 보였습니다. 정말 그렇게 믿었기 때문에 그런 말을 했는지, 아니면 조선을 설득하기 위해서 과장한 것인지 따져볼 필요가 있어요.

당연히 후자라고 생각됩니다. 중국 외교관들은 이미 서구 열강의 폭력적 실체를 알고 있었습니다. 그런데도 조선이 서구와의 교섭을 피하고 있었기 때문에 일부러 거짓을 늘어놓았던 거죠. 국제관례상 한 나라와 조약을 맺으면 그와 관계가 있는 다른 나라와도 조약을 맺게 되어 있다. 그런데 서로 조약을 맺은 나라들 사이에는 한 나라가 다른 나라를 식민지로 삼는 것이 만국공법으로 금지되어 있다고 황준헌은 주장했습니다. 자국의 안전을 지키기 위해서라도 조선은 하루빨리 미국처럼 선한 나라와 조약을 체결하는 것이 마땅하다는 것입니다. 황준헌의 유혹적 언사가 지나쳤습니다.

『조선책략』에는 미국의 여러 가지 문물도 소개되어 있습니다. 또 미국의 국력이 개신교 덕분이라면서 개신교를 추켜세웠습니다. 미국 사람들이 믿는 개신교는 프랑스 사람들의 천주교와는 상당한 차이가 있다고도 했어요. 개신교는 정치에 전혀 개입하지 않기 때문에 안심할 만하다는 것이었습니다.

황준헌은 조선을 협박하는 것도 빠뜨리지 않았습니다. '폴란드의 운명을 생각해봐라. 러시아, 독일, 오스트리아 사이에 끼어서 잘못 처신하다가 영토를 거의 다 빼앗겼다. 조선이 이렇게 될 리야 없겠지만 조심해라.' 이런 식으로 조선에게 겁을 주었습니다.

'그 꼴이 되지 않으려면 미국과 조약부터 체결해라. 그런 다음 너희는 자각해야 한다.' 이렇게 말하면서 황준헌은 이 문제를 중국의 국익과 연결 짓습니다. '중국의 외교관이 한양에 상시적으로 파견이 되어야 하고 중국 상인들도 일본이 개항한 부산, 원산, 인천 등지에 와서 마음껏 무역에 종사하면 좋다. 일본이 너희를 함부로 농락하지 못하게 될 것이다. 또한 너희 조선은 중국에 학생들을 많이 보내 서양 말이나 기계도 배우게 하고 군사에 관한 것도 다 익혀야 된다. 물론 일본에 가서 그런 공부를 하는 것도 조선의 자각에 중요한 수단이 될 수 있다.'

　요컨대 조선 사람들도 서양 학문과 공업을 배우고 육성하는 것이 바람직하다며, 그런 의미에서라도 미국과 수교하는 것이 옳다고 했습니다.

『조선책략』의 한계점

　위에서 말한『조선책략』식의 세계인식은 여러모로 한계가 있었습니다. 우선 황준헌은 상당수 조선 사람들이 통상에 반대하고 있다는 사실을 지나치게 의식한 나머지 통상의 장점을 과장했습니다. 그의 설명은 대개 이런 식이었습니다. 아편전쟁 때만 해도 중국은 쇄국정책을 고집했지만 이제는 19개 나라와 통상을 하고 있다는 것입니다. 서양 사람들이 중국에 들어와 있고, 중국도 서양을 배우고 있는데 이것은 중국의 발전에 도움이 될 뿐, 절대 해롭지 않다고 주장했어요. 실제는 어땠습니까? 중국은 서구 열강의 이권 침탈에 무척 시달렸습니다.

　또 청국 외교관인 저자는『조선책략』에서 은연중에 한국에 대한 중국의 간섭 의도를 드러냈어요. 그는 권장이라는 미명 아래 한국의 나아갈 길을 지시하고 있었던 것입니다. 특히 미국과의 수교를 촉구한 대목은 너무 지나쳤습니다. 이미 청국의 실력자 이홍장은 러시아를 막기 위해 조선이 미국을 비롯한 유럽 여러 나라와 조약을 체결하는 것이 바람직하다는 의견을 제시한 바 있었는데, 이 책은 그러한 중국의 외교 노선을 되풀이해서 주장했습니다. 중국 쪽은 미국을 한껏 미화했지만 사실과는 거리가 있었어요. 당시 미국은 하나의 제국주의 국가였을 뿐입니다. 다만 중국은 미국에게 특별히 피해를 당한 적이 없었기 때문에 자국의 국익을 방어하기 위해 한반도에 미국을 끌어들이려 한 것뿐이었습니다.

게다가 황준헌은 일본의 한국 침략정책에 대해서도 감각이 너무 무뎠습니다. 조선과 일본을 공동운명체로 본 것은 그야말로 피상적인 관찰이었습니다. 황준헌과 하여장 등 이른바 일본통 외교관들이 불과 10년 앞도 내다보지 못했기 때문에 중국은 청일전쟁 때 지고 말았습니다.

『조선책략』이 촉발한 문화투쟁

이 책이 국내에 유입되자 한 차례 문화투쟁이 일어났습니다. 거기에 목숨을 건 사람들도 많았습니다. 대표적인 희생양은 홍재학(1848~81)이었지요. 그는 『조선책략』에 관한 조정의 태도를 비판하다가 결국 능지처참을 당했거든요. 능지처참은 가장 고통스러운 사형 방법이었어요. 홍재학은 황준헌과 동갑이었습니다만, 세계관이 사뭇 달랐던 거지요. 홍재학은 정통 성리학자였습니다. 그는 1876년 일본과 강화도조약이 맺어졌을 때도 내심 조약을 반대했어요. 그런 그가 『조선책략』을 읽어보고는 죽기 살기로 반대 투쟁에 나섰습니다.

문제의 책을 국내로 들여온 김홍집의 태도는 그와 정반대였지요. 실무 관리였던 김홍집은 평소에도 늘 조선이 외교적 실리를 얻을 방법을 궁리했습니다. 그에게 황준헌의 『조선책략』은 많은 깨침을 주었습니다. '다른 방법이 없다. 이것이 황준헌 한 사람의 결정이 아니라 중국 조정의 결정이구나. 그들은 나더러 고종을 설득해 미국과 수교하라는 것이 아니냐.' 김홍집은 이렇게 확신한 것으로 보입니다.

고종의 생각은 어떠했을까요? 대찬성이었습니다. 왕은 조선이 살 방법이 개화에 있다고 생각했어요. 영의정 이최응도 같은 생각이었고, 똑 같은 생각을 하는 대신들이 많았습니다. 그들은 유생들의 반대를 무릅쓰고, 1881년 통리기무아문統理機務衙門을 신설했고, 신사유람단紳士遊覽團과 영선사領選使를 일본과 중국에 각각 파견했지요. 신식군대 별기군別技軍도 편성했습니다. 이렇게 개화정책을 하나씩 구현했습니다. 서구 열강과 연달아 조약도 체결하고 나름대로 개화의 길을 꾸준히 걸어갔습니다.

미처 벼슬길에 오르지 못한 선비들 중에도 『조선책략』에 대해 호감을 가진 사람들이 있었습니다. 그들은 개화파 지식인들이었습니다. 대표적인 인물이 지석영(1855~1935)이었지요. 그를 포함한 중인 출신 지식인들은 나중에 개화파로서 상당한 역할을 하게 됩니다. 그들은 1882년 척사 논란의 와중에 『조선책략』을 지지하는 상소문을 올렸습니다. 어쩌면 정부와 짜고 치는 고스톱이었을 가능성도 있어요. 조정에서는 개화정책을 추진하기로 방향을 잡고 있었으니까요. 조정으로서는 초야의 선비들 가운데서도 이를 찬성하는 목소리가 있다는 것을 과시할 필요가 얼마쯤은 있었을 테지요. 과연 지석영 등은 지지 상소문을 올리고, 얼마 안 있어서 관직에 등용됐습니다.

위정척사운동

그러나 대다수 유생들의 반응은 홍재학처럼 『조선책략』을 반대하는 입장이었지요. 그들은 매일같이 상소문을 올렸어요. 대표적인 것이 신사년辛巳年(1881) 영남 유생 이만손(1811~91)을 소두疏頭(연명連名하여 올린 상소문에서 맨 먼저 이름을 적은 사람)로 한 '만인소萬人疏'였습니다. 무려 1만 명이 연서하여 『조선책략』을 불온문서로 규정했어요.

만인소에 대해 김평묵(1819~91)은 성현의 가르침을 지키고 왜양倭洋

의 금수와 같은 풍습 등을 배격한 훌륭한 상소문이라고 격려했습니다. 강원도 유생 홍재학 등도 복합상소伏閣上疏를 올려 쇄국의 불가피성을 주장하고, 기독교를 공격했습니다. 김평묵은 유배를 가게 됐고, 이미 말씀드린 것처럼 홍재학은 능지처참됐어요. 유중교(1832~93) 역시 유교사상과 예교 질서의 수호를 내세우며 척양척왜斥洋斥倭를 주장했습니다. 그는 스승 이항로(1792~1868)의 위정척사사상衛正斥邪思想을 계승한 것이었죠. 최익현(1833~1907)도 위국여가爲國如家의 춘추대의론을 주창하는 등, 『조선책략』은 위정척사운동의 기폭제가 됐습니다.

위정척사파의 논리는 대체로 다음과 같았습니다. '조선이라는 나라는 오랫동안 자급자족을 해왔다. 오랫동안 그 나름의 법률 질서, 사회적인 질서를 가지고 있다. 다소 불편한 점이 있다 해도 우리를 파탄으로 몰고 가지는 않았다. 기왕에 조선을 무력으로 개방하려고 시도한 나라도 거의 없었다. 있었다면 두 차례의 양요洋擾가 전부였다. 우리는 그들을 퇴각시킨 경험이 있지 않은가? 지금도 굳게 단결만 하면 서양 오랑캐로부터 우리 문화를 지킬 수 있다. 이것은 공자와 맹자의 유산이고 중국 고대의 전통을 이어받은 자랑스러운 문화다. 중국은 이미 300년 전 청나라가 들어섰을 적에 문화적 순수성을 상실했고, 타락을 거듭한 나머지 오늘날 서구 열강에 짓밟히는 꼴이 됐다. 지구상의 유일한 문명국가가 우리 조선이다. 그런데 어찌 기독교 따위를 믿는 서양에게 나라를 개방하느냐?'

유생들은 사태를 유교문화의 관점에서만 바라보았어요. 그들이 끊임없이 상소를 올린 이유가 거기 있었답니다. 그들은 『조선책략』을 금지시키고, 그 책을 가져온 김홍집을 처형하자면서, 고종까지 비난했어요. 일본의 왕이 황제를 자칭해 짐朕을 들먹이는 그런 문서들을 외교문서라고 받고 있다는 것 자체가 못마땅했습니다. 그들의 눈에 비친 일본 사람은 껍데기만 동양 사람이고 공자의 거짓 제자일 뿐, 그 속을 들여다보면 이미 서양 오랑캐와 구별할 수가 없다는 것이었지요. 일본과 조약을 맺었기 때문에 이런 복잡한 문제들이 생긴 것이니까, 당장 모든 것을 철회하고 옛날 방식으로 돌아가자고 주장했습니다.

이런 상소문이 전국 각지에서 올라왔어요. 1876년 강화도조약이 체결됐을 때도 비슷한 취지의 반대 상소가 빗발쳤습니다. 그때 척화 상소로 전국적인 명성을 얻은 선비가 있었죠. 앞에서 이름이 언급된 적이 있는 대학자 이항로였지요. 『조선책략』을 둘러싼 척사 문제는 이제 그의 제자들이 앞장섰습니다. 그들과 학맥은 달라도 주장이 같은 선비들도 많았습니다. 앞에서 언급한 이만손 등의 만인소가 대표적이었습니다. 영남 선비들은 『조선책략』의 문제점을 여덟 가지로 정리해 조목조목 비판했어요.

'첫째, 중국과 친하자고 말하는데 이미 더 이상 친할 수 없이 친밀하다. 뭘 더 친할 게 있느냐. 둘째, 일본과 결탁을 하자고 그러는데 그 나라는 본래 우리 속국이었고 사나운 나라다. 이미 병자수호조약(1876)을 맺어 할 만큼 다 했는데 여기서 더 나갈 게 뭐 있느냐. 셋째, 미국과 수교를 하라는데 미국이 어떤 나라냐. 잘 알지도 못하는 오랑캐 나라 아니냐. 조약이 체결되고 보면 감당 못할 요구를 해올 것이다. 넷째, 러시아는 지금까지 우리와 한 번도 다툰 일이 없다. 그런데 갑자기 러시아의 남침을 막겠다고 이렇게 소란을 피우면 오히려 자극하는 꼴이다. 다섯째, 러시아, 일본, 미국은 모두 오랑캐다. 통상조약을 이유로 우리나라 산업에 피해를 줄까 두렵다. 여섯째, 일본, 미국 같은 나라가 세상에 수도 없이 많다. 한번 통상의 문이 열리면 다들 조선에게서 이익을 얻고자 날뛸 것이다. 일곱째, 오랑캐의 본성은 탐욕스러운 법이다. 안 팎에서 이익을 도모한다면 처지가 곤란해진다. 마지막으로, 9만 리나 떨어진 미국하고 연대를 했다고 치자. 나라에 급한 일이 생기면 그들이 그 먼 거리를 달려와 도울 수가 있기는 하겠느냐.'

영남 유생들은 이러한 반박에 보태어 더 심각한 문제를 제기했어요. '『조선책략』을 보면 개신교와 천주교의 차이가 주자학과 양명학의 차이 정도라고 했다. 이렇게 무엄한 말이 없다. 어떻게 성학聖學과 오랑캐의 가르침을 동렬에 놓고 비교하느냐. 제정신이 아닌 모양이구나.' 기독교에 대한 저항감이 매우 강렬했음을 알 수 있습니다.

그 밖에도 유생들이『조선책략』을 비판할 이유는 많았습니다. '가령 여러 나라와 조약을 맺는다고 하면, 저마다 항구를 열어달라고 조를 것이다. 또 치외법권을 인정하라고 야단일 것이다. 비용도 만만치 않게 들 것이다. 그런 나라들과 조약을 맺느라 서로 왕래하면 그게 다 백성들의 고혈을 착취하는 꼴이다.' 즉, 외국과의 통상은 현실적으로도 용인될 수 없고, 이념적으로도 잘못된 것이라 했습니다. 1만 명이나 되는 유생들이 서명을 했던 탓인지 고종은 상당히 온건하게 대처했어요. 주모자를 귀양 보내는 선에서 이 사건을 마무리했습니다.

홍재학에 대해서는 달랐지요. 그가 이항로의 학맥에 속했던 것부터가 문제였어요. 그 스승에 그 제자라고 보았기 때문에 강도 높게 처벌했습니다. 더구나 홍재학이 쓴 상소문에는 과격한 표현이 많았거든요. 홍재학은 결국 능지처참을 당하고 죽었습니다.

제가 말씀드리고 싶은 것은 두 가지입니다. 첫째, 이 사건이 조선의 유생들에게는 문화적 헤게모니를 둘러싼 싸움으로 인식됐다는 사실입니다. 그들은 『조선책략』이 서양의 종교와 제도를 받아들이라고 강요하는 것으로 보았고, 그래서 강하게 반발했습니다. 둘째, 이 책의 출현을 계기로 사상적 대립의 전선이 명확히 분할됐다는 점이 중요합니다. 그동안에는 속으로만 척사를 꿈꾸던 사람들도 이 책을 읽고 나서 분연히 일어섰던 것이죠. '아무개가 귀양 갔는데 풀어줘라, 아무개 죽은 것이 너무 억울하다, 그 책을 불태워 없애라.' 유생들은 전국 각지에서 이렇게 한 목소리를 내면서 문화투쟁의 전선을 공고히 다졌습니다.

『조선책략』을 둘러싼 그들의 논의를 살펴보면, 개방을 곧 문화적 정체성의 위기로 간주하는 경향이 뚜렷했어요. '왜인이 서양 사람이고 서양 사람이 곧 왜인이라는 것은 지혜가 없는 사람도 분별할 수 있다.' 이런 말도 나왔고요. '이 지경이 되면 아편을 먹고 예수교에 물들 것이 뻔하다. 그래서 절대 받아들일 수 없다.' 이런 말이 대강 「만인소」에 나와 있습니다.

홍재학의 상소문은 문화투쟁적인 요소가 특히 두드러졌어요. '서양 문물은 태반이 음탕을 조장하고 욕심을 키운다. 인간의 윤리를 망가뜨리고, 사람이 천지와 통하는 것을 막는다. 서양은 반문명이다. 그들의 종교인 기독교는 사이비라서 사람의 마음을 현혹시켜 마침내 짐승이 되게 한다. 사람을 잡아먹는 금수 세상이 될 테니까 우리 같은 문명 사회로서는 파탄이다. 김홍집과 영의정 이최응은 예수교의 선봉으로서 구라파와 내통하는 자들이다.' 그는 이렇게 극단적인 주장을 했습니다.

홍재학에게는 조선의 성리학 문명이야말로 "천지가 다 죽을 때에 큰 과일 한 개가 허공에 높이 달려 있는 것, 그 생기가 가지 끝에 남아 있는 것"이었어요. 그는 불행한 사태를 초래한 고종의 책임과 무능을 비판했어요. 그는 이렇게 한탄했습니다. "신을 비롯한 소두疏頭 몇 명에 대해서는 전하의 힘으로 형벌을 가할 수도 있고 귀양을 보낼 수도 있고 저잣거리에서 찢어 죽일 수도 있지만, 온 나라 백성들이 집집마다 원망하고 사람마다 분노하는 것은 전하의 힘으로도 제지하지 못할 것입니다.” 이 상소를 올리면서 홍재학 자신은 유교 문명의 순교자가 되겠다고 선언한 셈이지요. 그리고 그 말 그대로 됐습니다.

충청도 유생 백낙관 역시 홍재학만큼이나 강한 어조로 문화투쟁의 기치를 치켜들었습니다. 상소문에서 그는, '홍재학이 사형장에 끌려나가게 됐을 때 옥문의 자물쇠가 열리지 않았고, 죄수를 실은 수레축이 세 동강 났다'고 주장했습니다. 홍재학의 영웅적인 모습을 전하는 설화를 감히 고종 앞에 펼치면서 충성이 해와 달을 꿰뚫었다느니, 그 정성에 귀신이 감동했다고 했습니다. 백낙관은 '500년 종묘사직이 오랑캐의 손에 들어가는 것을 보게 됐으니, 참으로 애통합니다. 이번 일로 처벌을 받은 신하들이야말로 전하의 충성스러운 신하이고, 성인聖人을 존중하고 도를 지키는 선비들입니다', 라고 항변했습니다. 그 상소문의 마지막 구절이 대단했어요. “무위영武衛營의 친병들은 필시 창을 거꾸로 들고, 별기군의 자제들치고 돌아서지 않는 이가 없을 것입니다. 이것이 필연적인 형세입니다.” 그는 고종을 협박했던 것입니다. '당신, 개화정책? 계속 밀고 나간다고? 군대가 반란을 일으킬 테니까 두고 봐라!' 이런 악담이었습니다.

실제로 반란이 일어났습니다. 백낙관의 상소문이 올라온 지 얼마 안 되어서 임오군란壬午軍亂이 발생했습니다(1882). 구舊 군졸에 대한 대우가 나빠서 그랬다고 역사교과서는 설명합니다. 저는 그것이 이유는 아니라고 봅니다. 실제 이유는 백낙관의 주장대로 개화정책에 대한 반발이었습니다. 당시 지식인들의 대다수는 고유문화를 훼손하는 문화투쟁이 진행 중이라고 확신했습니다. 그런데 암만 상소를 올려도 문제가 해결되지 않았거든요. 결국 그들이 마지막으로 의지할 것은 무력밖에 없었습니다. 그런 점에서 임오군란의 실마리는 1881년의 척사상소에 있었다고 봅니다. 고종도 이 사건의 본질을 개화정책에 대한 노골적인 반대라고 이해했습니다. 조정이 청나라 군대를 불러들인 이유가 거기에 있었습니다.

『조선책략』의 다중성

이쯤에서 논의를 매듭지어봅시다. 『조선책략』을 바라보는 다양한 시선을 저는 생존전략과 문화투쟁, 두 가지로 수렴하는 게 옳다고 봅니다. 당시 중국과 일본, 그리고 조선의 최고 집권층은 통상과 개방을 골자로 하는 이 책의 내용을 생존전략의 차원에서 받아들였고, 위정척사파들은 이 책의 도입을 오랑캐 문화의 유입으로 보아 문화투쟁을 전개했습니다. 그들의 문화투쟁은 결국 임오군란을 통해 표출됐고, 이로 인해 조선에 대한 중국과 일본의 식민화정책이 가속됐죠. 『조선책략』을 둘러싼 갈등이 그렇게까지 확대됐다는 겁니다.

생존전략으로서의 『조선책략』

생존전략이라고 부르는 이유가 있습니다. 중국은 러시아의 침략 위협에서 벗어나는 동시에, 영국이나 프랑스가 동아시아를 지배하지 못하게 하기 위한 전략이 필요했죠. 동아시아에서 중국이 패권을 유지하려면 결국 미국을 끌어들이는 것이 최선이라는 결론이었습니다. 이것이 중국의 생존전략이었습니다.

중국은 일본을 별로 신뢰하지 않았습니다. 하지만 그쪽 사정에 능통한 하여장과 황준헌은 일본이 아직은 중국을 위협할 만큼 성장하지 못했다고 판단했습니다. 그래서 그들은 어느 정도 안심을 했어요. 내심 미국, 중국, 조선이 하나의 연합을 체결하는 것이 바람직했지만, 일본도 굳이 배제할 필요는 없다고 보았습니다. 일본을 배제했을 경우, 일본이 영국이나 프랑스하고 밀착되는 결과가 올 수 있고, 그러면 중국에게 불리한 형세가 조성될지도 모를 일이었어요. 중국 사람들은 그런 외교전략의 바탕 위에서 『조선책략』을 구상했어요.

일본의 입장은 어땠겠습니까? 문제의 책이 저술되고 전달된 장소가 일본이고, 또 김홍집 일행이 오갈 때 이용한 배도 일본 회사 미쓰비시三菱 소속이었습니다. 게다가 김홍집이 중국 청나라 말기의 외교관이었던 하여장이나 황준헌하고만 친했던 것이 아니었잖아요. 그는 일본 외교관 이노우에 고와시井上毅라든가 또는 하나부사 요시모토花房義質와도 절친했습니다. 그들이 중국 쪽의 계산을 몰랐다고 짐작할 근거는 없습니다. 그런데 『조선책략』이 표방하고 있는 4국 연대는 일본의 이익과도 맞아떨어졌습니다. 덧붙인다면 황준헌 역시 일본 정계에 많은 지인들이 있었습니다. 이토 히로부미伊藤博文와도 특별한 관계였습니다. 나중에 상하이上海에서 그의 신변에 위기가 닥치자 손을 써서 도와줄 정도로 각별했습니다(1898).[1]

중국과 일본 사이에 잠재적인 쟁점이 있다면 오직 한 가지였죠. 미국

---

1. 1898년 8월 무술정변(戊戌政變)이 일어나자 캉유웨이, 양치차오(梁啓超) 등 중국의 개혁 세력은 해외로 망명했습니다. 당시 황준헌은 상하이에 머물고 있었는데 가택수색을 당하고 연금되는 등 탄압을 받았습니다. 이 소식을 들은 이토 히로부미가 청나라 조정에 구명운동을 벌였고, 이에 도움을 받아 황준헌이 석방됐습니다(吳天任, 『黃公度先生傳稿』).

을 조선에 끌어들이는 데 주도권을 어느 나라가 잡느냐는 것이었습니다. 그런데 1880년대 초반 국제사정을 보면 중국이 열쇠를 쥐는 것이 당연했습니다. 전통적으로 한국은 중국의 속방屬邦이었으니까요. 중국의 주선으로 미국이 한반도에서 중요한 역할을 하게 되더라도 아직 일본이 반대할 처지는 아니었습니다.

조선 조정은 위에서 설명한 것과 같이 황준헌의 제안을 찬성하는 분위기였습니다. '중국 같은 강대국조차 러시아를 두려워한다면 그럴 만한 이유가 충분한 것 아닌가. 어차피 러시아를 조선이 자력으로 막을 수 없다면 중국 사람들의 충고를 받아들이자.' 이렇게 생각했던 것입니다. '서구 열강이 동아시아에 세력을 팽창시키려고 했을 때, 제1차 목표는 조선 너희가 될 것이다', 라고 한 황준헌의 주장이 그저 겁을 주려고 하는 빈말이 아니라 어느 정도 현실성이 있다고 믿었습니다. 그래서 조선 조정은 『조선책략』을 적극 수용했던 겁니다.

청나라는 김홍집과 고종 등 개화 세력의 의지를 확인했고, 그 바탕 위에서 조선과 미국이 수호조약을 체결하도록 주선했습니다. 그 조약문을 기초한 이가 다름 아닌 황준헌이었지요. 그래서 청나라는 일단 안심을 하고 있었던 것인데, 앞에 말한 것처럼 임오군란이라는 일종의 쿠데타가 일어났지요. 청나라는 '아뿔싸!', 놀라고 말았습니다. '고종과 그 측근을 믿었는데 그들은 국정을 장악할 능력이 없구나. 우리가 직접 개입하지 않으면 조선에서 청나라의 이익을 지킬 수 없겠다.' 그들은 아마도 이렇게 판단했을 것입니다. 청나라가 위안스카이袁世凱 (1859~1916)에게 군대를 주어 보낸 것은 이러한 해석을 가능하게 합니다. 한양에 들어서자마자 그는 오늘날의 용산기지에 진을 쳤습니다. 일제가 물러간 다음에는 또 그곳에 주한미군이 사령부를 두었습니다. 용산에는 100년이 넘게 외국군 주둔의 쓰라린 역사가 숨 쉬고 있습니다.

조선 식민화의 기점이 된 『조선책략』

1882년 위안스카이가 청나라 군대를 끌고 들어왔다는 사실은, 『조선책략』이 지닌 또 하나의 성격을 은연중에 드러냈습니다. 본격적인 식민화의 신호탄이 올랐다는 것입니다. 청나라는 조선을 직접 통치하겠다는 의지를 보였습니다. '멀리서 글로 이래라 저래라 하다가는 큰일 나겠구나. 어차피 청나라도 식민지가 필요하다.' 청나라 지도층은 그렇게 생각한 것이 분명합니다. 1882년 위안스카이가 끌고 온 청나라 군대가 중간에 잠깐 철병을 하긴 했지만 그것은 형식에 불과했어요. 실제로는 청일전쟁 때 패전한 다음에야 완전히 철수했습니다. 1882년 이후 조선은 10년가량 중국의 간섭을 받게 됐습니다. 조선에 두 사람의 왕이 있었던 거죠. 위안스카이와 고종이었습니다.

조선이 청나라의 직접적인 영향력 아래 들어가자 일본이 반발했습니다. 1884년에 일어난 갑신정변은 일종의 대리전이기도 했어요. 그러나 아직은 일본의 힘이 약해서 정변은 삼일천하로 끝났지요. 그러나 일본은 포기하지 않았습니다. 조정에 남아 있던 친일파를 지원하며 자국의 영향력을 꾸준히 키워나갔습니다. 그리하여 1890년대가 되면 일본은 중국과 일전을 불사할 정도가 됐지요. 마침내 1894년에 갑오동학농민운동이 일어나자 일본은 청나라와 함께 한반도에 출병했고, 대세를 결정지었습니다.

동학농민군을 진압한 것도 일본군이었고, 조선에 와 있던 청나라 군대에게 선전포고를 한 것도 일본이었습니다. 고종은 중립을 선언했지만 하나마나였어요. 일본의 강요를 이기지 못해 결국 그 편에 서게 됐으니까요. 1882년부터 조선은 중국의 반半식민지나 다름없었습니다. 그런 가운데 청나라의 패권에 대한 일본 쪽의 도전이 점차 강화됐고, 1895년에 이르러 일본이 청나라를 대신해 지배하는 새로운 형국이 됐습니다.

『조선책략』의 도입을 계기로 척사파와 개화파가 뚜렷이 양분됐고, 결과적으로 임오군란이 일어나 척사파의 목소리가 커지는 것 같았습니다. 그러나 청나라의 개입으로 사정이 달라졌습니다. 이제 조선은 외세의 지배를 받는 식민지로 전락할 운명에 접어들고 말았습니다. 그 직접적인 원인은 조정의 오판과 청나라의 야욕에서 찾아야 되겠지만, 바로 그러한 역사적 전환에『조선책략』이 중요한 역할을 담당했다고 봅니다.

고종의 실패한 '개화'

『조선책략』이 제기한 통상 문제에 관해서는 약간의 보충 설명이 요구됩니다. 사실 중국 사람들이 서양과 통상을 한 것은 무척 오래전부터였어요. 고대의 '실크로드'도 서양과의 통상을 위해 존재했던 거지요. 차이라면 실크로드는 일종의 릴레이식 무역, 즉 중개무역을 통해 서양과 간접적으로 연결되어 있었습니다. 그러다가 원나라 때 마르코 폴로가 중국까지 찾아왔어요. 그는 원나라의 수도 대도大都(오늘날의 베이징)까지 다녀가지 않았습니까? 명나라 때에도 제한된 범위에서나마 서양과의 교역은 계속됐습니다. 중국이 전 세계에 자랑할 만한 최고의 신소재 상품인 청화백자가 날개 돋친 듯 팔려나갔습니다. 세계 3대 불가사의 중의 하나라고 말하는 만리장성도 그 재건축 비용이 중국인의 호주머니에서 나온 것이 아니었습니다. 징더전景德鎭의 청화백자를 서양 사람들에게 팔아서 그 돈으로 보수한 것입니다. 중국은 원나라 이후에 갈수록 서양 세계와 더욱 긴밀하게 연결됐습니다.

일본도 16세기부터는 서양과 교역이 정례화됐어요. 임진왜란 때 그들이 육전을 승리로 장식할 수 있었던 것도 앞선 서양 무기를 도입했기 때문이었지요. 조총鳥銃이 그 증거물이었지요. 그때 일본 침략군 장수들 가운데는 천주교 신자가 있었고, 그를 따라온 서양인 신부도 있었습니다. 이후 일본에서 천주교는 완전히 금지됐지만 나가사키長崎 등지에서 서양과의 무역은 이어졌어요. 또 이른바 '난가쿠蘭學'라는 서양 학문도 발달했어요. 그들을 찾아온 서양 상인들이 주로 네덜란드 사람들이라서 일본은 네덜란드를 통해 서구의 과학기술을 수용했지요. 일본인들은 네덜란드 말을 도구 삼아 서구의 지식을 수용하게 됐습니다. 일본이 메이지유신을 통해 단기간에 근대화를 성공적으로 수행할 수 있었던 데에는 그러한 역사적 배경이 있었습니다.

조선의 사정은 달랐습니다. 17세기에 네덜란드인 하멜이 14년간 (1653~66) 억류되어 있다가 달아나지 않았습니까? 아마 뇌물을 주고 자유를 얻었는지도 모르겠어요. 쉽게 달아날 수 있는 상황은 아니었으니까요. 어쨌든 조선은 서양과 약간의 접촉이 있기는 했지만 본격적인 교섭이 전무했습니다. 18세기가 되면 남해안이나 서해안에서 우리 어부들이 이양선을 자주 목격하게 됐어요. 이러한 사정은 제가 연구한 『정감록』 안에도 흘러들어와 자취를 남겼어요. 거대한 서양 함선들은 서양의 위력, 서양의 존재감으로 나타났습니다. 이웃 나라에서는 서양과의 교역이 일상사가 되어 있었다는 사실을 우리도 잘 알고 있었죠.

18세기 말부터 조선에서도 서양과의 통상을 주장하는 선각자들이 나타났습니다. 우리는 그들을 대단히 높이 평가하지만, 동아시아의 보편적 시각에서 보면 독창적인 주장이 아니었습니다. 그런 견해마저도 조선에서는 이례적이고 선구적인 것으로 통했고, 비현실적인 관점으로 평가됐다는 사실이 중요합니다. 결국 이것은 우리 사회가 그만큼 폐쇄적이었다는 증거입니다.

한국 사람들이 외래 문물에 대해서 늘 폐쇄적이지는 않았습니다. 고려 때까지도 한국 사회는 개방적이었습니다. 그런데 조선 시대에 와서 완전히 달라졌어요. 갈수록 문을 꼭 걸어 잠그는 폐쇄 사회가 됐어요. 거기에는 성리학의 역할이 컸습니다. 한국인들은 성리학 문화를 완성하는 데 모든 걸 쏟아부었어요. 그러한 노력은 나름으로 성공적이었습니다. 중국의 역대 왕조와도 비교할 수 없을 정도였어요. 일본, 베트남 등과는 차원이 다른 성리학 국가가 조선이었습니다. 거기까진 좋았습니다.

문제는 1840년대부터였어요. 이것은 한국인들 자신이 만든 문제라기보다 서구의 변화된 상황과 더 깊은 관계가 있지요. 서양 사람들은 이제 더 이상 단순한 통상 행위로는 만족하지 못했습니다. 그들은 동아시아를 지배하고자 했습니다. 가능하다면 동아시아에도 식민지를 건설할 기세였지요. 상황이 이렇게 바뀌자 조선은 그들의 위협 앞에 가장 취약한 나라가 되어버렸습니다. 서양 사정에 대해서 잘 모르고 물질적인 면에서도 중국이나 일본보다 뒤져 있었고, 군사적으로도 매우 약한 나라가 조선이었습니다.

한반도라는 지역은 지정학적으로 볼 때 가장 민감했습니다. 어떤 사람들은 흥선대원군이 쇄국정책을 폈기 때문에 나라가 망했다고 주장하지만, 그것은 상황을 전혀 모르고 하는 말입니다. 대원군을 지나치게 탓할 이유가 없습니다. 그때 그가 할 수 있는 역할은 국내의 모든 자원을 총동원해서 외침을 막는 것이었습니다. 그는 두 번의 양요를 성공적으로 방어했어요. 그 자체가 기적 같은 일이었습니다.

물론 그때 서구의 침략은 그다지 위협적이지 않았습니다. 그보다 10~20년이 지난 뒤에는 상황이 더욱 긴박해졌어요. 서구 열강이 보유한 군함의 배수량 또는 톤수가 달라졌습니다. 군함에 적재된 화력도 훨씬 위력적이 됐어요. 조선으로서는 어쩔 수 없는 상태가 됐어요. 고종은 그 점을 정확히 인식했습니다. 현명한 왕까지는 아니었을지 몰라도 그는 결코 무능한 군주가 아니었어요. 대원군과 고종이 서로 입장을 바꾸었더라도 사정은 마찬가지가 아니었을까 합니다. 두 사람의 견해 차는 일종의 세대차로도 볼 수 있습니다.

그런데 고종에게는 치명적인 약점이 있었습니다. 소통 능력이 부족했어요. 고종은 개화 외에는 선택의 여지가 없다는 점을 확신했어요. 하지만 자신의 확신을 전국의 유생들에게 설득하지 못했습니다. 노력이야 했겠지만 바로 한계에 부닥친 거였죠. 아쉬운 일이었습니다. '지금까지 성리학을 추구한 것은 옳았다. 그러나 이제 상황이 달라졌다. 이것을 바꾸지 않으면 안 된다.' 이런 설득이 제대로 되지 못했어요. 척사 상소문이 빗발쳤을 때 그에 대한 고종의 답변을 살펴보면, 그가 표방하는 노선부터가 명확하지 않았어요. 앞서 말씀드린 만인소가 올라왔을 때도 '그것은 너희가 잘못 이해한 것이다.' 이렇게 딱 부러지게 자기 의견을 주장하지 못했어요. 그는 모든 문제를 지나치리만큼 전술적으로만 접근했습니다. '1만 명이나 서명을 했는데 대놓고 안 된다고 말하면, 2만 명, 혹은 10만 명이 서명을 할지도 모른다.' 이런 식으로 걱정이 앞섰던 거였겠지요.

고종이 개화에 관하여 대토론회를 열었더라면 좋았을 것입니다. '우리 쪽의 고민은 이것이다. 너희들이 가진 해결책은 무엇인가. 너희들은 서양에 대해서 무엇을 알고 있는가. 우리가 알고 있는 것은 이런 것이다.' 이와 같은 설득과 토론의 과정이 부족했습니다. 고종은 상대를 철저히 불신했다고 볼 수밖에 없습니다. '너희들은 고루하기 때문에 내가 무슨 말을 해도 듣지 않을 것이다. 그러므로 시간을 끌면서 내가 원하는 방향으로 조금씩 나아가겠다.' 왕이 이런 전술을 썼기 때문에 반대파를 전혀 설득하지 못했습니다.

만약 그때 세종과 같은 인물이 왕이었더라면 상황이 전혀 달랐을 것입니다. 세종은 15세기에 벌써 주민투표를 실시했습니다. 세법을 고칠 적에 그는 17만 명의 주민을 대상으로 찬반 투표를 실시했어요. 그것도 전국의 여러 지역을 표본으로 삼아서 그랬던 것인데, 찬성표가 10만, 반대표가 7만 표쯤 나왔어요. 보통 사람들 같으면 찬성이 많으니까 곧 시행하자고 했겠지요. 그러나 세종은 달랐습니다. '반대하는 사람들이 아직도 많다. 더 연구해보자.' 그리하여 '전분田分6등 연분年分9등'이라는 훌륭한 세법이 만들어졌고, 이렇다 할 저항에 부딪히지 않고 시행에 옮겨졌습니다. 세종의 그런 정신이 고종에게도 필요했습니다. 세종이었더라면 위기도 얼마든지 기회가 될 수 있었을 것입니다.

고종을 위한 변명도 좀 해봅시다. 그에게는 시대적인 조건이 너무 나빴습니다. 근대적 시설을 확충하려면 많은 자본이 필요했지만 그때 조선에는 그만한 여력이 전무했습니다. 개화를 위해 전문인력도 양성해야 됐습니다. 그에 필수적인 자본의 뒷받침을 고종은 어디서도 기대할 수 없었습니다.

일본이 메이지유신에 성공한 것도 어느 정도는 자본이 조달됐기 때문입니다. 17세기 이후 일본은 주변 나라들에 비해 경제적인 여유가 있었어요. 그들의 국부는 은銀과 구리에서 비롯됐습니다. 조선 후기의 동전조차도 일본산 구리를 사다가 쓰는 형편이었습니다. 일본은 풍부한 천연자원의 혜택을 누리고 있었습니다. 게다가 그들은 수백 년 동안 서양과 통상을 해왔기 때문에 어느 정도 노하우가 갖춰져 있었습니다. 일본의 근대화는 굳센 의지와 정신의 소산이라고만 볼 수 없습니다.

중국은 자존심만 내세우다가 망한 꼴이었습니다. 어느 날 그들이 상대하고 있는 서양 사람들이 오랑캐가 아니라는 사실을 알게 됐지만 때는 너무 늦었습니다. 중국처럼 거대한 국가가 일대 전환을 하려면 시간과 노력이 몇 곱절 더 필요할 텐데, 이를 선도할 인력도 근대적인 학교도 부족했습니다. 그들의 문화적 교만이 결국 근대화의 실패로 나타났다고 볼 수 있습니다. 『조선책략』에 관한 다각적인 분석을 통해 우리는 기존의 학문적 설명을 상당 부분 뛰어넘었다고 생각합니다. 때로 간단해 보이는 사실도 관점을 달리하면 사물의 새로운 측면을 볼 수 있습니다.

『조선책략』에 대한 강의를 마무리하면서 한 가지 돌이켜볼 점이 있습니다. 스스로를 지나치게 칭찬하는 것도 잘못이지만 비하만 한다면 그것은 더 심각한 문제라고 생각합니다. '그때 왜 일본처럼 못했을까?' 깊이 고민할 필요가 없는 문제입니다. 따지고 보면 서구의 몇몇 나라 말고 자력으로 근대화에 성공한 나라는 일본밖에 없어요. 우리가 그 일본이 아니었다고 해서, 뭔가 대단히 잘못됐다고 주장하는 것은 어리석은 일입니다.

한국 사람들은 나름대로 노력을 많이 했습니다. 목숨을 던져가면서 고유한 가치를 지키려고 애쓰기도 했고, 외교적 곡예를 감행하면서 개화를 위해 애썼습니다. 그러나 그 문제는 당시 우리 역량으로는 좀체 해결할 수 없는 난제였습니다. 기껏해야 200톤급짜리 배를 가지고 있는 나라가 5만~10만 톤급짜리 군함을 가지고 쳐들어올 수도 있는 나라들을 어떻게 제압하겠습니까? 지난 1세기 동안 우리가 겪은 역사적 체험과 거기서 이룬 성과는 칭찬할 만한 것이었다고 생각합니다. 만족할 수 없지만 그래도 값진 열매였습니다.

수천만 명으로 구성된 국가공동체가 방향 전환을 하기란 쉽지 않습니다. 성리학 모드에서 서구적 근대화라고 하는 새로운 모드로의 전환이 쉬울 턱이 없습니다. 19세기부터는 일부 지식인들의 머릿속에서 변화의 싹이 자라나기 시작했지만 그것이 제 모습을 드러낸 것은 19세기 말에 이르러서야 가능했습니다. 그것이 20세기에는 한국 사회의 산업화를 추동하는 역동적인 힘으로 자랐습니다. 이제는 또, 그 산업화의 잘못을 반성하는 새로운 생각이 움트고 있습니다. 역사란 이렇게 하나씩 늘 바뀌어가는 것입니다.

참고문헌

권혁수, 『근대 한중관계사의 재조명』, 혜안, 2007.
김용구, 『만국공법』, 소화, 2008.
백준기, 『아시아의 발칸 만주와 서구 열강의 제국주의 정책』, 동북아역사재단, 2007.
황준헌, 김승일 옮김, 『조선책략』, 범우사, 2007.
______, 조일문 옮김, 『조선책략』, 건국대학교 출판부, 2001.

『금수회의록』

초기 기독교 신자의 제국주의 비판

　　『금수회의록』은 인기 있는 신소설이었습니다. 저자 안국선은 이 소설을 통해 이중적인 의미에서 '문화투쟁'을 펼쳤습니다. 기독교 정신으로 한국 사회를 혁신하는 동시에, 제국주의 침략에 맞서고자 했던 것입니다. 당시 한국은 일제 통감부의 지배 아래 있었고, 그래서 저자의 반제국주의적 태도는 문제가 됐습니다. 일제의 꼭두각시들은 절찬리에 시판 중이던『금수회의록』을 전량 압수하고 판매 금지시켰어요. 안국선의 문화투쟁을 제대로 이해하려면 적어도 다음과 같은 세 가지 점을 짚고 넘어가야 할 것 같습니다.

　　첫째,『금수회의록』의 서사전략을 알아야겠습니다. 안국선의 글쓰기에는 나름대로 상당히 중요한 전략이 있었어요. 그가 왜 하필 이런 식으로 썼을까 하는 문제를 이해할 필요가 있습니다.

　　둘째, 안국선이 기독교 신자라는 점도 강조될 필요가 있어요.『금수회의록』전편에 흐르는 기독교 정신이 흥미롭습니다. 저자는 기독교의 이름으로 구한말 한국 사회를 철저히 해부했어요. 기독교라는 새로운 관점을 선택함으로써 그는 한국 사회를 '낯설게' 바라보았습니다. 뿐만 아니라 반제국주의적인 자신의 입장을 도덕적으로 강화했지요.

　　셋째,『금수회의록』만 놓고 보면 안국선은 극히 선명한 노선을 지향했습니다. 그러나 안국선이라고 하는 한 지식인의 행보는 비틀거렸습니다. 다소 거칠게 말해, 그는 세파에 시달리다 못해 추락하고 말았지요. 안국선의 문화투쟁은 유감스럽게도 오래 지속되지 못했습니다.

『금수회의록』의 성격

신소설이라는 새 장르가 열린 것은 1906년경이었어요. 『금수회의록』은 1908년(융희 2) 2월에 간행됐습니다. 황성서적업조합에서 발간한 활자본으로 대략 50쪽 정도의 얄팍한 도서였지요. 이 『금수회의록』의 인기는 대단했어요. 출간된 지 3개월 만에 재판再版에 들어갔어요. 하지만 그 이듬해인 1909년(융희 3) 5월 5일, 출판법에 의해 발매 및 반포가 금지됐고, 시중에 돌아다니던 200여 부가 회수됐습니다. 이 책은 법령에 의해서 금지된 최초의 신소설이었습니다. 강제 합병되기 전에 금서가 됐기 때문에 더욱 관심이 커집니다.

최근 서재길 교수는 『금수회의록』이 일본 작가 사토 구라타로佐藤檪太郎의 『금수회의인류공격禽獸會議人類攻擊』(1904)을 번안했다는 설을 발표했습니다.[1] 구한말에는 외국소설을 번안한 경우가 적지 않았지요. 그런 점에서 그렇게 놀랄 일만도 아닐 것입니다. 그런데 일본에서 간행된 사토의 정치소설은 인간 사회의 부도덕성을 일깨우기 위한 것이었다고 여겨집니다. 안국선은 그 점을 수용하면서도 한국 사회의 맥락에 맞게 『금수회의록』을 대폭 개작했습니다. 이 소설을 통해 안국선은 개화(근대화)와 독립을 추구했던 것입니다. 특히 한국의 독립을 위해서 안

---

1. 서재길, 「『금수회의록』의 번안에 관한 연구」, 『국어국문학』 제157호, 2011년 4월, 217~244쪽.

국선은 일제의 제국주의를 강력히 반대했습니다. 따라서 『금수회의록』
은 번안소설이면서도 창작소설과 대등한 의미를 지닌다고 보아야 할
것입니다.

서사전략 : 총론

신소설 『금수회의록』은 꿈속에서 여덟 마리 동물, 즉 까마귀·여우·
개구리·벌·게·파리·호랑이·원앙새의 회의 내용을 참관한 저자가 1인
칭 관찰자 시점으로 기록한 일종의 액자소설입니다. 저자가 우화의 형
식을 빌린 것부터가 그 나름의 서사전략이었지요. 첫째는 인간만 못한
동물의 입을 빌려서 인간 세상을 비판함으로써 비판의 강도를 더한 점
입니다. 그게 하나의 전략이죠. 둘째로, 만약 당국이 책의 내용을 문제
삼는다면, '이건 허구다. 그냥 내가 생각해본 거다'라고 둘러대기가 쉬
운 점도 있었을 겁니다. 저자는 검열을 염두에 두고 우화의 형식을 택
한 것이 아닌가 짐작됩니다.

또 꿈의 형식을 빌린 소설이라는 점도 서사전략으로 볼 수 있지요.
과거에도 이른바 '몽유록夢遊錄'이라고 하는 서술형식이 있었죠. 꿈속에
서 어디를 갔더니, 거기에 이러저러한 것이 있더라는 식의 전통적인 수
법을 안국선은 의도적으로 채택한 것입니다. 자신의 색다른 주장을 독
자들이 받아들이기 쉽게 전통과 현대를 혼합한 것입니다.

안국선의 신소설은 우화라는 점에서는 신소설 『경세종警世鐘』(김필수,
1908), 『금수재판禽獸裁判』(흠흠자, 『대한민보』, 1910년 연재)과 같은 부류
였고, 몽유록의 성격을 지녔다는 점에서는 『몽견제갈량』(유원표, 1908),
『디구셩미ᄅᆡ몽地久星未來夢』(『대한매일신보』, 1909년 연재), 『꿈하늘』(신채호,
1916)과도 상통합니다.

『금수회의록』은 1907년(융희 1)에 간행된 안국선의『연설법방演說法方』과도 깊은 관련이 있습니다.[2] 후자가 연설에 관한 실용서적이라면 전자는 소설의 형태를 빌려 연설과 토론의 실례를 풍부하게 제시한 것으로 볼 수 있습니다. 안국선은 그 자신이 연설의 대가였고, 회의를 중시한 계몽적 지식인이었다는 사실을 강조하고 싶습니다. 그는 조선왕조라는 구시대의 체질을 청산하려면 대중의 합의가 필요하다고 믿었습니다. 여론을 계몽하고 수렴하는 근대적 방법은 연설이요 회의였습니다. 안국선이 특히 선호한 것은 연설이었지요. 연설을 어떻게 할 것인가에 관한 책도 쓸 정도였으니까 말입니다. 그래서 그는 실용서『연설법방』에 만족하지 못하고, 그것을 소설의 형태로 바꾸어『금수회의록』을 썼다고도 볼 수 있습니다. 그것도 세상을 풍자하는 사회풍자소설의 형식으로 말입니다.

이 소설에서 그는 인간 사회의 여러 문제점을 고발했지만, 가장 역점을 둔 것은 제국주의에 대한 비판이었습니다. 제국주의의 침략성을 폭로하고, 제국주의에 아부하는 매국적 관리들을 통렬하게 비판했거든요. 그런 점에서 이 소설은 사회풍자소설인 동시에 정치소설이었지요. 『금수회의록』이 나온 1908년 당시 한국 사회에 깊이 파고든 제국주의 국가는 일본이었습니다. 다른 나라들은 한반도 문제에 깊이 개입할 수 있는 여지를 이미 다 상실했어요. 1904~05년에 러일전쟁조차 일본이 승리함으로써 한반도는 일본의 수중에 들어간 것과 다름없었어요. 그

---

2. 『연설법방』은 1907년 안국선이 지은 웅변술에 관한 책입니다. 연설 방법을 해설해놓은 입문서인데, 연설자의 태도, 연설의 역사, 연설의 준비 등에 대하여 동·서양의 명연설문을 인용하여 자세하게 설명하고 있습니다. 「웅변가(雄辯家)되는 법방(法方)」, 「연설자(演說者)의 태도」, 「연설가의 박식(博識)」, 「연설과 감정」, 「연설의 숙습(熟習)」, 「연설의 종결」 등과 학술회, 부녀회, 학교 등 각 장소에서 하는 연설이 실려 있습니다.

이후에도 여러 가지 부수적인 조치들이 뒤따랐지만, 이것은 일본의 식민지가 되어가는 수순에 지나지 않았지요. 그래서 안국선은『금수회의록』을 통해 일본의 대한對韓정책을 심하게 비판했습니다.

그런 그가 1908년 7월부터 탁지부度支部 서기관이 됐습니다. 사실상 일제 식민지나 다름없는 조선의 지식인이 제국주의를 비판하는 책을 쓰고는 그 관리가 됐으니, 얼마나 화제였겠습니까? 더욱 흥미로운 사실은『금수회의록』이 판매 금지 처분을 받은 1909년 당시에도 안국선은 여전히 탁지부에서 관직 생활을 하고 있었다는 점입니다. 그의 현실은 그야말로 모순투성이였습니다.

이 책에는 또 하나의 서사전략이 내재되어 있었죠. 어떤 점에서는 그것이야말로 가장 중요한 전략이라고도 할 수 있습니다. 기독교의 시각에서 세상을 비판한 것입니다. 이 전략에는 다소 위험성이 내재되어 있었지요. 그때는 아직 기독교 신자 수가 수천 명에 불과했고 기독교에 대해 거부감을 가진 사람들도 많았거든요. 그럼에도 불구하고 안국선은 참으로 용기 있게 기독교라는 프리즘을 통해 세상사를 해부했어요. 그는 한국 사회의 밑바탕에 깔린 유교사상과 직접 대결을 회피하면서, 기독교라고 하는 새로운 시각을 도입한 것입니다.

그의 입장은 선교전선에 나섰던 맹렬 신자들과는 약간 달랐지요. 그는 선교사가 아니었습니다. 어디까지나 기독교의 시각을 통해서 사회 문제를 명확히 부각시키는 선에서 그는 멈췄어요. 이 역시 안국선의 서사전략이었다고 생각됩니다. 이 이야기는 다음 장에서 좀 더 자세히 따져보기로 하죠.

이 책의 특이한 구성도 서사전략의 중요한 부분이었지요. 본문에는 '나'라고 하는 일인칭 관찰자와 그 '나'가 목격하는 금수들의 회의가 있습니다. 작중의 동물들은 우리가 그 동물과 관련해서 알고 있는 고사성어 하나씩을 내걸고 인간 사회를 평가 또는 비판했습니다. 가령 까마귀를 예로 들어보면, '반포지효反哺之孝'라는 고사성어가 등장하지요. 효성스런 까마귀가 인간의 불효를 호되게 비판하게 하는 식이었습니다. 이런 식으로 여덟 동물이 여덟 밤에 걸쳐 밤마다 그런 회의를 하는 것으로 짜였습니다. 마지막에는 동물들이 폐회한 다음에 관찰자인 '나'가 이 회의를 목격한 유일한 인간으로서 반성을 하게 됩니다.

회의의 전 과정을 목도한 '나'는 "내가 어찌 사람으로 태어나서 이런 욕을 보는고!"라면서 반성을 하게 되죠. 그는 결국 기독교의 가르침을 통해 인간 구원의 길을 제시하고 회개를 촉구했습니다. "예수 씨의 말씀을 들으니 하나님이 아직도 사람을 사랑하신다 하니, 사람들이 악한 일을 많이 했을지라도 회개하면 구원 얻는 길이 있다 했으니, 이 세상에 있는 여러 형제자매는 깊이깊이 생각하시오."(『금수회의록』, 45)[3]

문화투쟁 : 기독교인의 한국 사회 해부

안국선의 문화투쟁은 일차적으로 기독교의 입장에서 한국 사회를 해부하는 형태로 나타났어요. 그것을 주제별로 나누어보면 다음과 같습니다. 아래 글을 읽다 보면 안국선이 추구한 신사회의 모습이 더욱 명확해질 것입니다.

---

3. 『금수회의록』에 관한 소개는 권영민 편, 『금수회의록』(신소설전집 8, 뿔, 2008)에 수록된 편자 권영민 교수의 해제를 참고하기 바랍니다.

기독교는 평등이다

이것부터가 사실은 놀라운데, 안국선은 1908년인 그 시대에 평등의 개념을 내세우고 있습니다. 안국선 자신은 양반이죠. 구한말의 상황에서는 아주 대단한 양반이에요. 그는 본래 경기도 안성 출신이지만 그의 양부 안경수가 유명 인사였습니다. 안경수는 1894~95년간의 갑오, 을미개혁 뒤에 경무사를 지냈어요. 요새로 치면 경찰청장이죠. 그런 다음에는 군부대신까지 지냈어요. 즉 국방부 장관을 지낸 셈이지요. 그에 앞서 우리나라 최초로 근대적 화폐를 발행한 전환국의 고위 관리를 역임했고요. 안경수는 전환국의 일을 보기 전부터 일본 물을 먹었습니다. 친일 관료였죠. 아버지가 유명한 친일 관료였으니 문제라면 큰 문제였지요.

양반 출신 안국선이 1908년이 되기도 전에 평등주의자로 바뀌었어요. '기독교는 평등이다'는 그의 생각이 소설에도 이렇게 표현되어 있어요. "대저 우리들이 거주하여 사는 이 세상은 당초부터 있던 것이 아니라, 지극히 거룩하시고 지극히 전능하신 하나님께서 조화로 만드신 것이다." 그러니까 창조설을 주장하는 거죠. 그러면서 "이같이 만드신 목적은 그 영광을 나타내어 모든 생물로 하여금 인자한 은덕을 베풀어 영원한 행복을 받게 하려 함이라"고 하죠. 이처럼 세상이 존재하는 이유가 모든 구성원의 행복 추구에 있다고 정의하고, 그 기본 전제가 평등한 세상이라고 말합니다. "그런고로 세상에 있는 모든 물건은 사람이든지 짐승이든지 초목이든지 무슨 물건이든지 다 귀하고 천한 분별이 없은즉, 어떤 것은 높고 어떤 것은 낮다 할 이치가 있으리오."(이상의 인용문은 모두 『금수회의록』, 10~11) 이런 안국선으로서는 비록 그가 대한제국의 관리로 근무하고, 또 형식적으로 대한제국의 황제를 섬기게 되어 있다 하더라도 황제라는 존재를 내심 받아들이기가 아마 어려웠을 것입니다.

기독교인의 사회비판 총론

그는 기독교인으로서 사회비판을 하는데, 그 총론은 다음과 같이 요약됩니다. 신자라면 하나님의 뜻을 순종하여 착한 행실로 하늘의 영광을 나타내어야 할 터인데 현실은 정반대라는 것입니다. 그리하여 "외국 사람에게 아첨하여 벼슬만 하려 하고, 제 나라가 망하든지 제 동포가 죽든지 불고하는."(『금수회의록』, 11) 사람도 많고, 풍기문란과 불효, 동기간에 반목하는 이도 많다는 것입니다. 흥미로운 사실은 안국선이 사회를 비판할 때의 순서입니다. 그는 제국주의부터 시작해서 매국노와 부정부패한 관리들을 공격했습니다. 이어서 가정윤리를 다각적으로 문제 삼았습니다. 부모와 자식 간의 관계, 부부간의 관계, 형제간의 관계가 관심거리였습니다. 그는 파리의 눈을 빌려 '너희들은 왜 우리 파리들만 성가시게 구느냐. 실은 우리보다 더 나쁜 인간들이 너희들 가운데 참 많고도 많다' 해서 사회를 총체적으로 비판했던 것입니다.

기독교적 관점에서 가정윤리의 파탄, 특히 신여성을 공격하다

그런데 역시 안국선이 『금수회의록』을 통해서 칼날을 깊이 댄 부분은 제가 보기에는 두 부분입니다. 첫째는 가정에 관계되는 점이고, 두 번째로는 때가 때였던 만큼, 제국주의 및 현대 문명과 관련된 것이었습니다.

가정윤리에 대해서 그가 손을 많이 댔던 이유는 뭘까요? 사실 이 시기가 과도기적인 특성을 가졌기 때문이 아닐까 생각됩니다. 그러니까 전통적인 유교 사회의 모습이 개화기에는 많이 흔들렸을 것입니다. 거기서 여러 가지 문제들이 생긴 거죠. 특별히 흥미로운 점은 평등을 내세웠던 안국선답게 가족관계에 있어서도 일부일처제를 당연한 것으로 보고 그것을 아주 강조한다는 것입니다. 거기서 조금 더 나간 부분도 있어요. 일부일처제를 주장하면서도 안국선은 신여성에 대해서는 아주 비판적이었어요. "여편네는 학식이라고 조금 있으면 주제넘은 마음이 생겨서 온화, 유순한 부덕을 잊어버리고 시집가서는 시부모 보기를 아무것도 모르는 어리석은 물건같이 대접하고, 심하면 원수같이 미워하기도 하니"(『금수회의록』, 15)라고 했습니다. 여전히 남성주의적인 시각에 사로잡힌 안국선의 실제 모습이 아닌가 합니다. 남녀평등과 일부일처까지는 인정하면서도 여성들이 전통적인 역할에 비추어봤을 때 조금 다른 것은 잘 용납하지 못한 것 같습니다.

그는 철저히 기독교의 입장에서 가정윤리의 파탄을 지적했습니다. 그가 강조한 효는 유교적인 것이기도 하지마는 안국선은 십계명에 보이는 '네 부모를 공경하라'는 계율, 즉 기독교적인 가치로서 중시했어요.

그의 여성 비판에는 성적인 방종이 큰 비중을 차지했어요. "어떤 나라 계집은 개와 통간한 일도 있고, 말과 통간한 일도 있으니"(『금수회의록』, 21)라고 하여 수간獸姦을 직접 거론하기도 했습니다. 우리나라의 경우에는 "대갓집 규중 여자가 논다니로 놀아나서 문제다"(『금수회의록』, 21)라며 상류층 여성의 일탈을 비판했습니다.

이상에서 보았듯, 안국선은 가정윤리의 파탄을 남성의 책임도 있지만 상당 부분은 여성의 책임이라고 강조했어요. 좀 과장된 느낌도 없지 않지만, 다른 한편으로 생각해보면 그때가 개화기라서 전통 시기에는 별로 드러나지 않았던 문제점들이 빈도수는 적었어도 하나 둘씩 생겨나고 있었던 것이 아닐까도 생각됩니다. 또 그래서 그런 문제들이 안국선의 눈에는 더욱 두드러져 보였는지도 모르겠습니다. 그는 이런 문제를 기독교의 눈으로 바라보았습니다.

기독교의 이름으로 매국노를 비판하다

이 책의 높은 인기에 가장 직접적으로 기여한 주제는 제국주의 침략과 그 침략에 부화뇌동하는 사람들, 안국선의 표현대로 하면 역적, 간신배, 소인들에 대한 비판이었지요. 결국 이 책이 1909년 5월에 금서가 되고 만 것도 그 점 때문이 아니었던가 생각됩니다. 책에 이런 말이 나옵니다. "지금 세상 사람들은 당당한 하나님의 위엄을 빌려야 할 터인데, 외국의 세력을 빌려 의뢰하여 몸을 보전하고 벼슬을 얻으려 하며, 타국 사람을 부동하여 제 나라를 망하고 제 동포를 압박하니, 그것이 우리 여우보다 나은 일이오? 결단코 우리 여우만 못한 물건이라 하옵네다."(『금수회의록』, 20) 이 말에 이어서 '손뼉 치는 소리 천지 진동'이란 지문이 들어 있어요. 안국선은 자기가 하는 말에 액센트를 두고자 할 경우, 괄호를 만들어 그 안에 청중의 반응을 과장되게 기술함으로써 이 대목을 저자가 굉장히 강조하고 있다는 것을 표현했습니다. 일종의 서사전략이었죠. 이것은 여지없이 독자들에게 반항을 불러일으킨 것으로 생각됩니다.

안국선이 등장시킨 여덟 가지 동물, 또는 곤충들은 주제를 하나씩만 들고나온 것은 아닙니다. 고사성어는 각각의 사회적 통념에 걸맞은 것으로 하나씩 내세웠지만 거기에 국한되지 않고 여러 가지 말들을 쏟아냈습니다. 그 내용도 등장인물마다 차별화된 것은 아니었어요. 사실은 반복이에요. 여우가 한 말이나 호랑이가 한 말이나 같은 이야기가 되

풀이됐습니다. 그런 점에서는 소설 기법상으로 그렇게 대단히 훌륭한
것은 아니었어요. 그럼에도 불구하고 간행 시점이 1908년이라는 점, 그
리고 이 신소설을 읽었을 독자들의 교육 수준은 전무하거나, 기껏해야
몇 개월 또는 몇 년밖에 안 됐다는 점을 염두에 둘 때, 그들을 상대로
한 글쓰기는 반복 수법을 배제하기 어려웠다는 생각이 듭니다. 우리의
눈높이로 함부로 얘기할 일은 아닙니다.

제국주의 비판은 또 게의 입을 통해서 되풀이됐습니다. 게라고 하는
갑각류는 창자가 없기로 유명하지요. 창자가 없다는 이유로 무장공자
無腸公子라고 불리기도 하잖아요. 뱃도 없다, 즉 지조가 없다는 뜻이 됩
니다. 더군다나 걸음까지 옆으로 기어 다니다 보니 사람들이 아주 우
습게 봤을 것은 당연한 이치입니다. 안국선은 바로 그 게의 입을 통해
서 제국주의에 부화뇌동하는 사람들을 욕합니다.

제국주의뿐만 아니라 개인의 자유권도 안국선은 중시했습니다. "관
리의 무례한 압박을 당하여도 자유를 찾을 생각이 도무지 없으니, 이
것이 창자 있는 사람들이라 하겠소?"(『금수회의록』, 30) 시민들은 자유
를 얻기 위해 스스로 저항할 줄 알아야 된다는 시민 정신의 앙양을 말
한다고 하겠습니다.

그러나 주장의 핵심은 제국주의 비판에 있었습니다. 작중의 파리
도 대한제국의 지리멸렬한 사정을 통렬히 비웃었습니다. "온 정부가
다 조고趙高 같은 간신이요."(『금수회의록』, 40) 여기서 조고는 진시황 밑
에서 간신으로 악명을 떨친 사람이었습니다. 따라서 한국 사회의 도
덕 수준이 형편없이 낮다는 거였습니다. 그는 온 세계가 조조 같은 소
인들로 가득 차 있어 "웃음 속에 칼이 있고 말 속에 총이 있"(『금수회의
록』, 40)다며 제국주의의 실상을 혹평했습니다.

제국주의를 논하다

이상에서 살핀 것처럼 제국주의에 대한 한탄과 비난, 제국주의에 부화뇌동하는 사람들에 대한 공격이 끊임없이 이어졌습니다. 비슷비슷한 내용이 계속되지만 기독교의 입장에서 제국주의를 비판한다는 것은 굉장히 새로운 관점이었습니다. 바로 그들 제국주의자와 제국주의 국가의 종교가 무엇입니까? 기독교였습니다. 프랑스는 천주교였지만 그것도 일종의 기독교죠. 영국의 성공회도 기독교죠. 다 기독교입니다. 미국, 역시 그렇죠. 심지어 러시아의 러시아정교회 역시 기독교였어요. 안국선이 그걸 꿰뚫어봤다는 것이 대단히 용합니다.

1908년 당시에 많은 사람들이 기독교 신자가 되기를 희망했어요. 선교사들이 그때 공공연하게 주장했던 것이 무엇입니까? 기독교를 믿어야 나라가 부강해진다고 보았습니다. 부강한 나라들을 보면 다 기독교니까 그렇다고들 했거든요. 기독교 중에서도 천주교보다는 개신교를 믿는 것이 더 좋다는 주장을 합니다. 천주교를 믿는 프랑스보다 개신교를 믿는 미국이나 영국이나 이런 나라들이 더 전망이 있는 나라이기 때문에 그렇다, 기왕에 믿으려면 그렇게 하자 했고, 실제 이런 주장이 효과를 거뒀거든요. 기독교를 믿는 나라가 잘 나간다는 얘기를 지금까지도 하는 사람들이 많이 있단 말이에요. 그런데 안국선은 그 논리를 깼습니다. 이것은 굉장히 획기적인 일이라고 봅니다.

기독교를 믿어야 잘산다는 억지스러운 문법은 1910년대에 인기가 높았던 선교서적 『성산명경聖山明鏡』에도 나옵니다. 이 책의 저자는 목사 최병헌(1858~1927)이었어요. 안국선과 마찬가지로 유학자 출신이었어요. 아펜젤러(1858~1902)를 통해서 기독교에 입문했습니다. 최병헌 목사는 자신이 편집을 맡았던 한국 최초의 신학연구지 『신학월보神

學月報』에 1907년부터 「셩산유람긔聖山遊覽記」라는 글을 연재했어요. 그
것이 인기를 끌어 나중에, 즉 1912년경에 조선예수교서회에서 책자로
도 간행이 되죠. 그게 바로 『성산명경』입니다. 그런데 그 책의 핵심 메
시지가 '기독교 믿어야 잘산다'예요. 그 책에는 '신천옹信天翁(바닷새의
한 종류)'이라고 하는 하나님을 믿는 노인이 주인공으로 등장해서 도
교, 유교, 불교를 대표하는 인물들과 신학 토론을 벌여서 차례로 다 이
기는 걸로 되어 있어요. 그러고는 마지막에 가서 '그러니까 기독교를
믿어야 한다, 기왕에 믿으려면 개신교를 믿어야 한다'고 권합니다. 그
의 서술방법은 이『금수회의록』과 마찬가지로 연설과 토론이죠. 최병
헌은 식자층에게 기독교를 전파하기 위해 이 글을 썼다고 해요. 실제
로 상당히 효과가 있었습니다.

　세상이 그렇게 돌아갔습니다. 그 와중에 안국선이 기독교의 이름으
로 제국주의를 비판했다는 것은 무척 의미 있는 일이었습니다. 대포와
총의 힘으로 약소국을 유린하는 것이 바로 제국주의 국가들 아니었습
니까? 결국 강대국들이 평화를 보전한다고 그럴듯한 말을 늘어놓지만
그 실상은 평화와 자유를 주창하는 기독교의 교리와는 정반대라는 것
이 비판의 핵심이었습니다.

　안국선의 주장이 이상에 흘렀던 것은 사실입니다. 당시 많은 사람
들, 특히 지식인들이 스펜서H. Spenser(1820~1903)의 '사회진화론'에 입
각해 제국주의의 논리를 옹호하고 있었던 시대라는 점을 염두에 둘 때
안국선의 기독교 도덕주의는 도리어 귀합니다. 저는 그렇게 생각합니
다. 개화를 주장하는 사람들이 다들 사회진화론에 빠져서 '우리도 빨
리 부국강병해야 된다. 그래야만 이 약육강식의 세상에서 살아남을 수
있다.' 이렇게 주장하고 있었을 때 안국선은 도덕우선주의를 부르짖었

어요. 그것도 하나님의 도덕을 내세웠어요. 매우 흥미로운 지점입니다.

안국선이 보기에는 문명의 이기를 야욕 달성의 수단으로 사용하는 것은 비인간적인 행위에 불과했습니다. 그는 제국주의를 기독교적인 입장에서 혹독하게 비판했습니다. 사람들이 과학과 기술을 선용하지 않고 그것으로 무기를 개발하여 살상을 일삼는 것을 보면, 인간이 "나라를 만들 때의 만반 경륜은 다 남을 해하는 마음뿐이라"(『금수회의록』, 39)는 것입니다. 안국선은 현대 국가 일반의 잘못을 통찰했다고 하겠습니다.

제국주의 비판에서 현대 문명 비판으로

제국주의 비판에서 한걸음 더 나아가 안국선은 현대 문명을 비판하기도 했습니다. 이 역시 주목할 점이라고 생각합니다. 그는 전 세계 모든 나라가 욕심 많고 포악한 사람들로 가득 찼다고 했습니다. "어느 세상에 진정한 인도人道를 의논하는 자가 있느뇨? 호랑이는 포악 무쌍한 것이라 하되, 이것은 알지 못하는 말이로다."(『금수회의록』, 39~40) 호랑이의 눈으로 보더라도 현대인들이 살아가는 꼴은 영 말이 안 된다는 그런 얘기였습니다. 이른바 서구 문명국가라면 다들 부러워하던 시기에 안국선은 서양도 별수 없이 타락한 사회라는 입장을 당당하게 주장했습니다.

관리들의 허세

당시 대한제국의 상당수 관리들은 자신이 개화 노선을 추구한다며 잘난 척하는 경우가 많았어요. 그러나 실지로는 위선에 불과한 경우가 많았지요. 그들과는 달리 안국선은 현대 문명에 정통한 사람이었어요.

그는 1878년(고종 15)에 경기도 안성에서 태어났고 열일곱 살 되던 해에 관비 유학생으로 일본에 갔어요. 그건 아마 아버지 안경수의 '정치적 배경'이 작용했을 겁니다만, 국비 유학생이 됐던 거지요. 그리하여 안국선은 조선보다 훨씬 더 서구화된 일본을 경험했어요. 열일곱에 게이오의숙慶應義塾 보통과를 다녔고, 1895년에는 와세다대학교早稻田大學校의 전신인 동경전문학교東京專門學校 정치학과에 입학했어요. 그가 학업을 마치고 귀국한 것은 1899년이었죠. 어린 나이에 햇수로 4년 정도를 일본에 체류하면서 일본말로 근대 학문을 공부했던 것입니다. 어려서는 한문 공부를 충분히 했고, 그 바탕 위에서 당시 일본에서 할 수 있는 최고의 공부를 했어요. 그러고는 고국에 돌아왔습니다.

그렇기 때문에 안국선은 당시 나이가 40, 50세 된 자칭 개화파 관리들에 비해 서양과 일본 사정에 아주 정통한 편이었습니다. 그런 안국선의 눈에 비친 이른바 개화파들은 무늬만 개화파였죠. 그렇게 생각했기 때문에 그는 선배들의 허세와 허위를 마구 공격했습니다.

당시에는 외국의 형편도 잘 모르면서 다른 나라의 사정을 아는 척하는 고관들이 있었습니다. 그들은 정작 자신의 직무에 관하여도 아무런 전문지식이 없었어요. 그래서 외국인들의 비웃음을 사기도 했습니다. 그런데도 양복 입고, 단장 짚고, 담배 물고, 안경 쓰고 다니면서 잘난 체를 했습니다. 안국선은 이렇듯 실상에 무지한 개화파 고관대작들의 허물을 들추었습니다.

막판에는 그들을 호되게 질책했어요. 그는 개구리의 입을 빌려서 도둑을 검거하기로 들면 관리들은 거의 다 감옥에 가야 될 형편이라고 했습니다.(『금수회의록』, 27)

회개를 촉구하다

한마디로 말해, 안국선은 기독교의 이름으로 회개를 촉구했습니다. 『금수회의록』의 결론은, '회개하시오!'라는 것입니다. 혹자는 『금수회의록』의 이러한 점을 이해하기 어려울지도 모르겠어요. '기껏 그 시대의 문제점을 잔뜩 부각시켜놓고는 그 해결책이 회개란 말이냐. 신앙적인 회개만 가지고 이게 극복될 수 있는 상황이었느냐.' 하지만 불과 50쪽도 안 되는 이 조그마한 글을 통해서 안국선은 세계적인 차원에서, 그리고 국가적인 차원에서 많은 문제점을 지적하고 통찰을 촉구했어요. 그 점에 큰 의의가 있다고 생각합니다. 그가 만약에 실천적으로 해결할 방법을 제시하려 했다면 아마 또 다른 책을 썼어야 했을 것입니다. 『금수회의록』 한 권을 가지고 우리가 해결책까지 요구하는 것은 무리가 아니겠는가 하는 생각입니다.

어떤 사람들은 '이 사람은 선동가다'며 비판할지도 모릅니다. '문제점만 모두 제기해놓고선 자기는 대한제국의 관리로서 월급 받아먹고 잘살았다는 것 아니냐? 결국 이게 뭐냐?' 그렇게 비판할 수도 있습니다. 앞에서도 제가 말씀드린 대로 여기서 우리는 안국선의 『금수회의록』을 보는 세 번째 문제점을 만나게 됩니다. 개화파 지식인들의 허약한 모습이죠. 그 흔들리는 정체성이 드러나는 부분이 이것입니다. 우리의 그런 비난 앞에 안국선은 아마 부들부들 떨기만 할 뿐, 설 땅이 전혀 없을 것 같기도 합니다.

안국선, 흔들리는 개화기 지식인

안국선은 개화기의 흔들리는 지식인이었습니다. 그의 일생을 따라가 보면 그림자가 있어요. 안국선의 아버지 안경수, 양부라고 했지만 사실은 친아버지와 마찬가지거든요. 그 계보를 이을 뿐만 아니라, 그 집에서 자라고 그 집 아들로 평생을 사는 거니까요. 안국선의 아버지 안경수는 초기 개화파 관리로서 이미 말씀드린 것처럼 일본 사람들과 가까웠어요. 1898년 그는 고종을 양위시키려는 음모를 꾸미다 발각이 나서 쫓겨나게 됐죠. 그러자 안경수는 아들이 일본에 유학 가 있는 바로 그때 일본으로 망명했습니다. 그 뒤 일본이 대한제국과 물밑 접촉을 한 모양이에요. 죄를 묻지 않기로 얘기가 됐는지 1900년 안경수는 귀국했어요. 그러나 그것이 음모였던 모양으로 귀국하자마자 목을 베입니다(1900). 그 한 해 전인 1899년에 아들 안국선은 학업을 마치고 귀국했지만 역적의 아들이 되어버려 설 땅을 잃었어요.

낙망한 안국선은 만민공동회 쪽과 함께 쿠데타를 모의했다는 혐의까지 쓰고 관헌에 체포 구금됐습니다(1899). 이후 내내 미결수로 갇혀 지내다가 1904년 태형 100대를 맞고 종신 유형을 선고받았어요. 그때 그 나이 스물일곱 살이었어요. 그는 전라남도 진도로 유배를 가게 됐는데, 안국선에게는 천만다행으로 조정이 점점 친일화됐습니다. 1907년 고종은 왕위에서 강제로 퇴위되기 직전에 안경수를 사면해줍니다. 사후 복권을 해주었어요. 그 아들인 안국선도 귀양에서 풀려났어요. 이제 앞길이 트였습니다.

그 후 안국선은 애국계몽운동에 나서 여러 가지 활동을 했습니다. 안국선은 다방면에 걸쳐 많은 글들을 썼어요. 『외교통의外交通義』, 『정치

원론政治原論』 등 근대적인 정치학에 관련된 글들도 쓰고, 『연설법방』이
라는 연설 토론을 씁니다. 다수의 시사평론과 논설을 『야뢰夜雷』, 『대한
협회보大韓協會報』, 『기호흥학회월보畿湖興學會月報』 등에 게재하기도 했어
요. 또 『금수회의록』도 썼지요. 아주 재주가 많은 사람이었어요. 자기
나름으로는 나라가 나아갈 길을 찾았지만 결국은 제대로 되지 않았지
요. 1910년에 이 나라는 강제로 일본에 의해 식민지가 되어버렸던 거죠.

그 와중에도 안국선은 벼슬을 계속해요. 1908년 탁지부 서기관으로
출발해서 1911~13년에는 경상도 청도군수를 지냈습니다. 서울로 되
돌아온 그는 본격적으로 친일 행위를 했어요. 1919년에는 친일파 박영
효가 조직한 조선경제회의 상무이사가 됐어요. 그에 앞서 1915년에는
조선총독부의 박람회를 찬양하는 『공진회共進會』라는 단편소설집을 냈
어요. 그는 총독부를 비판하기는커녕 대단히 순응적이었습니다. 하지만
그에게 더 이상 출세할 기회는 오지 않았지요. 그는 부질없이 여러 가지
사업에 뛰어들었습니다. 개간도 하고 금광이나 주식도 하는 등 투기성
있는 사업에 덤벼들었다가 연달아 실패했습니다. 그러자 다시 독실한
기독교 신자가 됐는데, 1926년 마흔아홉 살에 작고했습니다.

『금수회의록』에 선명하게 드러났던 그 힘찬 주장에 비하면, 안국선
의 삶은 너무도 희미했습니다. 안국선의 비틀거리는 삶을 저는 안타깝
게 바라봅니다. 재능 있던, 그리고 처음부터 곧은 기백이 전혀 없었다
고는 볼 수 없는 한 지식인이 세파에 시달리다가 죽었다고 생각합니
다. 그가 최선의 길을 선택하지 못한 것은 사실이지만, 그걸 무조건 비
판하는 것은 안 됩니다. 후대에 태어났다는 행운을 이용하여 앞 세대에
게 역사의 짐을 모두 떠넘기는 것은 비겁한 행위가 아닌가, 저는 그렇
게 생각합니다.

어려운 시절을 꿋꿋하게 살아낸 분들은 우리가 영원히 기려야 할 자랑입니다. 하지만 그렇지 못한 사람들에 대해서도 공격해댈 이유는 없습니다. 인간적으로 그들의 불행을 이해할 수 있습니다. 제 자신이 살아온 길도 되돌아보면 그렇게 딱 부러지게 잘한 것이 없습니다. 그런 생각을 하면서 애처로운 눈길로 안국선을 비롯한 개화기 많은 지식인들의 구부러진 삶을 바라보게 됩니다. 그들에 대해서 동정과 연민의 시선을 거둘 수 없습니다.

기독교 신자의 전통 사상 끌어안기

이 책에 국한해 안국선의 사상을 거론해보면, 기독교 중심이었습니다. 이 책에 드러난 그의 사회적 비판의식도 기독교 사상에 바탕을 두었으니까 말입니다. 책이 출간될 당시 한국 사회는 아직 유교적이었고, 그보다 한 세대 전만 해도 기독교는 금수 또는 야만과 동일시됐어요. 그런데 안국선은 그 반전을 시도했어요.

책의 처음과 끝부분에서 그는 하나님의 말씀을 빌려 주제를 의식적으로 강조했어요. '하나님이 아직도 인간을 사랑하신다, 악한 일을 많이 했더라도 회개하면 구원을 얻을 수 있다'고 주장하면서 안국선은 퇴락한 유교 사회에 구원의 메시지를 선사했어요. 기독교야말로 안국선에게는 20세기 벽두 역사의 무게를 이기지 못하고 추락하는 한국 사회에 던져진 구명보트였다고 저는 생각합니다.

그러나 유감스럽게도 그 구명보트가 역할을 제대로 못했어요. 기독교를 빌려 그가 비판한 많은 나라들이 바로 제국주의의 전형이었습니다. 그런 국가들의 도움을 빌려 우리를 되살려낼 현실적인 방법은 없었습니다. 『금수회의록』은 1904년경에 기독교에 입교한 안국선이 열렬한 초기 신자로서의 열성과 이상주의적인 관점에서 기독교를 역사의 구명정으로 파악했던 시기의 작품이었습니다.

서사전략을 설명하면서도 잠깐 얘기했지만, 안국선은 유교를 대립적인 것으로 몰아세우지 않았습니다. 작중에서 그는 사자성어와 각종 고사를 인용했어요. 노래자老萊子(나이 일흔에도 부모 앞에서 재롱을 피웠다는 효자), 한나라 효무제孝武帝(아버지 문제文帝를 암살한 형 유소劉邵를 죽이고 황제가 되어 아버지의 정책을 계승했음), 진문공晉文公(춘추 시대의 이름난 패자覇者로 후궁의 아들 해제奚齊를 왕위에 올리려고 태자였던 신생申生을 죽임), 개자추介子推(춘추 시대의 이름난 은사隱士. 진문공이 그를 등용하려고 산에 불까지 질렀으나 면산緜山에서 불타죽을 때까지 숨어지냈음) 등을 인용했고 동양고전인 『논어論語』, 『본초강목本草綱目』, 『시경詩經』, 『산해경山海經』, 『전국책戰國策』 등도 언급했어요. 그의 한 발은 늘 동아시아의 문화적 호수에 담근 채였습니다. 그는 태생적으로 유교의 세례를 받고 자라기도 했고, 당시 한국 사회는 유교적 기반 위에 서 있었습니다. 안국선은 유교의 가르침이 기독교와 공존할 수 있다고 믿었습니다.

사상적인 면에서 유교는 기독교와 꼭 충돌하는 것이 아니었어요. 18세기 우리나라에 서학이 처음 들어올 적에도 많은 유학자들이 거기에 쏠렸잖아요. 그들이 유교를 버리고 서학으로 넘어간 것만은 아니었어요. 유교가 기독교와 만날 수 있는 사상이라는 것이 안국선의 태도에는 분명히 나타납니다. 그것은 단순한 선교전략이 아니라 진심이었어요.

일반적으로 개화파 지식인들은 전통 지식을 매도하는 경향이 강했어요. 1910~20년대가 되면 그런 경향이 강하지 않습니까? 그 대표적인물은 이광수였습니다. 이광수는 유교에 대해 맹공격을 했잖아요. 그런데 안국선은 그렇지 않았다는 겁니다. 그의 사상적 폭은 더 넓었고, 문화적 자의식은 더욱 견고했다고 볼 수 있습니다. 그런 안국선의 태도가 더 바람직한 것이 아닐까 합니다.

안국선식 문화투쟁의 평가

저는 그의 문화투쟁을 네 가지로 정리하고 싶습니다. 첫째, 안국선은 기독교 사상에 입각해서 구한말 한국 사회를 통렬하게 비판했습니다. 그는 불효·사대주의·부정부패·풍기문란 등 사회 내부의 윤리적 결함을 문제 삼았습니다.

둘째, 바로 그러한 연장선상에서 그는 제국주의 사조에 대해서도 맹공을 펼쳤습니다. 직설적인 표현을 써가며 일본의 침략 행위를 비판하고 그에 부화뇌동하는 친일파 관리를 매도했죠. 일본을 "무기로써 남의 나라를 위협하여 빼앗는 불한당"이라 했고 "외국 사람에게 아첨하는 역적 놈"이란 말로 친일파를 쳤습니다. 하지만 그의 행적을 보면 친일파의 오명에서 자유롭지 못했어요.

셋째, 그러면서도 안국선은 통합론자였어요. 그는 동양의 전통 사상을 거부하지 않았습니다. 그럼에도 안국선을 절충주의자라고 매도할 수는 없습니다. 그에게는 분명히 새로운 점이 있었습니다. 가정윤리를 보더라도 일부일처를 주장했고, 사회적으로는 평등의 권리와 자유권을 옹호했거든요. 더욱 놀라운 사실은 그가 한편으로는 근대화를 추구했지만 다른 한편으로는 현대 문명 자체를 비판적으로 인식했다는 점입니다.

넷째, 하지만 안국선은 결국 친일을 했습니다. 애초 안국선은 사회진화론을 거부하고 기독교적 시각에서 사물을 관찰했습니다. 나중에 그는 자신의 기독교적인 관점이 지나치게 이상주의에 흘렀다는 회의에 빠지고 만 것 같습니다. 그러고는 사회진화론을 받아들이게 됐습니다. 사회진화론이라는 것은 약육강식의 논리를 내재화하고 있어요. '우리는 노력했지만 약했기 때문에 먹혔다. 그러니까 우리가 여기서 살아남을 수 있는 방법은 우리를 강하게 만드는 것이다.' 이런 식의 자강론은 결국 강자에 대한 타협과 굴종을 인정하는 꼴이 되고 마는 것입니다.

안국선의 비극은 그 개인에 국한된 것이 아니라 20세기 초반 식민지 경험을 한 여러 나라 지식인의 비애였지요. 어떤 의미에서 그런 비극은 현재적이기도 합니다. 가령 말썽 많은 '한미 자유무역협정FTA' 같은 것도 근본 목적이 한국 사회의 제도적 틀을 미국식으로 바꾸는 데 있다고 합니다. 이제는 일본식 모델이 아니라 미국식으로 한국 사회를 개조하기 위해 자유무역협정을 했다는 것입니다. 도대체 언제까지 우리는 제 방식대로 살기를 포기하고 남의 흉내를 내려는 것일까요?

참고문헌

권영민, 「안국선의 생애와 작품세계」, 『관악어문연구』 2, 서울대학교 국어국문학과, 1977.
안국선, 권영민 편, 『금수회의록』, 신소설전집 8, 뿔, 2008.
윤명구, 「안국선 연구」, 서울대학교 석사학위논문, 1974.
______, 『개화기 소설의 이해』, 인하대학교 출판부, 1986.
전광용, 「한국소설발달사」 하, 『한국문화사대계』 V, 고려대학교 민족문화연구소, 1967.
최기영, 「안국선의 생애와 계몽사상」, 『한국학보』 63/64, 일지사, 1991.

『을지문덕』

영웅주의와 민족주의의 이름으로

　　　　단재 신채호가 쓴 많은 책들은 일제 시기에 금서 취급을 받았습니다. 1908년에 간행된 그의 초기 저작 『을지문덕』의 운명 또한 그러했습니다. 신채호의 대표작으로는 『조선상고사』(1931)를 많이들 거론합니다. 하지만 『을지문덕』 역시 '민족주의 영웅사관'을 보여 준다는 점에서 주목할 만한 책입니다. 고대사의 영웅 을지문덕을 영원한 민족의 구원자로 '키워내고', 을지문덕의 역사를 통하여 구한말의 질곡을 벗어나고자 애쓴 것이 이 책의 서사전략입니다. 바로 그 점에서 신채호의 문화투쟁은 독특했습니다.

　역사가 신채호를 모를 사람은 거의 없겠습니다만, 그의 역사관이 집약된 유명한 말이 있지요. "역사는 아我와 비아非我의 투쟁이다." 물론 여기서 그가 강조한 투쟁은 역사를 움직이는 원동력에 관한 것인데, 물질적인 힘을 강조한 것이 아니라 민족의 정신을 크게 내세웠다는 점에 특징이 있습니다. 따라서 신채호의 역사학을 흔히들 민족주의 사학이라고 부릅니다. 이로써 신채호는 식민지 시기 일본의 어용사가들이 꾸며낸 이른바 '식민지 사학'에 대항했습니다. 확실히 신채호의 역사학은 항일적이고 애국적인 성격을 가졌습니다. 이러한 그의 역사관은 오늘날까지도 한국 역사학계에 큰 영향력을 미치고 있습니다.

　『을지문덕』에는 신채호 특유의 민족주의사관, 특히 그 초기 형태인

'영웅사관'이 뚜렷합니다. 저는 이것을 신채호의 민족주의적 영웅사관이라고 부르고 싶습니다. 하지만 여기서 제가 강조하려는 것은 신채호가 자신의 이러한 역사관을 통해 하나의 문화투쟁에 나섰다는 사실입니다. 그의 문화투쟁은 불굴의 독립정신을 고취하기 위한 동시에 근대적인 국민국가로 나아가려는 시도였지요. 풍전등화와도 같았던 구한말에 신채호는 한민족의 역사적 정체성을 새롭게 강화함으로써 1석 2조의 성과를 바랐습니다. 저자는 결기 있는 구식 선비였던 동시에 누구보다 앞장서 신지식을 적극 수용한 신지식인이었습니다. 그런데 그는 그 시대가 처한 여러 가지 한계 때문에 유독 민족의 정신을 일깨우는 일에만 매달리다시피 했습니다.

신채호의 문화투쟁을 좀 더 구체적으로 이해하기 위해 우리는 그의 서사전략에 유의하는 것이 좋겠습니다. 첫째, 1908년 신채호는 『을지문덕』을 통해서, 7세기 때 고구려의 대신이자 장수였던 '살수대첩의 영웅' 을지문덕을 고구려의 영웅에서 한국 민족 전체의 영웅으로 키워냈다는 사실이 중요합니다. 둘째, 이른바 '을지문덕주의'라고 할 수 있는 영웅사관을 널리 보급시킴으로써 신채호가 근대국가 일본에 맞설 수 있다고 강조한 사실도 주목됩니다.

신채호의 전략은 큰 성과를 냈다고 평가됩니다. 일제로부터 직접 독립을 성취하지는 못했지만 신채호의 민족주의 역사관은 당대는 물론이고 후세에도 많은 영향을 끼쳤습니다. 요컨대 신채호의 문화투쟁은 장기적인 관점에서 볼 때 상당히 성공적이었다고 평가됩니다. 그러므로 이 부분에 대해서도 우리는 좀 더 구체적으로 언급할 필요가 있습니다. 그럼에도, 한 가지 의문은 남습니다. 표표한 애국지사 신채호가 작고한 지 어언 80년가량이 지난 오늘날, 그의 역사관을 계승한 신민족주의 역사관을 어떻게 평가할 것인가 하는 것입니다. 신채호의 역사학은 이제 새로운 역사학에게 자리를 내줄 때가 되지 않았을까요?

『을지문덕』을 통한 신채호의 문화투쟁을 살펴보면서, 저는 위에서 말한 세 가지 문제에 초점을 맞추고자 합니다. 문제의 금서인 『을지문덕』의 특징이라든가, 저자 신채호의 삶에 관한 이야기는 우리의 논의 가운데 자연히 포함될 것입니다.

영웅 을지문덕의 부활

『을지문덕』은 43쪽으로 된 짤막한 책입니다. 마음먹고 읽으면 한 시간도 안 걸려서 다 읽을 수 있을 정도입니다. 1908년 5월에 출간됐는데, 광학서포廣學書舖라는 출판사에서 순한글본과 국한문혼용 두 가지 판본으로 나왔어요. 원제목은 '대동사천재 제일대위인 을지문덕大東四千載第一大偉人乙支文德'으로, 제목에 벌써 인물평이 들어 있습니다. 그 뜻을 풀이해보면, '우리나라 역사 4천 년에 있어서 제일가는 위인 을지문덕'이란 것입니다.

먼저 출간된 것은 국한문본이었지요. 그 서두에는 순한문으로 된 서문이 붙어 있습니다. 당시 애국지사로 이름이 높은 도산 안창호를 필두로, 변영만, 이기찬 등이 연달아 서문을 썼어요. 이 책을 출판하면서 신채호는 다양한 독자층을 염두에 둔 것이 틀림없지요. 그것 자체가 벌써 그의 서사전략이었지요. 당시만 해도 지식인들은 한문을 좋아했으니까 그들에게는 국한문혼용본을 제공하고, 나이 어린 사람이나 여성 독자들은 아무래도 한문을 잘 모르니까 순한글본을 따로 출간했습니다. '한국 사람이면 누구나 다 이 책을 읽어라', 하는 뜻에서 두 종류의 『을지문덕』을 거의 동시에 출간했던 것입니다.

신채호의 글을 소리 내어 읽어보면 글이 무척 운문적입니다. 제 생각에 신채호의 『을지문덕』은 눈으로 읽기 위한 서사가 아니었어요. 그는 영웅적 서사를 큰 목소리로 읽을 때 드러나는 글맛을 중시했다고 생각합니다. 이것은 분명히 소설이 아니에요. 전기지요. 그러나 여러 사람이 모인 사랑방 같은 데서 누군가 목청을 돋워 읽기를 바라며 쓴 것입니다. 여기에 신채호의 서사전략이 있었다고 생각됩니다. 그 점이 『을지문덕』을 아주 특별하게 만듭니다.

이것은 『조선상고사』에 보이는 신채호의 문투와는 전혀 달랐어요. 『조선상고사』는 눈으로 읽는 글이에요. 소리 내서 읽기를 전제한 것이 아닙니다. 그러나 이 『을지문덕』은 소리 내서 읽는 것이 옳아요. 꽤나 선동적인 글이고, 계몽적인 글이며, 여럿이 함께 읽을 글이었죠. 100권이 팔리면 100명의 독자가 있다고 여길 책이 아니라 그 100명이 각자 여러 사람을 모아놓고 사랑방에서 날마다 되풀이해 읽을 수 있기를 바랐던 책이었을 거라고 생각합니다. 온 국민이 읽어야 할 책이라고 신채호는 믿었을 것입니다.

신채호의 글 가운데서도 「독사신론讀史新論」 같은 것은 한자어를 풀이해주지 않으면 뜻을 알아듣기가 어려워요. 그러나 『을지문덕』은 한자어를 풀이하지 않더라도 누구나 내용의 흐름을 따라갈 수 있어요. 신채호에게는 서사전략이 있었다는 겁니다. 그런 점이 굉장히 중요하다고 생각합니다. 이런 건 지금까지 누구도 강조한 적이 없지만, 제 생각에 신채호는 글을 쓸 때마다 독자가 누구일지를 염두에 두었어요. 그는 예정된 독자에게 파고들어갈 수 있는 서사전략을 구사했습니다.

지식의 정도가 낮고, 한문을 잘 모르는 사람들이 사랑방에서 소리 높여 읽을 글이냐, 아니면 책상 앞에 앉아 그야말로 머리를 쥐어 싸매고서 신중하게 읽어야 할 글이냐에 따라서 신채호는 글 쓰는 방식을 달리했어요. 훌륭한 필자는 다 이러했을 테지요.

『을지문덕』은 일종의 역사적 전기였어요. 그런데 그 구성부터가 특이했습니다. 저는 그것을 네 부분으로 나눌 수 있다고 봅니다. 맨 앞에는 을지문덕이 활동한 시기의 역사를 개관했습니다. 제1장부터 제3장까지가 그렇게 되어 있어요. 다음에는 을지문덕의 업적을 포괄적으로 소개하는 글이 제4장부터 제7장까지 이어집니다. 이어서 이 책의 본론에 해당하는 세 번째 부분이 나옵니다. 고구려와 수나라와의 전쟁을 치밀하게 묘사한 것인데, 제8장부터 제11장까지 이어집니다. 마지막 네 번째 부분은 을지문덕에 관한 참고사항이라고 볼 수 있어요. 수나라와의 전쟁 후에 을지문덕은 어떻게 됐나, 한국 역사에서 을지문덕은 그동안 어떤 평가를 받았나, 그러한 평가는 과연 옳은 것인가 하는 점들이 차례로 논의됐어요.

사실 을지문덕에 관한 사료는 별로 많지 않습니다. 그러나 을지문덕은 신채호에게 대단히 중요한 민족의 영웅이었기 때문에, 이처럼 한 권의 책으로 다룬 것입니다. 신채호의 저술 가운데 대표적인 책으로 손꼽히는 『조선상고사』에도 을지문덕에 관한 서술이 자세합니다. 『조선상고사』의 제9편이 바로 '고구려 대수전역對隋戰役', 즉 고구려가 수나라와 싸운 전쟁입니다. 그 전체 길이는 16쪽 정도였는데 을지문덕의 살수대첩이 세 쪽이나 할애됐지요.

왜 하필 을지문덕이었을까

한국 역사상에는 많은 인물들이 눈에 띕니다. 그런데 신채호는 왜, 하필 을지문덕에 그처럼 주목했을까요? 신채호가 외세와 대적해서 혁혁한 전공을 쌓은 명장들, 예컨대 이순신, 강감찬, 서희, 최영 등에 큰 관심을 가졌다는 점은 잘 알려진 사실입니다. 그러나 여기서 강조할 점은 신채호가 고구려의 역사를 가장 중시했다는 겁니다. 그는 고구려야말로 한민족의 영광과 불굴의 의지를 가장 잘 표현했다고 믿었습니다. 고구려 역사를 살펴보면 을지문덕 말고도 광개토대왕이나 연개소문 등 거물들이 적지 않았어요. 그러나 연개소문은 아무래도 뒤끝이 좀 서운한 인물이었지요. 그의 아들 대에 나라가 망했으니까요. 또 광개토대왕의 경우에도 『을지문덕』이 간행된 1908년까지는 아직 광개토대왕에 대한 연구가 별로 활발하지 못했어요. 광개토대왕 비문은 1889년 일본인 장교에 의해 재발견됐고, 그 뒤 그 비문이 세상에 퍼졌어요. 그것이 한국에서 본격적으로 소개된 것은 1908년에 편찬된 『증보문헌비고增補文獻備考』에서였지요. 그 이듬해인 1909년에 박은식과 신채호가 신문에 비문의 내용을 소개하게 됐습니다. 그런 점으로 보아 『을지문덕』이 간행될 때만 하더라도 신채호는 광개토대왕 비문을 속속들이 잘 알고 있지는 못했다고 판단됩니다.

나중에 신채호는 광개토대왕을 무척 존경하게 됩니다. 그가 짐작하는 광개토대왕의 모습은 비문에 묘사된 것보다도 훨씬 더 웅장하고 위대한 것이었어요. 신채호는 광개토대왕이 당시 동북아시아의 막강한 실력자였던 선비족도 여러 번 싸워 물리쳤다고 믿었어요. 그런데 비문을 들여다보면 선비족과 싸워 이긴 기록이 거의 나오지 않아요. 이를 의아하게 여긴 신채호는 비석이 서 있는 현지에 찾아가서 많은 사람들을 만나 비문에 얽힌 전설을 수집합니다. 그 과정에서 그는 만주족들이 자기네 조상이라고 할 수 있는 북방 민족에 관계되는 부분을 대왕의 비문에서 지워버렸다는 소문을 듣기도 합니다. 신채호는 그 점을 『조선상고사』에 기술했지요. "태왕의 선비 정복의 대전공大戰功이 (비문에) 없음은, 삭제된 까닭일 것이니라."[1]

또한 신채호는 일본인 장교가 비문을 처음 탁본할 적에 여러 글자를 지우고 또 변조했다는 말도 들었습니다. 그래서 신채호는 광개토대왕 비문의 사료적 가치를 인정하면서도 여러 가지 문제가 있다는 판단을 내렸습니다. 그가 역사가로서 더욱 자유롭게 활동할 수 있었더라면 자신의 여러 가지 비판적인 견해를 종합해서 광개토대왕에 관한 전기도 쓰게 됐을지 모르겠습니다. 그러나 1908년 당시에는 아직 그럴 만한 형편이 되지 못했던 것입니다.

『을지문덕』을 간행할 당시 신채호가 가장 높이 평가한 민족의 영웅은 을지문덕과 이순신이었습니다. 그런데 을지문덕은 『삼국사기』에서도 호평을 받았어요. 『삼국사기』는 12세기에 신라 왕족의 후예인 김부식이 편찬한 역사책이고, 따라서 통일신라의 역사서술을 계승한 책이었습니다. 그것은 사실 좀 애매한 문제를 내포했지요. 김부식의 나라 고려는 이름부터가 고구려를 계승한 나라였어요. 만약 그런 역사의식이 강조됐다면 김부식을 비롯한 고려의 역사가들은 고구려 역사를 중심으로 삼국 시대를 기술했어야 옳겠지요. 흥미롭게도 그런 역사서술은 오랫동안 제가 연구한 정치적 예언서에는 잘 나타나 있습니다. 예언서들 가운데에는 신라를 완전히 배제하고, 고구려에서 고려로 직행하

---

1. 신채호, 「조선상고사」, 「단재 신채호 전집」, 하, 형설출판사, 1977, 211쪽.

는 그런 흐름이 있습니다. 그런데 고려 지식인들은 대체로 김부식의 경우처럼 신라의 후예들이었지요. 따라서 그들은 이념적으로는 고려가 고구려의 후계자라고 주장했지만 실질적으로는 신라의 후계 국가로 인식했습니다. 결과적으로『삼국사기』는 통일신라의 역사서술을 계승한 것이 되고 말았습니다.

김부식이 편찬한『삼국사기』는 기전체紀傳體입니다. 우리나라 역사책 가운데 기전체 서술은『삼국사기』와『고려사』둘뿐입니다. 중국의 정사는 기전체 서술을 선호했어요. 그 형식을 조금 설명해드리면, '기紀'는 나라(왕실)를 중심으로 한 역사를 쓴 것이지요. '전傳'은 그 나라의 역사를 설명하는 데 있어 중요한 인물들의 전기를 실은 것이고요. 그 밖에 '지志'가 있는데, 지리, 천문, 복식 등 말하자면 지나간 시대의 역사 속에 나타난 중요한 사실들을 항목별로 정리한 일종의 백과사전이었습니다.『삼국사기』는 그런 형식을 따랐어요. 그 열전의 서막을 장식한 인물은 신라 사람 김유신이었습니다.

바로 그 다음 자리는 을지문덕에게 돌아갔어요. 김부식도 그만큼 을지문덕을 이례적으로 높이 평가했던 것입니다. 김부식은『삼국사기』「열전」에 쓰기를, "양제煬帝의 요동 전쟁은 병력 규모면에서 전례가 없을 정도로 컸다. 고구려는 한 모퉁이를 차지한 조그마한 나라였음에도 불구하고, 이를 방어하고 스스로를 보전했을 뿐만 아니라 양제의 군사를 거의 섬멸해버릴 수 있었으니, 이것은 문덕文德 한 사람의 힘이었다.『춘추春秋』「좌전左傳」에서, '군자가 없으면 어찌 나라를 다스릴 수 있으리오?'라고 했으니, 참으로 옳은 말이다"라고 칭찬했어요. 을지문덕이 수나라 양제를 물리친 사실을 대서특필한 것입니다. 이처럼 신라 중심의 역사서술에서조차 을지문덕은 높이 평가됐습니다. 그러므로 신채호는 전혀 망설일 필요조차 없이 을지문덕을 한국사를 빛낸 영웅으로 내세울 수 있었어요.

1908년의 한반도 위기상황

『을지문덕』이 간행된 1908년은 암운이 드리운 때였습니다. 1905년에 이른바 을사보호조약이라고 불린 치욕의 그 을사늑약이 고종의 의지와 무관하게 체결됐어요. 그때부터 한국 사회에 조성된 위기감이 정점에 이른 것은 1907년이었다고 생각합니다. 그해에는 대단히 중요한 사건이 두 가지나 일어났습니다. 하나는 일본 사람들이 우리나라 군대를 해산시킨 것이고, 다른 하나는 헤이그 특사 사건을 이유로 그들이 고종을 강제 퇴위시킨 것입니다. 그러자 뜻있는 사람들은 나라를 구하기에 안간힘을 씁니다. 그야말로 망국의 위기감이 극도에 올랐어요. 1907년과 1908년에는 애국계몽운동이 최고조에 도달했습니다. 1908년경에는 전국적으로 신식학교를 표방한 교육기관이 2천 개를 넘었습니다. 조선 시대에는 전국이 약 300개의 행정단위로 분할되어 있었으니까, 고을마다 약 9~10개씩 신식학교가 새로 생긴 셈이었어요. 당시 애국계몽을 선두에서 일깨운 몇몇 특별한 지식인들이 있었습니다. 그 대표적인 인물이 바로 신채호였습니다.

요컨대 신채호의 『을지문덕』은 우리 역사의 분기점에 등장했습니다. '이제 막판이다, 여기서 까딱 잘못하면 나라를 잃게 된다'는 위기감이 한창 거셌을 적에 신채호가 나라를 위해 자임한 역할은 글을 통해 애국심을 일깨우는 것이었습니다. 그는 열심히 책을 쓰고 신문에 논설을 발표하는 것으로 독립을 지키고자 애썼습니다. 이미 1906년에는 『이태리건국삼걸전伊太利建國三傑傳』이라는 일종의 번안된 전기를 썼습니다.

'통일된 이태리를 만든 것은 세 사람의 영웅이다. 이런 영웅들이 우리에게도 있어야 되겠다!' 그 책은 이런 주장을 담았던 것입니다. 그때부터 신채호는 영웅사관을 노골적으로 드러냈던 것입니다.

이태가 지난 1908년에는 『을지문덕』과 『이순신전』을 출간했습니다. 1908년은 신채호에게 대단히 생산적인 한 해였어요. 바로 그해에 그는 자신의 민족주의 역사관을 드러내는 「독사신론」을 연재하기도 했습니다. 그것만으로는 계몽사업을 다 할 수 없다고 느꼈는지 1909년에는 『동국거걸최도통전東國巨傑崔都統傳』이라고 하는 최영 장군의 전기를 발간했습니다.

요컨대 1906년부터 1909년까지, 즉 을사늑약이 강요된 다음해부터 일본에 의한 강제통합이 이루어지기 직전까지 신채호는 영웅들의 전기를 연달아 쏟아내 민족을 일깨우고 격려했습니다. 어떻게 해서든지 구국의 영웅을 재탄생시키고자 노력했던 것입니다. 『을지문덕』을 비롯한 그의 전기물은 단순한 위인전이 아니라 나라가 흥망의 기로에 섰을 적에 민족의 가슴에 불을 지르기 위해서 쓴 혈서였습니다. '독립을 지킬 수 없다면 차라리 입에 칼을 물고 죽어버리자.' 그런 열혈을 가지고 쓴 책들이었습니다. 때문에 땀방울이 묻은 책이 아니라 피로 쓴 책이라고 말하는 것입니다.

참고로 한 가지만 더 말씀드릴 게 있어요. 신채호가 존경한 영웅 중에는 연개소문도 포함됐다고 했는데, 그에 대한 역사의 평가는 그동안 어떠했습니까? 20세기 초까지 늘 부정적이기만 했어요. 『삼국사기』의 영향이라고도 볼 수 있어요. 김부식이 연개소문을 나쁘게 평가했고, 그것이 계속 답습됐답니다. 그런 평가를 일거에 뒤집은 이가 바로 신채호였습니다.

1908년 신문에 연재한 「독사신론」에서 그는 연개소문을 위해 변명을 했습니다. 그런데 신채호는 '천개소문'이라고 불렀어요, 역사의 기록에 따라서는 '연淵'이 '천泉'으로 돼 있기도 하지요. 그 이유가 요즘 학자들이 밝혀낸 바로는 간단하고도 웃깁니다. 원래 '연'이 맞는데 당나라의 건국자인 당 고조 이연李淵의 이름과 글자가 같아서 글자의 뜻이 비슷한 '샘 천泉'자로 바꿨다는 것입니다. 당나라에 귀순한 연개소문의 아들 묘지명에 '연'이 '천'으로 되어 있거든요. 신채호의 글을 읽어봅니다. "희희라, 천개공泉蓋公은 즉 아 광개토대왕의 초손俏孫이며 을지문덕의 현제賢弟요, 오배吾輩 만세후인萬世後人의 모범적이어늘, 금今에 삼국사를 독讀하매, 일즉왈 흉인凶人이라 하며, 이즉왈 역적이라 하여 필필구구必必口口가 유아唯我 천개소문을 저매咀罵한 이뿐이로다."**2** 현대어로 제가 번역해서 대강을 말씀드리면 이런 식입니다. '연개소문은 우리 광개토대왕의 자손이시며, 을지문덕의 어진 아우요, 우리들의 만세萬世에 모범이 되거늘, 오늘날 『삼국사기』를 읽어보면 한편으로는 그를 나쁜 사람, 흉악한 사람이라고 하고, 다른 한편으로는 그를 역적이라 하여서 그에 관해서 쓴 모든 글들이 우리 연개소문을 비난하고 헐뜯은 것뿐이로다'라고 했어요. 이런 식으로 신채호는 연개소문을 위해 변명했습니다. 연개소문은 어찌 보면 이렇게 구차한 변명이 필요했을지 몰라도, 을지문덕은 아무런 변명도 필요 없는 그야말로 당당한 영웅이었습니다. 신채호가 을지문덕에 가장 먼저 주목한 것은 우연이 아니었습니다.

---

2. 신채호, 「독사신론」, 『단재 신채호 전집』, 상, 형설출판사, 1977, 502쪽.

민족적 관점에서 영웅을 다시 정의하다

신채호는 과거의 역사관에 큰 잘못이 있다는 점을 강조하고, 민족의 관점에서 영웅을 다시 정의했습니다. 그의 글은 이러했습니다. "우리나라는 영웅을 존숭하는 심성이 어찌 그리 박절한지 고금에 짝이 없는 진정 영웅은 용렬한 사필 끝에 초초히 매몰하고 그 혹 영웅이라 칭도한 자는 사슴을 가리켜 말이라 함과 다름이 없으니 형제간에 불목하는 악습으로 동족이 서로 잔해하는 자도 영웅이라 칭했으며 어진 자는 적은 나라가 큰 나라를 섬긴다는 주의로 외국 구적에게 아첨하는 자도 영웅이라 칭했으며 심지어 적국의 창기가 되어 본국을 도리어 해하는 자도 영웅이라 칭하여 (중략) 내 이럼으로 영웅이라는 두 글자를 위하여 한번 통곡할 만하도다."(『을지문덕』, 3)[3]

요컨대 역사가들이 위인이라고 간주한 여러 인물은 일고의 가치도 없는 졸부에 지나지 않는다는 것입니다. 그러면서 그는 기왕의 역사서술, 특히 김부식을 매도했습니다. 신채호는 자신의 대표적인 역사 논문 「조선 역사상 일천년래의 제일대사건」에서 김부식과 묘청의 대립에 대해 별도로 논의한 적이 있었습니다. 거기서 신채호는 묘청이 망하고 김부식이 이김으로써 우리 역사의 자주성은 사라졌다, 그 대신 썩은 선비들의 사대주의 근성이 우리 역사를 갉아먹게 됐다는 식으로, 그야말로 선동적인 어투로 독창적인 주장을 펼쳤습니다. 그 글이 나오게 된 배경에는 '우리나라의 역사책, 별로 볼 거 없다. 그건 우리 자신을 깎아먹은 것에 지나지 않는다. 이제 그것을 다 부정하고 나는 새로운 역사를

---

3. 괄호 안의 숫자는 『단재 신채호 전집』(별집), 형설출판사, 1977, 493~543쪽에 실린 『을지문덕』 영인본의 쪽수입니다. 이하 같습니다.

쓰겠다!'는 식의 항변이 깔려 있습니다. 신채호 자신이야말로 역사학의 영웅이었던 셈입니다. 신채호는 글의 영웅이었다는 말입니다. '나는 지금까지 사천 년 동안 기록된 모든 역사책을 내 눈으로 검토했다. 발라낼 살을 다 발라내고 새 뼈다귀 위에다가 새 집을 짓겠다.' 이런 각오를 가진 사람이 신채호였습니다.

고심 끝에 그는 이런 말도 합니다. "당시 고구려 사기가 후세에 전하지 아니했음으로 을지문덕의 운용하던 정략을 상고할 곳이 없으나", 즉 을지문덕에 관한 역사 기록이 남아 있는 게 없다는 것입니다. "다만 수나라 사기를 상고하여 볼진대 이천칠백삼십사년간에 고구려의 동을 침로하고 서를 노략하던 일을 오히려 가히 알겠도다."(『을지문덕』, 16) 차라리 중국의 역사책이 우리 역사책보다 낫다고 호된 비판을 했습니다. 부분적으로는 물론 사실이었지만, 과장도 없지 않았습니다. 김부식을 그렇게 나쁜 사람, 간도 쓸개도 없는 사람이라고 몰아붙일 일은 아니었다고 생각합니다.

우리에게는 을지문덕이란 영웅이 있었다

신채호는 『을지문덕』의 서두에서 을지문덕이라고 하는 영웅이 우리 곁에 있었다는 사실을 강조했습니다. 한국 민족이 이렇게 약하고 형편없어 보이지만 본래부터 그렇지는 않았으니까 이제라도 용기를 내자는 거였지요. 신채호는 을지문덕에 관한 역사적 기록을 읽다가 저절로 고무되어 하늘을 우러르며, 우리 민족 가운데도 이처럼 위대한 인물이 있었고, "우리 민족의 성질이 강하고 용맹함이 과연 이러하던가 했노라"(『을지문덕』, 1)며 감탄했다고 고백했습니다. 이것은 물론 독자를 끌어들이기 위해서 꺼낸 얘기일 수도 있겠지만 그 주장이 이랬어요. 을지문덕을 몰랐을 때에는 이 나라에 참으로 쓸 만한 인물이 없다고 한탄했지만 을지문덕을 알고 나서는 정말 이렇게 훌륭한 인물이 우리 역사에 있었단 말이냐고 되물었다는 것입니다.

그는 다음과 같은 말도 했지요. "대저 고구려의 전국 힘이 온전히 을지문덕에게 있었음을 의심할 것이 없으며."(『을지문덕』, 8) 이것은 신채호의 영웅사관이 강하게 표현된 부분이지요. 을지문덕 한 사람이 바로 고구려 국력의 총화였다는 말은, 을지문덕과 같은 영웅 한 사람만 있으면 일본의 침략을 막을 수 있다는 확신과 다름없습니다. 사실은 그것이 얼마나 비현실적인 이야기였습니까? 20세기 초반 한국이 당면한 과제가 한 사람의 영웅이 풀 수 있을 정도로 간단한 것이었을까요? 아마 그렇게 되기는 어려운 일이었을 것입니다.

신채호의 영웅예찬은 계속됩니다. 사람들은 을지문덕이라고 하면 살수대첩 한 가지만 생각하지만 자신은 그렇게 생각하지 않는다고 했습니다. 살수대첩이 일어나기 수년 전의 일들도 따지고 보면 다 을지문덕이 한 일이라는 것입니다.(『을지문덕』, 8~9) 가만히 살펴보면 신채호의 을지문덕 인식은 역사상의 특정한 시기에 존재한 한 사람의 자연인에 국한되지 않습니다. 그에게 을지문덕은 사실상 하나의 보통명사입니다. 을지문덕은 역사상의 허다한 영웅들이 가지고 있는 특징을 한 몸에 지닌 영웅의 상징인 것입니다. 이순신과 최영을 비롯한 위인들도 을지문덕의 분신이라고 신채호는 그렇게 믿었습니다.(『을지문덕』, 21)

따라서 '을지문덕에게서 배우자'는 신채호의 주장은 곧 우리 역사상의 위인들을 본받자는 주장이었고, 많은 사람들의 공감을 불러일으켰습니다. 이것은 을지문덕을 국가적 영웅으로 생각한 사람이 신채호 한 사람만은 아니었기에 가능한 일이었지요. 이미 말씀드린 것처럼 김부식도 그를 높이 평가했습니다. 조선 후기에 홍양호가 편찬한 『해동명장전海東名將傳』(1794)에도 을지문덕이 등장했습니다. 또, 언제 저술됐는지 모르지만 고소설 중에 『홍이(홍의)동자紅衣童子』가 있는데, 이것도 을지문덕의 이야기였습니다. 약 80쪽 분량의 고소설이었지요. 원저자와 출현 시기를 알 수 없는 소설 하나가 또 있지요. 1929년에 재간행된 『을지문덕전』인데, 이것이 신채호로부터 직접 영향을 받았는지는 잘 모르겠습니다. 요컨대 조선 후기부터 을지문덕은 역사를 빛낸 영웅들을 대표하는 인물로 사람들의 뇌리에 남아 있었다는 사실이 중요합니다. 바로 그 을지문덕의 인기를 정점까지 끌어올린 이가 신채호였습니다.

마침내 을지문덕은 국민적 영웅, 민족적 영웅이 됐어요. 일제 시기에 평안도 안주에서 채집된 칠불사의 창건설화에도 을지문덕이 등장했습니다. 또 경기도 굿에는 '군웅群雄(軍雄)'이라는 것이 있는데 을지문덕과 최영 장군이 바로 그것입니다. 이런 것들이 과연 오래전부터 내려온 풍습인지는 알 수 없지만, 일제 시기에는 각지에서 을지문덕을 숭상하는 사회적 분위기가 강했습니다. 설사 그것이 오래된 전승이었다 해도 그것을 좀 더 강화하는 데에는 신채호의 『을지문덕』이 상당한 역할을 했을 겁니다.

신채호가 불러일으킨 을지문덕 열풍은 해방 이후에도 이어졌어요. 소설가 김동인은 1948년에 장편 연재소설 『을지문덕』을 썼고, 국어학자 권덕규(1890~1950)는 그해에 『을지문덕』을 간행했습니다. 또 화가 최우석(1899~1964)은 을지문덕의 초상화를 제작했습니다. 마침내 민족적 영웅으로 확고하게 부각된 을지문덕에게 서울의 큰 거리 하나가 헌정됩니다. 을지로가 바로 을지문덕을 기념하는 거리입니다. 군함 중에도 거함 하나가 '을지문덕함'으로 명명되어, 그 이름은 영원히 기억될 것으로 믿어집니다.

　그러나 공식적인 차원에서 보면 신채호의『을지문덕』은 오랫동안 비운을 겪었습니다. 간행된 지 2년이 좀 지난 1910년 11월, 조선총독부는 이 책을 금서로 지정했습니다.『조선총독부관보』1910년 11월 19일자에 그런 발표가 있습니다. 비슷한 시기에 나온 일본『경찰월보』에도 나와 있지요. 그 당시 45종의 금서가 확정됐습니다. 신채호의『을지문덕』을 비롯해, 현채의『동국역사』(역사교과서) 등 여러 분야에서 금서가 지정됐습니다. 장지연(1864~1921)의『여자독본』, 이것은 교과서였는데도 금서가 되고, 최학소의「남녀평등론」같은 논설조차 금서로 지정됐어요. 나중에 친일파 소리를 듣지만 처음부터 그랬던 건 절대 아닌, 윤치호의「찬미가」, 이것은 노래였지만 그것도 금지가 됩니다. 희한한 것은 19세기 중국의 계몽적인 지식인이었던 양계초梁啓超(1873~1929)의『음빙실문집飮氷室文集』조차 금서로 묶였습니다. 요컨대 민족의식과 독립의식을 고취한 것이라면 무엇이든지, 그것이 전기든 교과서든 논설이든 어떤 종류의 글이든 모두 금서로 꽁꽁 묶였습니다. 더욱 가소로운 일도 있었습니다. 임진왜란 당시 왜군의 행패를 기록한 글조차도 금서로 지정됐습니다. 사회의 안녕과 질서를 해치고 치안을 불안하게 한다는 구실이었지요. 악법인 치안유지법과 출판법을 적용해서 그렇게 했던 것입니다. 오늘날에도 존폐 여부가 논의되는 우리나라의 국가보안법이 바로 이 악질적인 치안유지법의 연장선상에 있다는 점은 누구나 다 아는 사실입니다.

'을지문덕주의'라는 민족주의적 영웅사관

신채호의 을지문덕 예찬은 '을지문덕주의'라고까지 부를 만큼 확대
됐어요. 이것은 신채호식 영웅사관의 표현이었습니다. 단순히 을지문덕
이라는 개인을 추앙하는 데 뜻을 둔 것이 아니었어요. 대신에 을지문덕
이라는 민족적 영웅을 중심으로 한민족의 관념적 일체감을 강화하려
는 고도의 전략이 깔려 있었습니다.

을지문덕은 독립정신의 상징이란 것이 신채호의 견해였습니다. '초
창기 고구려는 중국과 대적'했는데, 그때 '을지문덕이 중국을 대적한
것은 독립정신의 소산이었다'고 강조한 것입니다. 이를 바탕으로 신채
호는 외국과의 섣부른 타협은 금물이라고 주장했습니다. 많은 사람
들이 이미 타협론으로 기운 1908년의 현실을 투영하는 주장이었습니
다. 일본을 이길 수 없다면 그들의 보호를 받아가며 앞으로 살길을 찾
아가는 것이 현명하다는 생각에 동의하는 사람들이 많았습니다. 바로
안국선, 박영효, 최남선이 그러했습니다. 나중에는 이승훈이나 김성수
(1891~1955) 등도 점차 그런 의견으로 기울었습니다. 그러나 신채호는
단호했습니다. '차라리 이대로 죽는 게 낫다. 싸우자. 양보하고 타협하
는 것은 안 된다!' 그런 뜻이 담긴 구절이 발견됩니다.

예를 들면 네덜란드 역사를 인용하면서 그는 이렇게 말했습니다.
"구라파주에 있는 하란(네덜란드)국은 한 작은 나라라. 그 나라 백성이
삼십년을 전쟁하는 동안에 간뇌肝腦가 도지塗地하고, 조상의 분묘와 있
는 바 재산을 용궁에 쓸어넣고," 여기서 '간뇌'란 간과 머리요, '도지'
란 말은 땅에 엎어진다는 뜻입니다. "할 수 없는 지경을 당하여 차라리
바닷물을 도성으로 대여," 네덜란드는 국토의 상당 부분이 해수면보

다 낮은 나라이기 때문에 차라리 물을 끌어들여서 암스테르담을 물속에다 수장시키겠다고 그렇게들 각오했다는 것입니다. "독립의 이름을 몇 척 못 되는 구구한 함대 위에서 보전할지언정 적국에는 머리를 숙이고 항복하기는 즐겨하지 아니한 것이 이를 먼저 안 것이 아니뇨."(『을지문덕』, 14) 그렇게 해서 결국 네덜란드가 자기 나라를 지켰는데, 네덜란드가 그렇게 하기 전에 을지문덕이 그런 사실을 이미 알았던 것이라고 보았습니다. 그래서 목숨 걸고 수나라와 싸웠다는 것입니다.

신채호의 입에서는 이런 말까지 나왔습니다. "죽고 사는 것을 반드시 조선으로서 하며 먹고 쉬는 것을 반드시 조선으로서 하게 한 까닭으로 필경에 여진 부락이 다 나의 식민지가 되고 강대한 지나支那(중국—지은이) 황제가 거의 나의 손에 사로잡힐 뻔했으니, 오호라. 토지의 광대함으로 그 나라가 큰 것도 아니요 인민이 중다함으로 그 나라가 강한 것도 아니도다. 오직 스스로 크게 하고 스스로 강하게 하는 자라야 그 나라가 크고 강하나니. 을지문덕의 주의는 진실로 흠앙할 만하도다."(『을지문덕』, 18) 이게 바로 신채호가 주장한 을지문덕주의의 정수였습니다. 구차히 사는 것보다 차라리 죽어야 한다는 거예요. 그러니까 이런 책을 썼고, 이 글을 쓴 사람답게 신채호는 책임을 졌습니다. 그는 망명객이 되지 않았습니까? 이보다 더 심한 글을 쓴 사람도 결국은 일제와 타협하는 판국이었어요. 그게 장지연이었지요. 「시일야방성대곡是日也放聲大哭」을 썼지만 그는 결국 협일協日의 길을 갔어요. 신채호는 그와 완전히 유가 다른 사람이었죠.

사학사가 이만열 교수는 신채호의 역사학을, "영웅사관으로 출발해서 국민사관을 거쳐서 민중사관으로 진화한 것 같다"고 했습니다. 이의를 제기하기 어려운 부분입니다. 하지만 제 생각에는 '국민'이라는 표현보다는 '민족'이 적합한 것으로 여겨집니다. 즉, 신채호는 영웅사관에서 민족사관을 거쳐 민중사관으로 나아간 것이 아닌가 합니다.

민족의 역사가 신채호

신채호의 민족주의적 영웅사관을 제대로 이해하려면 역사가 신채호가 과연 어떤 사람인지, 왜 그가 영웅주의에 기울었을까를 생각해볼 필요가 있습니다. 그런데 이미 많은 독자들이 그에 관해 잘 알고 있을 것이기 때문에, 번거로운 주석을 붙이지 않고 설명하렵니다.

간단히 말해, 신채호는 1880년(고종 17)에 태어나서 1936년에 감옥에서 작고한 한국을 대표하는 지성이었습니다. 조선 말기와 일제강점기의 역사가였습니다. 그의 특장은 아무래도 첫째가 역사가였다고 해야 옳을 것입니다. 또한 언론인이자 독립운동가였습니다. 그것도 참 비운의 독립운동가였어요. 혹시 신채호의 묘소를 참배해본 적이 있나요? 충청북도 청원군 귀래리에 있습니다. 묘소가 그곳에 제대로 자리를 잡은 것은 일제 시기가 끝나고서도 26년이나 지난 1971년의 일이었어요. 신채호의 운명은 퍽 기구했다고 하겠습니다.

원래 신채호는 대단한 양반 가문에서 출생했습니다. 청소년 시절 성리학을 주로 공부했어요. 그 할아버지는 문과에 급제한 이름난 선비였고, 이와 같은 집안의 전통을 이어받아 젊은 시절 신채호도 문장으로 이름을 떨쳤습니다. 열여덟 살 때는 친척인 전 학부대신 신기선申箕善의 사저에서 많은 장서를 섭렵했고, 그의 천거를 받아 성균관에 입학했어요. 신기선은 온건개화파의 중추적 인물로서 이를테면 '동도서기론東道西器論', 즉 성리학의 바탕 위에 서양의 기계문명을 수용하자는 입장이었습니다. 스무 살 무렵 신채호는 동도서기론을 바탕으로 유교개량주의자가 되어 있었습니다.

　그 뒤 신채호의 사상편력은 급진적인 쪽으로만 흘렀습니다. 온건한 개화파 청년이었던 그가 나중에는 무정부주의자가 됐다는 말씀입니다. 저는 그 인생의 파란만장함을 강조하고 싶습니다. 사람이 참 그렇게까지 변할 수 있을까 싶을 정도였어요. 개화파 청년은 그 시기에 많았을 테지만 일생 동안 신채호처럼 새로운 사조를 개방적으로 수용한 이는 거의 한 사람도 없었습니다. 유학자와 무정부주의자의 거리라는 것은 사상의 지도 위에서 극과 극이라고 할 만큼 거리가 멀지 않습니까? 돌아가실 때 향년이 쉰일곱 살이었습니다. 길지 않았던 인생길에서 전형적인 성리학자로부터 출발한 그가 진보사상의 최첨단이라 할 수 있는 무정부주의까지 일체를 섭렵했다는 이야기가 됩니다.

　신채호의 인생이 공적 단계에 접어든 것은 1890년대였습니다. 그는 독립협회 운동에 참가한 적이 있었고, 스물두 살 되던 1901년에는 고향 부근에 있던 신식학교 문동학원文東學院에서 강사로 일했습니다. 그러다가 스물여섯 살에 언론계에 들어갔습니다(1905). 성균관 박사라는 벼슬을 얻었지만 그 자리를 박차고, 장지연의 권유로 『황성신문』에 들어가 논설을 썼습니다. 그해 겨울의 을사늑약으로 그 신문사는 어려움을 겪었습니다. 장지연이 쓴 '오늘이 바로 우리가 목 놓아 울 그날이다'라는 유명한 논설, 즉 「시일야방성대곡」 때문이었죠. 그러자 신채호는 『대한매일신보』로 옮겨 주필이 됐습니다(1906). 그는 많은 시론時論과 논설문으로 일제를 공격하고 친일파를 비판하고 민족을 일깨우는 역할을 했습니다.

　『대한매일신보』 시절, 신채호는 영웅사관을 주창하는 민족주의 역사가로 다시 태어났습니다. 그는 사론史論을 통해서 민족의식을 고취하고

(「독사신론」), 『수군 제일 위인 이순신전』, 『동국거걸최도통전』, 논문 「동국고대선교고東國古代仙教考」 등을 집필하면서 역사가로서 본격적인 활동을 시작했지요. 당시에는 각 지역의 유지들이 학회를 구성해서, 꺼져가는 나라의 운명을 살리기 위해 많은 노력을 했습니다(1907~08). 마치 그에 호응하기라도 하듯이 학술단체와 교육단체들이 우후죽순처럼 등장했는데, 신채호의 글을 싣지 않은 잡지가 없다고 말할 수 있습니다. 가령 그는 『대한협회월보大韓協會月報』와 『대한협회회보』 등에 「대한의 희망」, 「역사와 애국심과의 관계」 같은 글을 썼습니다. 애국심을 고취하기 위하여 『이태리건국삼걸전』과 『을지문덕』을 저술한 점은 이미 말한 것과 같습니다.

1910년 나라가 일본에게 강제로 통합될 때까지 신채호의 지적 경험은 우리가 앞 강의에서 다룬 신지식인 안국선에 비해 대단히 보수적이었다고 생각됩니다. 신채호는 외국의 문물을 직접 경험한 적이 없고, 근대적 학문을 배운 적도 전혀 없으니까 말입니다. 말하자면 신채호는 토종학자였고, 안국선은 그 집안부터가 개화파를 대표하는 일종의 해외파였던 거지요.

그러나 나라를 빼앗긴 다음에 신채호가 스스로 찾아나선 지적 탐구의 노정은 안국선에 비할 바가 아니었습니다. 안국선은 일제에 협력하면서 관직을 차지할 궁리를 했지요. 신채호는 그렇게 살지 않았습니다. 신채호는 떠나는 거죠. 빼앗긴 나라에서 살지 못하는 거죠. 죽든가 살든가 둘밖에 그는 생각할 수 없었던 거죠. 1910년 봄, 나라의 운명이 내일 모레 하던 그 시점에 그는 평안북도 정주에 있는 오산학교에 잠시 들렀다가 홀연히 중국으로 떠나갔습니다.

오산학교는 당시에 '애국자들의 마지막 정거장'이라고 불렸습니다.

1909년부터 몇 해 동안 많은 우국지사들이 나라가 망하는 것을 앉아서 보고 있을 수가 없어 권토중래를 꿈꾸면서 중국으로, 중국으로 망명의 길을 떠났습니다. 이제 한두 시간만 더 기차를 타고 북으로 가면 압록강을 건너는 거지요. 그 강을 건너기 전에 그 애국지사들이 눈물을 뿌리면서 가슴에 품었던 생각, 그 피를 토하는 강연을 하던 곳이 바로 오산학교였답니다.

이 학교는 1907년에 만들어졌어요. 신채호의 『을지문덕』(국한문본)의 서문을 쓴 도산 안창호와도 관계가 깊었어요. 1907년에 도산이 평양 대동강 강변에 있는 쾌재정이라는 정자에서 애국계몽 연설을 했어요. 그때 단 아래서 연설을 가만히 듣고 있던 한 노인이 있었죠. 그 노인이 바로 남강 이승훈(1864~1930)이에요. 말하자면 50대 초로의 신사 이승훈이 20대 청년 안창호의 연설에 완전히 매료되어, 연설이 끝나자마자 쫓아가 악수를 청하면서 "내가 정주 사는 이승훈이오. 나는 그래 뭘 하면 좋겠소?"라고 물었던 거죠. 도산이 뭐라고 말했답니까? "학교를 만드시오, 학교를." 이건 정말 믿기조차 힘든 얘기이지만 그 날짜로 이승훈은 쓰고 있던 갓을 벗어던지고 머리를 깎고 양복으로 바꿔 입었대요. 그 다음 날로 그는 기차를 타고 고향 정주로 내려가서 오산학교를 만들었답니다. 오산학교는 그런 학교죠. 그렇게 통쾌한 역사가 있었답니다.

단재 신채호, 도산 안창호, 남강 이승훈 등은 '신민회'라고 하는 비밀결사를 만들었어요(1907년경). 그들은 동지였어요. 이 단체의 비밀이 나중에 드러나서 많은 사람들이 처벌을 받았지요. 물론 이미 망명한 도산이나 단재는 처벌을 면했지만요. 중요한 사실은 이분들이 말하자면 한 팀이었다는 점입니다. 그들은 어떻게 해서든지 나라를 살려보겠다는 각오로 뭉친 사람들이었어요.

그래서 신채호는 압록강을 건너기 전에 정주역에서 내려, 오산학교를 찾아가 학생들을 모아놓고 애끓는 애국적 강화를 하고 떠나간 겁니다. 그런 교육을 받았기 때문에 훗날 이 학교에서 많은 인물들이 배출됐습니다.

그렇게 중국으로 망명한 신채호는 산둥반도山東半島의 칭다오靑島로 가서 신민회 동지들과 함께 칭다오 회의를 열었습니다. 또 러시아의 땅 블라디보스토크에서 윤세복(1881~1960), 이동휘(1873~1935), 이갑(1877~1917) 등과 함께 광복회를 조직했습니다. 여러 독립단체에 관여하면서 그는 국권회복을 기도했습니다. 신채호는 실천적 지식인의 전형이었던 것입니다.

하지만 총으로 애국을 할 이는 아니고, 신채호는 어디까지나 붓으로써 애국을 하기로 되어 있었던 그런 지사였죠. 타고난 학자가 아니었겠습니까? 1914년부터 그는 고대사를 체계화하는 일에 전념했습니다. 백두산도 올라가고, 광개토대왕릉도 답사하고, 고구려와 발해의 유적지도 두루 돌아보았습니다.

망명한 지 10년쯤 지난 1919년 국내에서 3·1운동이 일어났죠. 그무렵 한국의 사상계에 변화의 바람이 몰아쳤어요. 1917년에 일어난 러시아혁명의 영향을 받아 일부 급진적인 지식인들은 사회주의 성향을 띠게 됐다는 말씀입니다. 당시의 사상적 지표에서는 그것이 최전선이었어요. 그 흐름을 신채호는 외면하지 않았습니다. 1922년 의열단장 김원봉(1898~1958)의 초청으로 상하이에 간 그는, 이듬해에「조선혁명선언」또는「의열단선언」이라고도 불리는 선언문을 발표했습니다. 그 당시 보통 사람들은 상상도 못할 정도로 급진적인 사상전선으로 그는 나아갔던 것입니다.

　그의 사상적 전향은 그의 활동 무대가 블라디보스토크였다는 사실과도 관계가 있습니다. 러시아 땅에 머무르면서 세계정세에 민감해졌기 때문에, 사회주의 혁명에 큰 기대를 걸게 된 것이 아닌가 생각됩니다. 하지만 그의 사상이 무정부주의까지 흘러갔다 하더라도 신채호의 심중에는 언제나 한국 민족의 장래가 최우선적인 관심사였습니다. 이를 입증하는 증거가 많습니다. 무정부주의자가 된 다음에도 그는 1924년부터 국내의 『동아일보』와 『조선일보』에 많은 글을 발표했어요. 이들 신문은 3·1운동 이후 일제의 통치정책이 변화된 결과, 활동을 시작했습니다. 껍데기만의 것이었지만 저들은 이른바 '문화통치'를 하겠다며 신문을 허용했던 것입니다. 당시는 세계정세가 좀 자유로운 방향으로 흘러갔고, 일본 내부에서도 '다이쇼大正 데모크라시'라고 해서 약간의 정치적 변화가 일어났습니다. 그런 영향으로 국내에 신문사가 창설됐던 것인데, 신채호의 애국적 글들이 그런 지면을 빌려 대중을 다시 만나게 됐습니다.

　1928년 신채호는 「용과 용의 대격전」과 같은 사상소설을 쓰기도 했답니다. 작품에서 그는 자유와 평등과 폭력혁명을 예찬하는 무정부주의의 논리를 강하게 드러냅니다. 많은 학자들은 그가 무정부주의에 경도된 것이 1925년이라고들 주장합니다. 그러나 그 씨앗은 그보다 몇 년 전으로 소급되어야 한다고 저는 생각합니다. 그가 무정부주의에 발을 내딛은 그 시기에 대표작 『조선상고사』와 『조선상고문화사』가 탄생했습니다.

　그러나 불행히도 1928년 5월, 신채호는 대만에서 일경에 체포되어 다롄大連으로 이송됐지요. 1930년에 그는 10년형을 선고받고, 뤼순旅順 감옥으로 이감이 됐습니다. 그렇게 허무하게 옥에 갇혀 복역하다가 뇌

일혈로 사망합니다(1936년 2월 21일). 그야말로 파란만장 그 자체가 아니었습니까? 충청도의 혁혁한 양반집 아들로 태어나 글재주도 좋았으니 음풍명월이나 하며 지냈더라면 한평생 부러울 게 없이 평안하게 지낼 수도 있었을 것입니다. 공연히 개화사상에 젖었고, 그것도 남들처럼 적당히 해서 이름도 얻고 그럭저럭 한세상을 보낼 수도 있었을 것입니다. 하지만 그는 그렇게 하지 못했어요. 비록 만주까지 갔더라도 거기서 조용히 눌러앉아 광개토대왕 비문이나 연구하고 문필가로 행세했더라면 그런대로 살길이 열렸을 텐데 그런 평안마저도 거부했습니다. 이 모든 것이 결국 신채호의 선택이었어요.

그의 끊임없는 선택은 일신의 이익을 꾀하려는 것이 아니었죠. 신채호는 유교를 혹독하게 비판했지만 그가 살아간 길을 살펴보면 그야말로 참다운 성리학자였다고 생각됩니다. 역설적이죠. 그의 높은 지조, 그의 위태로운 선택들은 사익이 아니라 공익, 즉 민족의 이익을 위한 것들뿐이었어요. 그런 점에서 신채호야말로 절개가 빼어난 조선의 선비였다고 저는 평가하고 싶습니다.

영웅이라야 구국의 길을 연다

『을지문덕』의 마지막 부분에 이르면 을지문덕은 고구려만의 을지문덕이 아니고 우리 모두의 을지문덕이라는 점이 강조됐습니다. 이렇게 되어 있어요. "을지문덕은 실로 영양왕 때의 을지문덕이 아니라 단군의 자손 을지문덕이며 고구려의 을지문덕이 아니라 조선 민족의 을지문덕이며 한때의 을지문덕이 아니라 동국 만만세의 을지문덕이니."(『을지문덕』, 39) '을지문덕은 영원하다. 너희가, 내가 바로 을지문덕이 되어야 한다.' 그런 뜻이었습니다.

그래서 다음과 같이 결론을 내립니다. "내 이제야 알괘라. 그 나라 인민의 용맹하고 나약함과 넉넉하고 용렬함은 전혀 그 나라에 먼저 깨달은 한두 영웅이 고동하고 권장함을 따라서 진퇴하는 바로다."(『을지문덕』, 43) 신채호의 영웅적 민족주의 역사학의 정수가 이 두 줄에 담겨 있다고 저는 생각합니다.

과연 신채호는 한두 명의 영웅만 있으면 나라의 운명이 달라질 수 있다고 생각했을까요? 아닐 것입니다. 그저 기적이라도 바라고 싶은 심정이었겠죠. 근대화된 일본의 강한 힘을 막아낸다는 게 사실상 불가능하다는 것을 그가 왜 몰랐겠습니까? 그렇다고 해서 항복할 수는 없다는 것이었습니다. 한번 항복하면 다시는 풀려날 길이 없다고 생각한 것입니다. 그렇게 될 바에는 을지문덕이 수나라 양제에 대항해서 싸웠듯이 우리도 죽기 살기로 싸우자고 비장하게 말했습니다.

이제 시간이 많이 흘렀으니까 영웅주의적 민족주의사관은 별것 아니라고 간단히 배척할 수는 없습니다. 신채호가 이것을 주장했을 때의 그 처절한 심정, 처참한 상황을 생각한다면 그 주장이 비과학적이라든가 비합리적이라든가 하는 식으로 간단히 비판할 수가 없어요. 그렇기는커녕 우리는 그런 신채호 앞에서 머리를 숙이고 우리가 신채호와 함께하지 못했음을 부끄러워해야 할 것입니다.

민족주의사관의 계승과 그 문제점

『을지문덕』은 신채호의 초기 저작이고 거기에 신채호의 영웅사관이 뚜렷이 드러났습니다. 그런가 하면 1908년에 나온 『독사신론』이나,

1931년의 『조선상고사』는 민족 중심의 역사관을 밝힌 것이라고도 볼 수 있겠습니다. 그런데 제 생각에는 앞에서 간단히 언급한 이만열 교수의 주장처럼 영웅사관과 민족사관이 단계를 밟아 이동해간 것으로 설명한다면 오해가 일어날 가능성이 있다고 봅니다. 신채호는 처음부터 영웅사관과 민족사관을 결합된 형태로 받아들였습니다. 저는 그렇게 봅니다. 나중에 그가 민중사관으로 간 것처럼 보이지만 그것은 어디까지나 이념적으로만 그랬던 것이지, 역사적 저술까지 나아가지는 못했다고 봅니다. 그런 점에서 저는 이만열 교수와 의견을 달리합니다.

신채호가 영웅사관에 입각해서 저술 활동을 한 1908년 당시 그는 민족의 구원을 목표로 삼았습니다. 이러한 신채호의 견해는 「독사신론」에 잘 나타나 있지요. 그 대강을 현대어로 옮기면 다음과 같습니다. '역사라고 하는 것은 붓을 잡은 사람이 반드시 그 나라의 주인 되는 하나의 종족을 우선 정하여서, 그것으로 주체를 만든 다음 그 종족의 정치는 어떻게 변했으며, 또 그 경제는 어떻게 팽창하고 어떻게 쇠퇴했으며, 그 나라의 무력은 어떻게 증진되고 또 어떻게 퇴보했으며, 그 나라의 습관은 어떻게 변화였으며, 또 그 나라가 외래 종족을 어떻게 수용했으며, 그 나라가 이웃 나라들과 어떻게 서로 외교관계를 맺었는지를 서술하여야 이것이 곧 역사라 하는 것이다'라고 했습니다.

역시 같은 맥락에서 제 관심을 끄는 또 한 대목이 있습니다. '만약 그렇게 하지 않으면 이것은 정신이 없는 역사가 되는 것이라. 정신이 없는 역사는, 정신이 없는 민족을 만들고 정신이 없는 나라를 만들게 될 것이니, 어찌하여 걱정하지 않을 수 있으랴'[4]라는 것입니다. 훗날

---

4. 신채호, 「독사신론」, 앞의 책, 472쪽.

신채호가 강조한 정신 즉, 민족의 얼, 민족의 혼, 민족의 정신 같은 것이 1908년에도 이미 중요한 위치를 차지하고 있었음을 알 수 있습니다.

신채호에게는 '민족'이 역사의 구성단위로서 중요했습니다. 그런 점에서 한 나라의 역사를 쓸 적에는 반드시 그 나라의 역사를 이끌어간 하나의 종족을 먼저 정해야 된다고 했어요. 그게 신채호에게 특이한 점입니다. 나중에 쓴 글이지만 『조선상고사』를 보면 신채호는 동북아시아의 종족을 여섯 개로 나눴습니다. 일본 사람, 중국 사람, 선비족, 여진족 등등이었지요. 그러면 그중 누구를 우리나라 역사의 중심으로 잡느냐, 이것이 신채호에게는 중요했다는 것인데, 그는 한국 사람들을 부여족이라고 인식했어요. 그 부여족이 만든 나라가 고구려라고 생각한 거예요. 당연히 신채호에게 한국 역사의 중심은 고구려였습니다. 고구려 이전에 그 부여족이 세운 나라가 조선(고조선)이라고 믿었던 것입니다.

신채호의 종족 인식에는 한 가지 특이한 점이 있었어요. 그가 말하는 이른바 여섯 개의 종족 중에는 '토족'이라고 하는 존재가 있는데, 그것은 한반도의 중부 지방 이남에 살고 있던 원주민입니다. 신채호는 토족을 어떻게 이해할 것인지를 고민했어요. 토족을 우리 역사의 중심으로 봐야 되느냐를 심각하게 성찰했어요. 왜냐하면 그들은 원래 한반도에 살던 사람들이니까요. 그러나 신채호는 결국 토족의 의미를 거부하고 한국 민족의 중심은 부여족이다, 처음부터 끝까지 부여족을 중심으로 이야기를 해야 된다고 보았어요. 이런 신채호의 주장은 한국 민족의 순수성을 민족적 정체성과 동일시하고 그 점을 강조한 것입니다.

신채호의 주장은 역사적 실제와 거리가 멀었습니다. 오늘날 우리는

다 성姓을 가지고 있는데, 그 뿌리가 대부분 신라로 귀속되고 중국에서 귀화했다는 성씨도 많지요. 그런데 신채호는 그러한 사실을 인정하지 않았어요. 우리의 입장에서 보면, '그럼 난 뭐야. 난 부여족 아닌데?'라고 말할 사람들이 많습니다. 사실은 자신이 부여족임을 입증할 수 있는 사람이 거의 없죠. 신채호 자신부터가 그런 사실을 입증할 수가 없었어요. 그럼에도 불구하고 신채호의 역사관에 따르면 하나의 지배적인 종족이 있고, 그에 해당하는 부여족의 역사가 곧 한국의 역사라는 것이었습니다. 그러한 신채호였기 때문에 을지문덕은 영락없이 민족을 대표하는 영웅이었어요. 고구려는 부여에서 갈라져 나온 나라니까 무엇이 문제였겠습니까? 그래도 엄밀한 의미에서는 과연 고구려 귀족 을지문덕도 부여의 후손인가 하는 문제가 제기될 수 있을 것입니다. 하지만 신채호는 그런 문제를 세밀하게 검토할 생각이 아예 없었습니다. 그는 이념적으로 무조건 그렇게 몰고 갔어요.

요컨대 신채호의 고대사 연구에는 몇 가지 특징이 있었습니다. 우선 앞에서 말씀드렸듯이 부여족이 건국했다는 단군조선, 부여, 고구려 중심으로 그는 한국사를 체계화했어요. 자연히 우리 역사의 무대도 한반도뿐만 아니라 만주와 중국의 동북 지역, 심지어는 요서 지방까지 확대됐습니다. 그리고 고대에 설치됐다는 한사군漢四郡은 한반도 바깥에 존재했거나 아니면 아예 실존하지 않은 것으로 신채호는 규정했습니다. 그 밖에도 그는 고조선과 백제가 중국의 산둥반도까지 진출했다고 주장했습니다. 이것이 훗날 '환단고기桓檀古記파'에 의해 적극 수용됐습니다. 삼한의 역사에 대해서도 「전후삼한고前後三韓考」를 써서 마한·진한·변한의 삼한조차 앞 시기의 삼한은 뒤의 삼한과 위치가 달랐다고 주장했어요. 그런데 신채호의 고대사 연구에서 후대에 가장 큰 영향을 미친 것은 따로 있었지요. 신라의 삼국통일에 관한 독자적인 평가였지요. 그는 신라의 삼국통일을 부정적으로 평가했습니다. 고구려 중심으로 역사를 서술하는 그로서는 당연히 그럴 수밖에 없을지도 모르겠습니다.

이처럼 영웅 중심적이고 민족주의 중심적인 신채호의 역사관은 큰 영향력을 행사했습니다. 아직도 역사학계의 중요한 흐름을 형성하고 있다고 볼 수 있을 정도입니다. 그가 추구한 역사학은 19세기 후반부터 유럽에서 맹위를 떨친 근대적 역사학의 한국판이었습니다. 신채호가 활동한 19세기 말부터 20세기 전반까지 전 세계 지식인들은 근대국가의 건설을 사명으로 여겼습니다. 그들은 근대국가의 이념을 충실하게 반영할 수 있는 근대적 역사학을 필수불가결한 것으로 확신했습니다. 따라서 신채호의 국민국가 지상주의는 그 시대의 당연한 흐름이었습니다. 특히 구한말의 지식인들은 사회진화론에 경도되어 있었어요. 그런 시대사조 속에서 등장한 신채호의 민족사관은 국권의 상실이라는 한반도의 특수 상황 때문에 더욱더 많은 한국인의 공감을 얻었습니다.

민족주의 역사학은 오늘날까지도 학계의 주류입니다. 독도 문제가 거론되거나 '동북공정'이 이야기될 때 또는 발해에 관해 무슨 색다른 주장이 나올 때마다 한국 사회에서는 국사교육을 더 강화해야 한다는 목소리가 신문지상을 도배하지요. 또 정치적 이념상으로는 대립하고 있는 '뉴라이트'와 진보진영도 다들 한국 근현대사의 교육에 있어서 자기네의 역사관을 관철하기 위해 애쓰고 있습니다. 이런 모습들을 바라보면서 역사교육은 오늘날에도 시민들의 가치관 형성에 큰 영향을 미치는 것으로 이해된다는 사실을 확인하게 됩니다.

민족주의 역사학의 한계

그러나 신채호의 민족주의 역사학과 밀접한 관계가 있는 근대 역사학은 이미 한계에 도달했다고 여겨집니다. 그 문제점을 저는 세 가지로 요약하고 싶습니다. 첫째, 근대적 역사학은 일직선적인 발전사관 위에 서 있는 것이 문제입니다. '역사는 발전한다'는 근대 역사학의 전제는 과연 타당한 것일까요? 가령 10년 전은 지금보다 모든 점에서 반드시 나빴다고 단언하기 어려운 것이 아니겠습니까? 둘째, 국가 중심의 역사라는 것이 우리에게 무슨 소용이 있는지를 묻게 됩니다. 언제까지 우리는 국가 중심적인 사고를 해야 되는지 의문입니다. 국가 중심을 고집할 때 우리는 어쩔 수 없이 포기해야 되는 것이 있습니다. 예컨대 국가 중심의 경제 관념은 산업화를 중시하게 만듭니다. 그런데 매사를 산업 중심으로 생각하는 것은 우리 삶을 갉아먹습니다. 경제성만을 고려할 때 발생하는 소외와 환경파괴의 문제를 우리는 장차 어떻게 풀 것입니까? 셋째, 역사가 국가와 같이 거대한 공동체의 이익에만 봉사해야 할 이유가 있는가 하는 의문점도 있지요.

근대 역사학의 한계를 지적하는 목소리는 날로 커집니다. 현대 역사학계에서 이런 문제가 논의된 지도 제법 오래됐습니다. 국가 중심, 권력 중심, 산업 중심, 남성 중심의 역사학을 극복하고 그것을 넘어서 새로운 역사학을 꾀하는 새로운 흐름이 형성되고 있습니다. 제가 보기에도 무한경쟁과 무한개발을 중지하고 생태와 평화의 가치를 존중하는 새로운 역사학이 필요한 것 같습니다. 요컨대 신채호를 통해 이 땅에 근대 역사학이 시작된 지 이제 100년도 넘었고, 이제는 그가 제창한 영웅 중심, 민족 중심의 역사학은 새로운 시대적 흐름과 함께 변화해야 마땅할 것입니다.

결론적으로 말해, 신채호는 국권의 상실을 눈앞에 두고『을지문덕』을 지어 민족주의 영웅사관을 제창했습니다. 이 한 권의 책으로 독립정신을 북돋우고자 했던 신채호의 문화투쟁은 단기적인 관점에서 보면 영락없는 실패였습니다. 나라는 망했고,『을지문덕』역시 금서가 되고 말았으니까요. 그러나 계속된 저술 활동을 통해 신채호는 민족주의 역사학을 끝내 포기하지 않았습니다. 그의 책들은 일제하 식민지의 문화적 암흑기를 견디는 소중한 등불이 됐습니다. 해방 이후로도 한반도에 근대국가를 건설하고자 하는 많은 지식인들에게 공감을 불러일으켰습니다. 신채호의 민족주의 사학은 신민족주의 사학으로 계승되어 이른바 근대 경제사학과 더불어 한국 근대 역사학의 주류로 평가됐습니다. 그런 점에서 신채호의 문화투쟁은 역사의 긴 흐름에서 볼 때 그 사명을 다했다고 하겠습니다.

세월이 흐르면 모든 것은 바뀌게 마련입니다. 오늘날 민족주의 경향의 역사학은 점차 미시사와 같은 새로운 역사학들의 도전에 직면해 있습니다. 상당수 젊은 역사가들은 민족주의적 관점이야말로 한국 사회가 극복해야 할 과제라고 인식하고 있습니다.

참고문헌

김치홍, 「신채호의 을지문덕 연구」, 『국어국문학』 86, 1981.
단재신채호선생기념사업회, 『단재신채호선생탄진100주년기념론집』, 1980.
단재신채호전집편찬위원회, 『단재 신채호 전집』, 을유문화사, 1972.
신용하, 「신채호의 애국계몽사상」, 『한국학보』 19·20, 1980.
＿＿＿, 『신채호의 사회사상연구』, 한길사, 1984.
신일철, 「신채호의 자강론적(自強論的) 국사상(國史像) : 청말(淸末) 엄복(嚴復) 양계초(梁啓超)의 변법자강론(變法自強論)의 서구 수용과 관련하여」, 『한국사상』 10, 1972.

______, 「신채호의 무정부주의사상 : 단재 신채호의 역사사상 연구의 제3부로서」, 『한국사상』 15, 1977.

______, 「신채호의 역사사상 연구』, 고려대학교 출판부, 1981.

신채호, 「을지문덕」, 『단재 신채호 전집』(별집), 형설출판사, 1977, 493~543쪽.

안병직, 「단재 신채호의 민족주의」, 『자유』 106, 1981.

이기백, 「단재사학에서의 민족주의 문제」, 『문예진흥』 48, 1979.

이동순, 「단재소설에 나타난 낭가사상(郎家思想) : 단재 신채호 전집(보유) 소수(所收) 9편을 대상으로」, 『어문논총』 12, 1978.

이만열, 「단재사학의 배경」, 『한국사학』 1, 한국정신문화연구원, 1980.

______, 「단재사학의 배경과 구조」, 『창작과 비평』 15-2, 1980.

______, 「단재 신채호의 고대사 인식(認識) 시고(試考)」, 『한국사연구』 15, 1977.

이재선, 「애국부인전 · 을지문덕 · 서사건국지」, 한국일보사, 1975.

홍이섭, 「단재사학의 이념」, 『세계』 2-4, 국제문화연구소, 1960.

______, 「단재사학의 일면일반도적(一面一半島的) 사관의 비판과 고구려구강론」, 『백산학보』 3, 1967.

『백석 시집』

식민지 근대성을 거부한 모더니스트

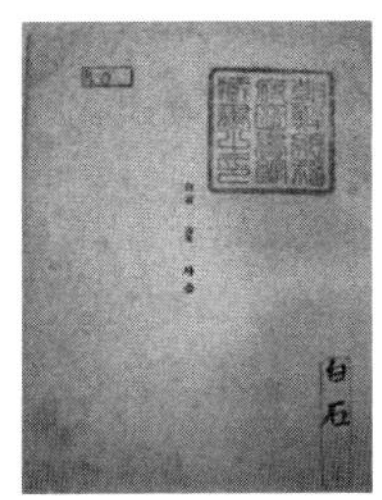

　　백석(1912~96)의 시는 일제 시기가 아니라 6·25전쟁 뒤에 금지됐습니다. 이것은 시의 내용이나 그 저변을 흐르는 사상 때문에 금지된 것이 아닙니다. 백석이 자신의 고향인 북한에 남았기 때문에 일어난 조치였습니다. 1953년 이후 한국 사회는 냉전의 기류가 지배적이라서 백석과 같은 재북 작가는 물론이고 자진 월북했거나 전쟁 중에 인민군에 의해 강제로 납북된 작가들의 작품조차 금서로 묶였습니다. 그것이 사상성을 띤 것이든 또는 이른바 순수문학의 범주에 드는 것이든 무조건 된서리를 맞았습니다.

　그럼에도 불구하고 이러한 금서들의 옥석을 가리자는 주장조차 변변히 제기된 적이 없었습니다. 이승만 독재정권은 물론이고 뒤를 이은 박정희 군사독재정권의 서슬에 눌려버렸기 때문입니다. 1980년대 전반에 등장한 전두환의 신군부정권 역시 조금도 다를 바가 없었습니다. 이들 작품이 해금되기 시작한 것은 1987년부터였습니다. 그때는 1970~80년대의 거센 민주화 항쟁을 통하여 한국 사회가 표면적으로나마 '민주화'를 지향했기 때문입니다.

　따라서 이 강의에서는 1987년까지의 억압적인 문화적 분위기를 깊이 있게 서술하는 것이 마땅할지도 모릅니다. 그러나 저는 이 강의에서 그런 시도를 하지 않으렵니다. 그 이유는 다음과 같습니다. 제6강에서 서술할 김지하의 문화투쟁과 제7강에서 다루어질 리영희의 문화투쟁이 바로 독재정권 시기의 억압적인 분위기를 여실히 보여주고 있기 때문입니다. 제8강에서 다루게 될 조정래의 문화투쟁 역시 해방 전후부터 1980년대 말까지의 폭력적이고 권위적인 한국 사회상을 집중적으로 분석하고 있습니다. 따라서 이 강의에서는 독재정권에 의해 무차별적으로 자행된 금서 조치를 자세히 논의할 필요가 없을 것입니다.

대신에 백석의 시를 읽으며 다시 주목하게 된 중요한 사실 몇 가지를 중점적으로 고찰하고 싶습니다. 일반이 서정시로만 간주하고 있는 백석의 시가 제 눈에는 전혀 다른 모습으로 다가왔습니다. 백석의 시는 역사의식과 문화적 자의식으로 충만한 것 같습니다. 그는 식민지 근대성을 비판했습니다. 하지만 그런 이유로 시인이 일제의 호된 탄압을 받은 증거는 아직 발견하지 못했습니다. 그가 문제작을 쏟아내고도 무사했던 것은 차라리 행운이었다고 말할 수 있을 것입니다. 1940년 한글로 된 신문들이 모두 폐간되기 불과 4~5년 전부터 그는 본격적인 시작 활동을 전개했습니다. 그랬기에 망정이지 만약 작품 활동 기간이 더 길어졌더라면, 그는 결국 무슨 큰일을 당하고야 말았을 것입니다.

이 강의에서 저는 백석의 시에 담긴 식민지적 우울을 이야기하렵니다. 식민지적 근대에 저항했던 그의 문화투쟁을 부각시키는 것이 제 글의 목적입니다. 기어이 한국적 정체성을 말살하려 한 일제의 압력에 맞선 시인의 숨가쁜 투쟁을 기술하려 합니다. 실명이 김영한이었던 '자야'라는 기생과의 로맨스로 더욱 유명해진 이 시인의 또 다른 매력이 발견될 것입니다.[1]

---

1. '자야'는 나중에 재물을 많이 모았는데 법정 스님에게 그것을 희사하여 장안의 화제가 됐습니다. 그의 재

이 책을 쓰면서 백석에 관한 이 강을 빼버리는 것이 차라리 낫지 않을까도 생각했습니다. 일제 시기에 발표된 그의 시가 제 주목을 끄는 것은 사실이지만, 그것이 정작 금서로 지정된 것은 해방 이후 남한에서였기 때문입니다. 그러나 그렇게 간단히 처리하고 말 일은 아닙니다. 한편으로, 백석의 시는 일제 시기의 '내선일체內鮮一體'와 충돌한 문화투쟁이 금서의 전유물이 아니었음을 증명합니다. 다른 한편으로, 그의 시 자체는 1948년 이후 이 땅에서 조금이라도 문제를 일으킬 소지가 있기는커녕 '민족적 정서'를 함양하는 시 작품으로 기릴 만했습니다. 하지만 텍스트 외적인 문제로 인해 금서가 되고 말았습니다. 백석의 경우를 통해 우리는 금서와 문화투쟁의 관계가 상당히 복잡할 수도 있음을 알게 됐습니다. 이런 사실을 명백히 밝힐 필요가 있습니다. 그래서 저는 여기에 백석의 문화투쟁에 관한 글을 싣기로 했습니다.

식민지 근대와 '전시총동원체제'

백석의 고뇌를 제대로 이해하려면 시대배경을 좀 알아야 할 것입니다. 그때는 이른바 '전시총동원체제'가 맹위를 떨쳤습니다. 일본은 1931년 만주를 침략해서 만주국이라는 괴뢰국가를 만들었지요. 설상가상으로 1937년에는 본격적으로 중국 본토를 침략했습니다. 이것이 중일전쟁인데, 그때부터 저들의 식민통치는 전시총동원체제라고 하는 살벌한 지경이 됐습니다. 저들은 우리말의 사용을 막았고, 또 창씨개명을 하고, 강제로 징용과 징병을 해댔어요. 한국적 정체성이 완전히 뿌리 뽑힌 시

산은 길상사의 모태가 됐습니다. 이런 자야가 한때 백석의 연인이었다는 사실은 백석에 관한 논의를 더욱 풍부하게 만들었습니다.

대, 말 그대로 '내선일체'와 '황국신민화'가 강요된 시절이었어요.

바로 그 살얼음판이 시작되기 직전 백석은 이 땅의 촉망받는 시인이었습니다. 그는 한국적이다 못해 고향의 지방색으로 점철된 시를 썼어요. 저는 그것이 문화적 정체성을 지키기 위한 백석의 의식적인 노력이었다고 평가합니다. 그것은 하나의 치열한 문화투쟁이었습니다. 이런 사실이 이 강의에서 유난히 강조될 것입니다.

백석의 활동 시기는 식민지적 근대화가 본격화됐던 때이기도 했습니다. 그런 점에서 식민지적 근대성의 문제를 백석이 자신의 시 안에서 어떻게 처리했는가 하는 문제가 궁금해집니다. 이 점을 명료하게 밝히기 위해 저는 백석의 시에 표출된 역사의식 또는 문화적 자의식을 탐구할 것입니다.

고향 말은 문화적 정체성을 지키는 방패

백석은 자기 고향 말인 평안북도 정주 사투리를 즐겨 썼습니다. 그는 이른바 모더니스트 계열에 속한 시인이었지요. 모더니즘이라면 거기에도 여러 가지 다양한 갈래가 있었지만, 크게 두 가지로 나뉩니다. 전형적인 한 부류는 근대를 찬양하는 이들이었죠. 그들은 도회의 풍경과 기계문명의 미학, 자본주의적 가치를 소재로 삼아 이를 감각적으로 표현하는 시를 썼습니다. 또 한 부류는 원초적 생명을 드러내는 시인들이었습니다. 그러한 경향을 대표하는 시인으로는 백석과 정지용 등이 있습니다. 특히 백석은 「통영」, 「고향」, 「북방에서」, 「적막강산」 등을 연달아 발표하면서 인간의 원초적 생명의식을 탐구한 것으로 정평이 나 있습니다.

모더니스트 시인들이 도시를 이야기하고, 문명을 이야기하고, 근대성을 이야기한 것은 우리가 쉽게 이해할 수 있어요. 그런데 왜 하필 서정성이 짙은 우리의 고유 언어에 그들이 그렇게 집착 증세를 보였는가 하는 점은 쉽게 이해되지 않을 수 있습니다. 1930년대 식민지 한국의 모더니즘의 중심은 토속어와 그것으로 표현되는 향토성의 강조에 있었습니다. 시인들의 의식 저변에는 상당한 위기의식이 깔려 있었기 때문입니다.

여기서 저는 다음의 세 가지 사실을 중시합니다. 첫째, 위에서 간단히 말한 것처럼 일본 군국주의로 인해 한국 문화의 종말이 오고 있다는 위기감의 확산입니다. 문화란 참으로 신기한 것이어서, 위기감이 고조되자 도리어 그 생산 활동이 활발해졌습니다. 1930년대는 일제 시기 전 기간을 통해 보더라도 가장 많은 시 작품이 출간된, 생산적인 시기였어요.

둘째, 그 당시 문화적 기수였던 백석 세대는 강제통합(1910) 이후에 출생한 젊은이들이었습니다. 그들은 식민지적 정체성을 가졌지요. 저는 이 점이 무척 중요하다고 봅니다. 백석만 해도 그랬지요. 그는 1912년생이었습니다. 그가 태어났을 때 '조선왕조'는 이미 역사의 무대 밖으로 사라지고 없었어요. 백석의 세대는 식민지에 태어나서 식민지의 교육을 받은, 그야말로 출발부터가 식민지의 백성들이었어요. 그들의 문화 활동은 기성세대와는 썩 다른 모습을 띠었습니다. 그들 가운데는 일본 문화에 완전히 동화된 경우도 있었지만, 그와 반대로 한국의 문화적 뿌리에 대한 원초적 그리움이 더욱 강렬해진 경우도 적지 않았습니다. 백석은 후자에 속했지요.

셋째, 백석을 포함하여 그들 신세대는 일본에서 본격적으로 고등교육을 받았습니다. 그들이야말로 서구의 새로운 문예사조를 국내에 본격적으로 도입하는 역할을 했습니다. 가령 1930년대에는 모더니즘 계열만 보더라도 다양한 실험이 일어났어요. 백석이 자신의 생각을 가능하게 만드는 '나의 언어=고향 말(사투리)'에 호소하게 된 것도 그 가운데 하나였습니다.

토속어와 향토성 문제는 1930년대 식민지 한국 시단의 현안이었습니다. 그때는 지방주의와 민족주의가 길항했고, 사투리(지방어)와 고유어(한국어)의 갈등이 예술의 보편성과 특수성으로 해석됐습니다. 또는 그것이 '전 조선적인 것'과 지방주의적인 것의 갈등으로 치부되기도 했습니다.[2] 바로 이러한 논쟁의 중심에 백석, 김영랑, 오장환, 이용악 등 젊은 시인들이 서 있었지요. 특히 백석이 사용한 정주 사투리는 대다수 한국인들에게조차 이국적이고 기이한 느낌을 주었기 때문에 논란이 많았습니다.[3] 임화를 비롯한 일부 평론가들은 백석의 사투리 사용을 부정적으로 평가했지요.[4] 그러나 그러한 비판이야말로 각도를 달리하여 보면, 대중의 관심을 끌고자 한 백석의 언어 실험이 성공적이었음을 반증하는 것이었어요.

---

2. 조영복, 『1920년대 초기 시의 이념과 미학』, 소명출판, 2004, 333쪽 참조.

3. 김기림과 박용철은 백석의 사투리 사용에 대해 긍정적으로 평가했습니다(이숭원, 『백석 시의 심층적 탐구』, 태학사, 2006, 118쪽).

4. 임화는 백석의 시 경향을 심하게 비판했습니다. 그는 조선문학의 특성을 '조선색' 또는 '지방색'에서 발견하려는 행위는 한국문학을 "식민지 문학으로 고정화"하는 것이라 했습니다(임화, 「문학상의 지방주의 문제」, 『조광』 10호, 1936, 176쪽 ; 이숭원, 앞의 책, 180쪽). 또 오장환은 백석의 사투리 애호를 강도 높게 비난했습니다. "변태적일 정도로 이상한 사투리와 뻣뻣한 어휘"라며 현대의 기계문명에 마비된 젊은이들에게 "일시적 쾌감과 흥미"를 선사할 뿐이라고 매도했던 것입니다(오장환, 「백석론」, 『풍림』 5, 1937, 18~19쪽 ; 이숭원, 앞의 책, 180~181쪽).

조숙한 문인

백석의 본명은 백기행白夔行, 대대로 평안북도 정주에 살던 명문 선비 가문 출신이었습니다. 그의 아호雅號는 '백석白石'과 '백석白奭' 등이 있었는데, '백석白石'을 애용했어요. 그의 고향에는 오산학교라는 유명한 학교가 있었고, 백석은 바로 그 학교에서 훌륭한 스승들 밑에서 가르침을 받았습니다.

그의 집안은 유교적 전통이 강한 명문가였습니다. 정주에 살고 있는 수원 백씨는 18세기와 19세기에 문과 급제자를 40명도 넘게 배출했어요. 거의 5년 간격으로 백석의 일가 중에서는 누군가가 서울에 와서 문과시험에 급제했다는 뜻입니다. 이처럼 문예의 전통이 강한 집안은 전국적으로도 드물었어요. 오산학교를 세울 적에도 이승훈이 초대 교장으로 백석 집안의 인물을 내세웠어요. 평안북도의 백씨들은 현재까지도 유명한 사람들이 많아요. 그렇게 명망 있는 집안에서 백석은 자라난 겁니다. 그래서인지 몰라도 그는 열아홉 살 되던 1930년『조선일보』의 신춘문예 현상모집에 응모해 단편소설「그 모母와 아들」이 당선됐습니다. 일찌감치 문명을 떨쳤던 겁니다.

일본을 통해 근대를 흡입하다

1929년 오산고등보통학교를 졸업한 백석의 문재를 알아본 독지가가 있었습니다. 뒷날『조선일보』사주가 된 정주 부자 방응모였어요. 방씨는 백석에게 장학금을 주어 배를 타고 일본 동경으로 유학 갈 기회를 마련해주었어요. 백석은 아오야마학원靑山學院 전문부 사범과(영어)에 들어갑니다. 그리고 1934년에 그 대학을 최우등으로 졸업했습니다.

그때 백석은 이미 영어, 불어, 러시아어에 조예가 깊었답니다. 거기에

다 일본말과 한문, 한글을 당연히 잘했지요. 최소한 5, 6개 국어에 능통했던 겁니다. 그 어학 실력 덕분에 그는 많은 시들을 읽었죠. 제일 많이 읽은 것은 아마 영시였을 겁니다. 특히 그는 윌리엄 버틀러 예이츠(1865~1939)를 비롯한 아일랜드의 국민 시인들을 흠모했습니다. 예이츠는 조국의 민담과 전설, 그리고 영웅들의 이야기를 살려 '아일랜드적인 것'을 구현한 것으로 이름이 높았습니다. 이러한 예이츠의 시작법은 식민지 백성인 백석에게 큰 자극을 주었습니다.[5] 또 백석은 프랑스어로 된 시들도 적잖이 읽었습니다. 그의 작품을 살펴보면, 독일 시인 라이너 마리아 릴케(1875~1926)의 시에도 심취했던 것으로 보입니다. 일본 유학을 떠나기 전에 한문 고전을 섭렵해 동양의 시적 전통을 충분히 이해했던 데다 서구의 문예사조까지 다양하게 섭렵하고 보니 대가의 싹이 뚜렷했어요. '스무 살짜리 백석이 뭘 알겠느냐, 삼십대의 백석이 뭘 알겠느냐'라고 되물을지 모르겠지만 그것은 가엾은 우리 시대의 착각입니다. 이십대의 백석은 우리가 백 살이 넘게 공부해도 모를 지식을 이미 소유했다고 저는 짐작합니다.

독립 시인 백석, 식민지 근대화를 반대하다

귀국 후 백석은 조선일보사, 영생여자고등보통학교(함흥 소재), 여성사, 왕문사旺文社(일본 동경) 등에 근무하며 시인으로 활동했어요. 편의상 그를 모더니스트라고 부르기는 했습니다만 백석은 어느 특정한 문학 동인이나 그룹 활동에도 적극 가담하지 않았지요. 그는 독자적으로

---

5. 이 점은 한세정의 「백석 시의 창작 기법에 나타난 아일랜드 문학의 영향 : 예이츠와 싱을 중심으로」(『한민족문화연구』 제30집, 2009, 33~63쪽)를 참조바랍니다.

작품 활동을 한 '독립 시인'이었습니다. 근대의 다양한 문예사조, 사상적 흐름을 잘 알고 있었지만 시를 쓸 때는 완전히 한 사람의 시골 지식인으로 돌아갔어요. 뭘 몰라서 촌사람으로 행세한 게 아니었죠. 다 알았는데 그걸 무시하고 자기만의 색깔을 내려고 했던 거죠. 저는 그 점이 굉장히 중요하다고 생각합니다.

당시 식민지 한국 사회를 풍미한 여러 문인단체, 동인지들이 있었지만 그중 어느 것에도 백석이 휩쓸리지 않았다는 사실, 흥미롭지 않습니까? 이것은 성리학자들의 '화이부동和而不同'이라는 상태에 해당합니다. 여러 가지 흐름과 조화를 이루면서도 그것과 하나 되기를 거부하며 묵묵히 자신의 길을 갔다는 뜻입니다. 그것은 아마 백석이 고당 조만식의 제자로서 기독교의 영향을 받았기 때문인지도 모르겠습니다.

오산의 문화적 색채가 무엇입니까? 민족적이면서 기독교적이고 그러면서 아주 근대적이었지요. 또 전통을 포기하지 않는 자세가 볼 만했지요. 젊었을 때부터 백석은 김소월을 특히 존경했다고 합니다. 김소월은 백석의 오산학교 선배이지 않습니까? 백석은 김소월의 계보를 잇는 시인이 되기를 아마 꿈꾸었던 모양입니다.

1934년 일본에서 돌아온 백석은 시작 활동을 시작했습니다. 유학을 떠나기 직전에는 소설을 써서 이미 등단했던 것이고, 그 뒤에도 「마을의 유화遺話」·「닭을 채인 이야기」 등 몇 편의 산문, 번역소설 및 논문을 썼어요. 그런데 이제 방향을 바꾸었어요. 1935년부터 그는 본격적으로 시를 발표하기 시작했습니다. 실감나는 평안도 사투리로 고향의 정서를 노래한 시 「정주성」을 『조선일보』에 발표했습니다.

정주성에 담긴 의미는 뭘까요? 알다시피 19세기 초 정주를 비롯한 평안도 지역에서는 '홍경래의 난'이 일어났죠. 홍경래의 군대가 사실상 최후를 맞이하는 곳이 바로 정주성이었어요. 정주성의 모습을 그림으로써 백석은 해석의 여지를 남겨두었어요. 단순하게 보면 지나간 한 사건을 유물을 통해 회고하는 것에 불과했지만, 그 숨어 있는 깊은 뜻은 이루 헤아리기가 어려운 이야기였습니다. 홍경래에 대한 그의 애도는 홍경래로 상징되는 조선 민중의 꿈을 되살리려는 의지가 아닌가 합니다.

1936년에는 그사이에 발표한 33편의 시들을 묶어서 『사슴』이란 시집을 내어 문단의 주목을 받았습니다. 거기에 실린 「고방」, 「가즈랑집」, 「여우난 곬족」, 「여승」, 「고야」 등은 백석의 시 세계를 잘 드러냈다는 평가를 받습니다. 공교롭게도 수록된 시 작품 수가 33이라서 1919년 3·1독립선언 당시 민족대표의 숫자가 33명인 것과 뭔가 관련이 있는 게 아닌가, 짐작하는 경우도 있습니다. 꼭 그렇지는 않았더라도 33이라는 숫자는 의미가 깊습니다. 불교에서 말하는 하늘이 33천天이거든요. 동아시아의 사고방식에서는 꽉 찬 숫자가 9 아닙니까? 시인은 뭐라고 딱히 꼬집어 말하고 있지 않지만 해석의 가능성을 열어두고 있습니다. 그만큼 세심한 시인이 백석이었어요.

33편의 시가 담긴 『사슴』을 읽어본 사람이면 누구나 시의 소재와 내용이 도시문명이라든가 근대화에 반기를 들고 있다는 느낌이 듭니다. 그에게 도시문명이나 근대화는 식민지적인 것, 일본적인 것으로 인식됐기에 거부의 대상이었습니다. 따라서 저는 백석이 『사슴』에서 그린 고향의 옛날은 단순히 과거로의 회귀를 뜻하는 게 아니라고 봅니다. 어떤 평론가는 백석의 시가 "현실에서 절실하게 우리가 추구하고 있는 삶의 의미를 담고"[6]있다고 해석했습니다. 옳습니다. 하지만 백석의 시를 그

---

6. 권영민, 『한국 현대문학사』 1, 민음사, 2002, 573쪽.

렇게 적극적으로 해석하지 않는 평론가들도 많습니다.

백석의 역사문화적 정체성 탐구

1930년대의 식민지 상황을 백석은 한국의 문화적 정체성이 심각한 위기에 처한 것으로 인식했습니다. 그 위기를 벗어나기 위해 그는 문학의 새로운 영역을 개척해야 될 의무감을 느꼈던 것이 아닐까요? 그의 위기감은 그의 선배들이 느꼈던 것보다 훨씬 절박했습니다. 그랬기에 그는 표준적이고 세련된 한국어가 아니라 자기에게 아주 밀착되어 있는 평안북도 정주의 방언을 들고 나왔어요. 제 생각은 그러합니다.

바로 그 사투리를 통해 백석은 한국 전통문화의 원초적 모습을 묘사했습니다. 여기서 제가 강조하고 싶은 것은 백석이라고 하는 탁월한 지식인의 내적 불안감이 그렇게 표출됐다는 점입니다. 식민지가 그에게 선사한 불안이 문제였다는 말씀입니다. 앞에서 전시총동원체제라고 했습니다만 조선의 문화라는 것이 만약 하나의 등불이라면, 그 등불이 하루하루 꺼져가는 것을 체험하면서 느낀 백석의 불안이었지요. 일본 유학을 마치고 온 백석이라서, 서양 말도 한 가지가 아니라 여러 가지를 이해할 수 있는 백석이라서, 사라져가고 있는 한국의 문화적 전통과 정체성의 말살을 더욱 심각하게 고민했던 것입니다.

백석의 문화적 위기감은 1930년대 문단의 공통된 현안이기도 했습니다. 그러했기에 백석의 시집 『사슴』이 출간됐을 적에 시단의 많은 선배들이 한마디씩 평가를 아끼지 않았습니다. 소설가 이효석은 이 시집을 통해 조선의 목가적인 아름다움이 되살아났다고 칭찬했습니다.[7] 또 박용철이라는 탁월한 시인은, "야생적이고 초생적인" 모국어의 위대한 힘을 느끼게 하는 시집이라고 찬사를 바쳤어요.[8] 김기림도 백석의 시집을 매우 칭찬했습니다.

반면에 혹독하게 백석을 비판한 사람들도 있었습니다. 오장환은 백석의 시를 변형된 모더니티의 하나로 간주해 삶의 진실을 드러내지 못한다고 비판했습니다.[9] 카프 계열의 시인 중에서 임화도 강도 높게 비판했어요. 그 이유는 정주의 말인 "야릇한 방언"[10]은 지방주의로 흐른 것이고, 백석의 이러한 지방주의는 결국 조선 문화의 식민지성을 드러냄으로써 예술적 보편성을 포기했다는 것입니다. 그러면서도 임화는 백석이 방언을 통해 민족적 과거에 대한 강한 애착을 보인 것은 평가할 만하다고 했습니다.

훗날에도 백석의 시에 관해서는 평가들이 엇갈렸어요. 백석에 대한 올바른 이해를 위해 간단히 소개하고 싶습니다. 유종호는 백석의 시가 한국적 정감을 표현한 점에서는 좋지만 비관주의에 휩싸였다고 봤고요. 또 김현은 백석이 너무 식생활에만 관심을 쏟은 것 같다고 얘기했어요. 과연 백석의 시에는 냉면도 등장하고 돼지고기도 등장하고 먹을 것 이야기가 많이 나오니까요. 또 김종철은 백석의 눈높이가 어린아이의 것이며 그것은 결국 존재의 근원을 탐구해가는 과정이라고 평했죠.[11] 그 밖에 조영복은 백석 등이 보여준 지방어, 토속어는 소재의 차

---

7. 이효석, 「영서의 기억」, 『조광』 10호, 1936, 11쪽 ; 조영복, 『1920년대 초기 시의 이념과 미학』, 소명출판, 2004, 333쪽.

8. 박용철, 「시집 『사슴』 평」, 『조광』 4호, 1936. 4 ; 조영복, 앞의 책, 334쪽.

9. 오장환, 「백석론」, 『풍림』 5, 1937년 4월 ; 조영복, 앞의 책, 333쪽.

10. 임화, 「문학상의 지방주의」, 『조광』, 1936. 10 ; 조영복, 앞의 책, 334쪽.

11. 이러한 평가는 1960~70년대 평론가들의 논저에서 발췌한 것입니다. 이는 이숭원, 앞의 책, 90쪽에도 소개되어 있습니다.

원이 아니라 "조선적인 것을 제거하고자 하는 '현실'이라는 시니피앙에 끈질기게 달라붙어서 '현실'이라는 권력적 속성들을 탈주해버리는 정치적인 행위"라고 주장합니다.[12]

요컨대 백석의 시에 대한 평가는 두 가지로 정리됩니다. 한쪽에서는 그것이 민족적 정서를 되살리는 아름다운 시라고 하는 칭찬이 있었는 가 하면, 다른 한쪽에서는 조금 기괴하다, 또는 너무 지방주의로 흘러서 한국적 정체성을 분해해버리는 결과를 가져오는 것이 아니냐는 비판이 있었습니다.

역사가로서 저는 백석의 시가 식민지적 불안을 표현한 것이라고 봅니다. 그것은 그 나름의 문화투쟁이었습니다. 시인은 문화적 정체성의 위기를 철저히 인식하고 그것을 어떻게든 지키려고 애절한 노력을 기울였기 때문입니다. 그런데 문학평론가들은 저와 의견이 많이 다른 듯합니다. 그들 중에는 백석의 문화의식 또는 역사의식이 생각보다는 별로 투철하지 않다는 지적이 많아 보입니다. 그 시기는 한국 문화 전반이 위기에 휩싸였던 때이고 총독부의 탄압이 매우 심했던 시절이라서 시인이 설사 민족의 비극을 노래했다 하더라도, 그렇게까지 자신의 역사의식, 또는 문화의식을 철저하게 심화, 발전시킬 수 있는 기회는 없었던 것 아니냐, 하는 지적들인 것입니다. 저는 그런 견해에 동의하지 않습니다.

백석이 문화의식과 역사의식이 강한 사람이었다는 점을 입증하는 글귀들이 많습니다. 「목구木具」라는 시 한 편을 예로 들어보죠. "내 손자의 손자와 손자와 나의 할아버지와 할아버지의 할아버지와 할아버지의 할아버지의 할아버지와(……) 수원백씨水原白氏 정주백촌定州白村의 힘

---

12. 조영복, 앞의 책, 337쪽.

세고 꿋꿋하나 어질고 정 많은 호랑이 같은 곰 같은 소 같은 피의 비 같은 밤 같은 달 같은 슬픔을 담는 것 아 슬픔을 담는 것(……)." 이 시의 후반부에 보면 그 모든 것이 결국 마지막에는 목구란 "아 슬픔을 담는 것"이라고 말함으로써 극단적인 위기감을 보여주었어요. 소멸의 위기에 빠진 유구한 전통을 목구는 담고 있다는 것입니다. 그런데 그가 또렷이 인식하고 있는 그 전통이라는 것은 퍽 대단하지 않습니까? '힘세고 꿋꿋하고 어질고 정 많고 곰 같고 소 같고 피의 비 같고 밤 같고 달 같고.' 여기에 또 무슨 말을 보태겠습니까? 이 시는 그런 총체적인 전통을 상실하는 슬픔을 노래한 시입니다.

백석이 말하는 문화적 전통의 주체는 누구입니까? 위에 인용한 시에서 시인은 그것을 '수원 백씨', '정주 백촌'이라고 말했어요. 그러나 이것은 하나의 작위적인 표현이고, 사실상은 정주 사람 모두가 다 포함되는 것입니다. 문제의 시에서 열거하고 있는 사람들의 범위를 보세요. "내 손자의 손자와 손자와 또 나의 할아버지와 할아버지의 할아버지와 할아버지의 할아버지의 할아버지와." 이렇게 멀리 나가고 있거든요. 피의 범위를 확대하고 보면 그것은 정주 사람만이 아니라 이 시를 만나게 될 모든 한국 사람들을 다 일컫는 것이죠. 시인은 깊은 슬픔 속에서 우리 민족 전체의 위대한 전통을 뚜렷하게 기억하고, 그 회복을 바라는 마음에서 이 시를 썼던 것입니다.

백석에게는 이런 종류의 시가 여러 편입니다. 따라서 저는 백석의 역사인식, 즉 한국의 역사적 전통과 문화적 정체성에 대한 인식이 대단히 강렬했다고 보고 싶습니다. 일부 문학평론가들이 말하는 것보다는 백석의 시에 실제로 드러난 역사의식이 몇 배나 투철했다고 생각합니다.[13]

그럼 백석은 왜 과거로, 고향으로, 지방적인 것으로, 한국적인 것으로 자꾸 되돌아갔습니까? 그의 시는 왜 근대적인 것, 현대적인 것, 미래적인 것, 과학적인 것, 합리적인 것을 향해서 나아가지 않는가 말입니다. 오랫동안 백석의 시를 연구한 어느 분은 시「목구」에 "식민지 시대 경성의 사이비 근대성에 대한 거부감이 포함"되어 있다고 추론합니다.[14] 그런 판단에 동의하면서도 저는 한걸음 더 나아가렵니다. 즉, 백석은 자신이 처한 식민지 근대라는 것을 뭉뚱그려 한마디로, '사이비 근대'로 인식했다고 봅니다. 그것이 우리가 자력으로 개척한 근대의 길이었으면 백석의 판단이 아마 달라졌을지도 모르겠지만, 식민지의 근대성은 강요된 근대, 남에 의해서 이끌린 근대였다는 점에서 백석의 거부감은 우리의 공감을 살 만합니다.

사실성과 모더니즘

백석의 시를 사실성이라는 개념으로 설명하는 학자들도 있지요. 사실성이란 말이 무엇입니까? 백석이 고향의 원초적 모습과 민속 또는 민간신앙을 재현할 때, 주관을 배제하고 객관적으로 묘사하는 데에 주력했다는 뜻입니다. 바로 그 리얼리티의 표현 도구가 사투리였다는 말이지요. 백석은, 사투리를 시에 활용함으로써 "실감의 정서를 놓치지 않고 표현"했다, 그리하여 그가 묘사한 대상들은 특이한 시적 심상을 표현했다는 것입니다.[15]

그는 일본에 유학하여 현대문학을 폭넓게 공부했습니다. 앞에서 예

---

13. 1939년대 백석의 시에서 "민족시인으로 부를 수 있는 가능성이 발견된다"고 하면서도 강압적 시대 분위기 탓으로 더 이상 발전하지 못했다는 주장이 있습니다(이숭원, 앞의 책, 142쪽을 참조할 것). 그러나 이것은 현상적인 관찰에 지나지 않는 것 같습니다.
14. 이숭원, 앞의 책, 84쪽.
15. 권영민, 앞의 책, 570쪽.

이츠를 비롯한 아일랜드 민요시인의 영향을 언급했습니다만 그뿐이 아니었지요. 일제 말기 그는 만주에서 방황을 거듭했는데,[16] 그 유랑 생활 속에서도 프랑시스 잠과 라이너 마리아 릴케를 읽고 있었어요. 그의 문학적인 탐구는 시인의 정신적 영토를 비옥하게 만들었다고 해야 할 것입니다. 그가 추구한 정신적 가치는 근대적이었습니다. "일견 근대의 역방향에 선 것 같지만, 그가 자아의 본질적 탐구라는 가장 근대적 몸짓을 보여주었다"[17]는 평가도 있듯, 백석은 식민지적 근대성을 부정하면서도 주체적인 근대를 꿈꾼 시인이었습니다.

백석은 외양부터가 매우 이국적이었다고 합니다. 식민지 시기 신문이나 잡지에 실린 백석의 인물평을 찾아보면 그의 '이국적 풍모' 또는 '모던보이' 같은 모습이 강조되어 있어요. 특히 김기림의 묘사가 걸작입니다. "완두빛 더블브레스트를 제끼고 한 대의 바다의 물결을 연상시키는 머리의 웨이브를 휘날리면서 광화문통 네거리를 건너가는 한 청년의 풍채는 나로 하여금 때때로 그 주위를 몽파르나스로 환각시킨다."[18] 서구적 풍모의 시인 백석은 식민지적 근대를 부정한 모더니스트였습니다.

사회성

흔히 문학평론가들은 일제 시기 백석의 사회성 또는 민족의식이 과대평가되어서는 곤란하다고 주장합니다.[19] 그러나 제 생각은 많이 다

---

16. 백석의 방황은 1938년 말부터 시작됐습니다. 그때 그는 영생고보를 사직했고, 1939년 1월 조선일보사에 재입사했지만 해를 넘기지 못하고 또 사직했습니다. 이때는 군국주의가 도를 넘어 전시체제로 돌입한 시기입니다. 양식 있는 한국의 지식인으로서는 어떤 공직도 감당하기가 어려웠습니다.

17. 이숭원, 앞의 책, 223쪽 ; 최정례, 「백석 시 연구」, 고려대학교 석사학위논문, 2001, 33~35쪽.

18. 김기림, 「『사슴』을 안고」, 『조선일보』, 1936년 1월 29일자 ; 이숭원, 앞의 책, 119쪽.

19. 이숭원은 백석의 사회적 관심을 "연민과 동정과 분노의 감정"이라 평가하면서도 그의 시적 지향은 "풍속과 인정과 말이 어우러진 평화로운 삶의 복원"에 있었다는 점을 상기시켰습니다. 요컨대 투철한 현실

릅니다. '조선적'인 것이 궁지에 몰리던 1930년대 후반에 백석이 하필 왜, 그런 토속적인 시들을 썼는지 우리는 심각하게 고민해야 합니다. 어디에도 뿌리를 내리지 못한 채 함흥, 서울, 평안도와 만주를 정신없이 방황하던 백석에게 '식민지 조선 사회'는 과연 무슨 의미를 가졌던 것일까요? 그는 과연 시대와 계급과 식민지적 현실에 무관심한 일개 자유로운 방랑시인이었을까요?

그렇게 단언할 수 있는 근거는 없습니다. 백석은 자유혼이기에 앞서 누구보다 현실을 깊이 고뇌한 식민지의 지식인이었습니다. 만약 그렇지 않았다면 그가 왜, 안정된 자리를 박차고 또 박찼는지를 제대로 설명할 방도가 없습니다. 그의 역사인식이 강했다는 말은 이미 앞에서도 했습니다만, 계급 갈등에도 그는 깊은 관심을 가졌다고 봅니다. 이 경우 계급 갈등이란 두 가지로 분류될 수 있겠는데, 하나는 민족 차원의 문제입니다. 식민지 백성인 조선인과 그 지배자들인 일본 군국주의자들의 갈등이 그것이지요. 다른 하나는 식민지 안에서의 가진 자와 못 가진 자들의 계급적 갈등구조입니다. 제가 보기에 백석은 이 두 문제에 모두 관심을 가졌습니다.

가령 「여승」이라는 시를 보십시오. 이것은 산골 근방에서 옥수수를 팔다가 나중에는 승려가 되고 만 여인의 비참한 운명을 그린 것이지요. 또 「팔원八阮」이라고 하는 시는 어떤가요? 거기에는 일본인 순사 집에서 식모살이를 하게 된 어느 소녀의 얼어터진 손등이 나옵니다. 이런 시들을 지나치게 과대평가하면 곤란하다는 일부의 주장도 일리는 있지만, 그렇다고 해도 백석이 민족차별과 사회적 갈등을 완전히 외면한

인식이나 민중의식과는 거리가 있었다는 주장입니다(이숭원, 앞의 책, 136쪽).

시인이 아니었다는 증거가 될 만하다고 생각합니다. 물론 백석이 '민족'이라는 개념 하나로 모든 문제를 풀 수 있다고 믿은 민족주의자는 아니었습니다. 그러나 그에게도 민족과 계급은 중요했습니다. 그의 관점은 카프 계열의 시인들과 완전히 상반된 것은 아니었어요. 어느 정도는 함께 공존할 수 있는 입장이었다고 생각합니다. 그랬기에 해방 후 그는 서울로 내려오지 않고 북한에 남았던 것이 아니겠습니까?

순수 서정시인이 아니었다

1980년대 이후 남쪽에서 백석의 시를 연구한 이들은 그를 이념으로부터 탈색시키려는 노력을 많이 했다고 생각됩니다. 그렇게 해야 백석의 시를 살릴 수 있었겠지요. '반공'이라는 일종의 권력의 기제가 작동하고 있었기 때문에, 문학연구자들은 백석의 시에서 시인의 사회적 관심이 지닌 비중을 축소시켰다고 저는 생각합니다. 그들은 이를테면 백석을 위한 변명을 했습니다. 그는 해방 이후 북한에 남긴 했지만 이념 문학이 아니라 아동문학을 했고, 결국은 그마저도 낡은 사상의 잔재를 담은 것이라 해서 북한의 주류 문단에서 축출됐다는 것입니다. 어떤 학자들은 백석이 북한 체제를 찬양·고무하는 시를 전혀 안 썼다고 말하기도 했습니다.

그런데 자세히 검토해보면 꼭 그런 것 같지는 않습니다. 저는 백석이 스스로 거처를 선택했다고 생각합니다. 해방 당시 그는 만주에 있었습니다. 만약에 그가 사회주의 체제를 강력히 반대했더라면, 즉 부르주아적인 성향의 작가였다면, 얼마든지 남쪽으로 내려올 수 있었어요. 그는 러시아어로 된 글을 얼마든지 읽을 수 있을 정도로 어학 실력이 있었어요. 사회주의가 무엇인지를 몰랐을 턱이 없죠. 그는 사회주의 국가로 태어난 북한을 선택했습니다. 해방공간에서 그는 『신천지』와 『학풍』에 「적막강산」(1947), 「남신의주 유동 박시봉방」(1948) 등을 발표했어요. 평양으로 간 그는 한때 조만식의 통역비서 노릇을 했습니다. 그러나 조만식이 숙청된 다음에도 이렇다 할 처벌을 받은 것 같지는 않습니다. 그가 만일 북한 체제를 반대하는 인사였다면 불가능한 일이었을 것입니다.

그 뒤 백석의 주된 관심은 아동문학과 번역 쪽으로 옮아갔어요. 6·25전쟁이 끝난 다음, 1957년 북한에서는 아동문학 논쟁이 벌어졌어요. 그때 백석은 아이들의 눈높이에 맞는 문학이 옳다고 주장했대요. 그 때문에 '낡은 사상의 잔재'라는 비판을 받고 문단에서 축출됐다는 주장이 있습니다. 그렇더라도 그가 이른바 '반동'이었다고 볼 수는 없습니다. 이것은 단지 북한 문단 내부의 권력투쟁에서 백석이 주도권을 장악하지 못했다는 정도로 봐야 합니다.

1959년에 그는 함경남도 삼수의 국영협동농장으로 옮겼어요. 거기서 그는 북한 체제에 적극적으로 적응하는 모습을 보여주었어요. 백석은 농장에서 공동체 문화의 단초를 발견하고 북한 체제를 찬양했지요. 물론 시를 통해 그러한 자신의 마음을 밝혔습니다. 따라서 백석이라면 무조건 이념과는 거리가 먼 방랑의 시인, 자유의 시인, 또는 순수한 민족의 시인이라고만 이해하는 것은 백석의 진실을 왜곡하는 결과가 될 수도 있다고 생각합니다. 일제 시기부터 백석은 사회적인 관심을 가졌고, 카프와도 적대적인 관계였다고 보기는 어려웠다고 저는 주장하는 것입니다. 그의 말년에 대해서는 이런 주장도 있습니다. 1962년 동시 선집 『새날의 노래』를 끝으로 절필했고, 그 뒤로 죽 농사를 짓고 살다가 1996년에 사망했다는 것입니다.[20]

　북한의 시인이었지만 백석은 1987년에 대한민국에서도 복권이 됐습니다. 그해에 『백석 시 전집』이 간행됐어요. 그의 시집은 여러 가지 제목으로 거듭해서 출간됐습니다. 『가즈랑집 할머니』(1988), 『흰 바람벽이 있어』(1989), 『멧새 소리』(1991) 등이 그것입니다. 또 서두에 말씀드린 자야와의 인연도 세간의 이목을 끌었습니다. 자야라는 이름도 백석이 지어준 것이라고 합니다. 그녀는 한때의 연인이었던 백석을 추억하면서 창작과비평사에 2억 원이라는 거금을 냈어요. 이 돈으로 1999년에는 백석문학상이 제정됐답니다. 한편 자야가 백석과의 관계를 회상해서 쓴 『내 사랑 백석』이란 일종의 자서전도 있어 시인의 삶을 이해하는 데 참고가 됩니다.

　곰곰 생각해보면 시 한 편을 읽는다는 것이 굉장히 복잡한 문화놀이입니다. 한 편의 시라도 관점에 따라 여러 가지 다른 방식으로 읽을 수 있습니다. 백석의 시를 읽을 때도 마찬가지입니다. 일제 시기라고 하는 특수한 시대적 아픔과 굴곡을 염두에 두고 그의 시를 역사적인 맥락에서 감상하기를 권하고 싶어요. 시인 백석의 시작 활동이 하나의 정점에 이른 1937, 38년도는 정말 슬픈 시대, '조선어' 교육이 학교에서 쫓겨날 위기의 시대였습니다. 그 시대의 아픔은 결코 백석만의 것이 아니라 우리 모두의 것이었어요.

　물론 백석의 시가 시대에 국한되는 슬픔만을 노래했다고 단정하기는 어렵습니다. 그의 시는 쉽게 해결될 수 없는 인생의 근본 문제들을 파헤친 것이기도 합니다. 이 때문에 그의 작품은 시대의 한계를 넘어 아직도 널리 사랑을 받는 것일 테지요. 시대적인 특성을 보여주면서도

---

20. 원광대학교 김재용 교수는 『백석 전집』(실천문학사, 2011)에서 그러한 사실을 밝혔습니다.

거기에 묶이고 만다면 시의 의미는 퇴색될 것 같은 생각이 듭니다. 백석은 시공의 한계를 넘어선 시인이었다고 생각됩니다.

백석의 시대는 똑바른 생각을 가진 사람들로서는 살기가 어려웠습니다. 시인의 고뇌는 깊었지만 그는 일신의 평안을 위해 현실과 타협하지 않았습니다. 영생학교 교사를 하면 당연히 상당한 월급을 탔겠지요. 당시 중고등학교 교사는 오늘날로 보면 대학교수쯤 됐어요. 어찌 보면 그것은 즐길 만한 위치였는데, 백석은 보장된 특권을 스스로 포기했습니다. 아이들을 가르치는 것이 적성에 안 맞아서라기보다는, 매일같이 수업 대신 강요되고 있던 노력동원과 군사훈련 때문에 그랬던 것이지요. 양심이 있는 사람이 교사를 하기란 쉬운 일이 아니었던 시절이었습니다. 함석헌도 1938년이 되면 교사를 관두었거든요. 백석과 마찬가지였어요.

그래도 어떻게든 생계를 유지해야 하니까 백석은 『조선일보』에 복귀했어요. 하지만 그것 역시 쉽지 않은 일이었어요. 여러분들이 1938년의 『조선일보』 기사를 한번 읽어보세요. 그건 백석이 처음 그 신문사에 취직한 1933년에 실린 기사와는 근본적으로 달랐습니다. 1933년의 『조선일보』는 우리 신문이라고 할 수 있어요. 그러나 1938, 39년의 『조선일보』는 문자만 우리말로 되어 있지 내용은 우리 신문이 아닙니다. 그건 일본 신문이었습니다. 조선총독부의 요구들이 여과 없이 그대로 반영되고 있어요. 그런 상황에서 백석이 자신의 양심을 지키면서 신문기자의 자리를 감당할 수 있었겠느냐 하는 것입니다. 결국 떠날 수밖에 없는 거예요. 계속 떠날 수밖에 없었어요.

한국보다는 지내기가 더 편안한 지역이 만주였어요. 그래서 그는 만주를 선택한 것입니다. 이것을 기록상으로 증명할 수는 없습니다. 살벌한 때였으니까 그 사정을 곧이 곧대로 기록할 수 없었어요. 하지만 추측건대 한반도보다는 정치적 압박이 조금 덜한 만주로 떠났을 거라고 저는 짐작합니다. 요컨대 백석은 많은 문학평론가들이 말하는 것처럼 단순한 서정시인은 아니었습니다. 그에게는 씻을 수 없는 식민지의 우울증이 있었습니다. 그리고 그에 맞서 시인으로서 끊임없이 문화투쟁을 펼쳐가려는 노력이 계속됐습니다. 백석의 고뇌는 사회적 제도와 관습으로 고통 받는 현대의 지식인들에게도 그대로 이어지고 있습니다. 아직도 검열이란 제도가 살아 있고, 필화를 당하는 일도 종종 일어납니다. 사상과 표현의 자유가 보장될 날이 결코 쉽게 오지는 않을 것 같습니다.

참고문헌

권영민, 『한국 현대문학사』 1, 민음사, 2002.
김기림, 「『사슴』을 안고」, 『조선일보』, 1936년 1월 29일자.
김재용, 『백석 전집』, 실천문학사, 1997.
박용철, 「시집 『사슴』 평」, 『조광』 4호, 1936.
오장환, 「백석론」, 『풍림』 5, 1937.
이숭원, 『백석 시의 심층적 탐구』, 태학사, 2006.
이효식, 「영시의 기억」, 『조광』 10호, 1936.
임 화, 「문학상의 지방주의 문제」, 『조광』 10호, 1936.
조영복, 『1920년대 초기 시의 이념과 미학』, 소명출판, 2004.
최정례, 「백석 시 연구」, 고려대학교 석사학위논문, 2001.
한세정, 「백석 시의 창작 기법에 나타난 아일랜드 문학의 영향 : 예이츠와 싱을 중심으로」,
　　『한민족문화연구』 제30집, 2009.

「오적」

민주화를 넘어 생명의 철학으로

「오적」의 시인 김지하는 조선 후기부터 성숙된 민중 사상의 전통을 계승했습니다. 그는 민중의 언어를 되살려냈고, 민중이 꿈꾸던 사상을 재점화했으며, 전통적 민중운동이 지향하던 바를 실천했습니다. 여기에 김지하다움이 있었습니다. 그의 이러한 특성은 하나의 문화투쟁으로서 박정희 군사독재 체제와의 투쟁으로 표현됐습니다. 1970년에 발표된 김지하의 시 「오적」은 험난한 투쟁의 출발점이었습니다. 그 시는 곧 금지됐고, 시인은 영어의 몸이 됐습니다. 시인이 어느 정도 자유를 되찾은 것은 1980년 말이었습니다.

이 강의의 논점은 다음의 세 가지입니다. 첫째, 「오적」이라고 하는 시 자체를 분석할 필요가 있습니다. 그러면서 거기에 깃든 민중적 표현 방법과 민중적 사상을 자세히 말씀드리겠습니다. 김지하의 투쟁은 단순한 정치투쟁이 아니라 하나의 문화투쟁이었음을 밝히고자 합니다. 둘째, 「오적」이 등장한 시대배경을 살피지 않을 수 없습니다. 5·16군사쿠데타로 집권한 군사독재정권의 어두운 이야기를 좀 해야 할 것입니다. 셋째, 「오적」의 시인 김지하는 1980년 감옥에서 나온 뒤로 상당히 변했습니다. 그 때문에 많은 사람들이 실망을 하기도 하고, 배신자라고 욕도 하는 끔찍한 상황이 벌어졌어요. 김지하의 변심과 이탈, 또는 김지하의 초월이라는 문제가 생긴 것입니다. 어느 쪽이 옳든 김지하가 달라진 것만은 틀림없었습니다. 이러한 변화가 김지하의 문화투쟁과 무슨 관계인지를 알아봐야 되겠습니다.

제가 보기에 「오적」에서 시작된 김지하의 고단한 인생길은 한마디로 요약됩니다. 어떤 사람들은 그의 험로를 '민주화'라는 개념으로 묶어낼지도 모르겠습니다만, 저는 그보다 본질적인 의미에서 '평화'와 '생명'을 향한 몸부림이었다고 봅니다. 처음부터 김지하가 장구한 계획을 세웠을 리는 만무합니다. 하지만 그의 문화투쟁에 내재된 논리가 그를 그런 방향으로 인도했다고 봅니다. 김지하의 문화투쟁은 바로 그런 점에서 우리의 주목을 끕니다.

「오적」으로 문화투쟁을 벌이다

「오적」은 1970년 5월『사상계』에 처음 실렸습니다. 그 당시 이 잡지의 위상은 독보적이었어요. 오늘날 그 어떤 잡지도『사상계』와 비교될 만한 것은 없습니다. 그만큼 지식인들의 사랑을 많이 받은 잡지도 없습니다. 그런데 바로 이 잡지에 한 무명의 젊은 시인이 담시라는 독특한 형태로 된 「오적」을 실었습니다. '담譚'이라는 것은 '이야기'를 뜻합니다. 글자 그대로 이야기를 쓴 시, 즉 서사시라는 거죠. 그런데 이 시의 후폭풍이 대단했어요. 시인은 국가보안법에 저촉됐다고 해서 무려 100일 동안 감옥에 갇혔고, 「오적」을 게재했다는 이유로 그 유명한 잡지『사상계』가 폐간되고 말았어요.

그때부터 시인은 군사독재정권과의 힘겨운 투쟁에 돌입했습니다. 얼핏 정치투쟁이라고 생각하기 쉽지만 그렇게 볼 일은 아니었어요. 시인 김지하가 정치권력을 쥐려고 투쟁했겠습니까? 그것이야말로 전형적인 문화투쟁이었다고 생각합니다. 말하자면 시인의 민중적 사고와 가치를 인정받고 실천하려는 투쟁이었어요. 그것은 군사정권이 추구한 '고도성장'과 같은 것이 아니었습니다.

그 문화투쟁에서 결국 누가 이겼다고 생각합니까? 그 승부가 온전히 가려지지는 못했지만, 중간결산을 해본다면 김지하가 이겼다고 하겠습니다. 1979년 10월 26일, 김지하를 그렇게 탄압했던 유신독재정권이 무너졌으니까요. 뒤이어서 군사정권이 또 들어섰지만, 1987년이 되면 한국 사회는 군부독재를 청산하고 민주화에 상당한 성과를 냈습니다. '87년 체제'라는 표현을 아직도 우리가 사용하고 있지요. 요컨대 김지하는 살아남았지만 그를 못살게 군 독재자는 역사의 저편으로 사라져갔어요. 그런 점에서 붓이 칼을 이겼다고 말할 수 있습니다. 그것이 김지하 혼자 벌인 싸움은 아니었지만, 그 투쟁에서 그는 중요한 역할을 했으니까 그렇게 말해도 될 것 같아요.

「오적」의 통쾌함

서양의 담시는 발라드라는 무가舞歌에서 출발했어요. 그것은 서정적이면서 서사적이고 드라마틱한 가요시예요. 대체로는 대화 형식을 빌려 신화와 전설 또는 대자연의 신비하고도 비극적 사건을 서술하는 것이 보통입니다. 이게 18세기 영국에서 크게 유행했고, 그 물결이 유럽 대륙으로 건너가 프랑스나 독일 등지에서도 인기를 끌었어요. 그 유명한 독일의 민요조 담시도 그렇게 탄생된 거였죠.

김지하는 이러한 서양의 발라드 전통을 이은 것은 아니었어요. 이름이 담시여서 그렇지 김지하는 우리 민중문학의 다양한 장르를 종합해

하나의 새로운 양식을 창출했다고 볼 수 있습니다. 가사이기도 하고, 판소리이기도 하고, 타령이기도 하고, 구전으로 읽어주는 소설, 옛날이 야기이기도 한 것이었지요. 이것은 하나의 종합적인 양식이었어요. 심지 어는 탈춤 가사와 『정감록』의 내용도 많이 끌어다 쓴 흔적이 보입니다.

문학평론가들은 그 단점을 지적하기도 해요. 김지하의 담시는 주저 리주저리 이야기를 늘어놓았을 뿐이어서 시적 긴장감이 떨어진다는 것 입니다. 그렇지만 누가 뭐라 해도 김지하의 담시는 넘치는 풍자와 해 학이라는 점에서 그야말로 압권입니다.[1] 김지하의 담시운동은 「오적」 으로부터 시작해 근 20년 동안 이어졌어요. 많은 담시들을 쓰면서 그 의 시 세계는 갈수록 깊어지고 넓어졌습니다.

한국 최초의 담시 「오적」은 그 분량이 꽤 길어요. 200자 원고지 40매 분량쯤으로, 『사상계』에 실렸을 당시 18쪽으로 나눠서 게재됐지요. 전 편에 걸쳐 부패한 한국 사회와 정부 권력에 대한 풍자가 봇물을 이뤘 어요. 박정희도 이 시를 읽어봤다고 합니다. 보고 나서 "뭐야, 이 사람 이거 뭐야?" 이렇게 말했다고 합니다. 박정희는 이 시를 쓰레기통에 집 어던졌다고 합니다. 그때까지만 해도 당장에 무슨 큰일이 터진 것은 아니었어요.

문제가 터진 것은 「오적」이 야당지에 전재되면서입니다. 당시 제1야 당은 신민당이었지요. 그 기관지 『민주전선』에 문제의 담시를 그대로 실었답니다. 시의 내용이 너무도 격렬하고 후련하다고 생각했기 때문 에 당 지도부는 무려 20만 부를 찍어서 배포할 작정이었어요. 그게 정 권의 비위를 결정적으로 건드렸지요. 당보에 실리지만 않았더라면 그

---

1. 권영민, 『한국 현대문학사』 2, 민음사, 2002, 348쪽.

냥 넘어갈 수가 있었는데, 전국적으로 유포가 되다 보니까 국회에서도 이 시를 둘러싼 공방전이 전개된 거죠.

그러자 중앙정보부는 「오적」이 반공법 위반, 반국가단체 찬양 고무 동조죄를 위반했다며 문제 삼았지요. 저자 김지하와 『사상계』 편집인 김승균 및 사장 부완혁도 덩달아 구속당했어요. 신민당 기관지인 『민주전선』도 압수됐죠.

당시 김지하는 겨우 29세였어요. 그는 1969년에 등단했고 그 이듬해에 이 시를 썼던 거죠. 등단한 지 불과 1년 만에 형무소로 끌려들어간 겁니다. 시인의 장래는 먹구름에 감싸였습니다.

「오적」이 나올 당시 인심이 흉흉했어요. 그때의 정세를 조금 설명하면 이렇지요. 이 시가 탄생하기 전해인 1969년 9월 14일 새벽 2시 27분, 독재자 박정희 일파는 국민과의 약속을 일방적으로 어겼어요. 그는 대통령 3선 개헌안을 불과 6분 만에 변칙 통과시켰어요. 당초 대통령에 취임할 적에 박정희는 '나는 이승만처럼 장기집권하지 않겠다. 나는 결코 이 자리에 오래 머물지 않겠다', 하고 약속했죠. 그는 거짓말을 밥 먹듯 했어요.

쿠데타를 일으킨 직후에는, '나는 정권을 인수할 뜻이 전혀 없다. 민간 정부에게 정권을 되돌려주고 나는 곧 군대로 돌아가겠다.' 그래 놓고선 눌러앉아 대통령이 됐고 또 중임까지 했어요. 날치기로 헌법을 바꿔 3선에 도전했습니다. 김대중 후보와 격돌했는데, 군대 표가 다 박정희 표나 다름없었는데도 박정희는 고전을 했어요. 그게 너무 힘들었던지 1970년 그는 대국민성명에서 '이러한 선거에 나는 다시 입후보하지 않겠다'라고 다짐했어요. 그 말을 듣고서 사람들은 '아, 이 사람이 세 번만 하고 네 번은 안 할 모양이다'라고 지레짐작했어요. 일부에서는 무슨 꼼수가 있을지도 모른다고 의심을 했어요. 과연 그 염려가 '10월 유신'으로 나타났어요. 박정희의 거짓과 꼼수는 끝없이 계속됐던 겁니다.

문제의 시가 발표된 그해, 1970년 4월 초에는 와우아파트 붕괴사건이 일어났어요. 그때 서울시장은 김현옥이라는 박정희의 예스맨이었는데 그가 주거 문제를 해결하겠다며 서울 마포구 창전동에 와우아파트를 지었단 말이에요. 얼마나 공사를 부실하게 했던지 준공된 지 불과 4개월 만에 15동 건물 전체가 와르르 다 무너져 무려 33명이 사망하고 39명이 중경상을 입는 대형 사건이 일어났던 겁니다.

그 외에도 온갖 부정사건들이 줄줄이 터지고 있었어요. 시민들은 박정희 독재정권의 농단과 부정부패에 하루가 멀다 하고 경악했죠. 그러던 차에 지도층의 비리를 풍자한 「오적」이 나온 거였어요. 오늘날에는 박정희를 찬양하는 사람들이 이런저런 얘기를 마음대로 합니다. 하지만 그 당시의 실제 상황은 완전히 달랐던 겁니다.

지금 박정희를 떠받드는 사람들은 박정희는 청렴했다, 박정희 때는 경제성장만 있었다, 박정희 때는 아무런 사회 문제가 없었다, 그때는 일자리가 넘쳐났다, 그때는 공직자들이 국가를 위해서 일심으로 봉사했다는 식으로 주장합니다. 사실과 다릅니다. 만약 모든 일이 그렇게 잘 됐더라면 김지하는 왜 문제의 시를 썼겠어요. 박정희주의자들이 주장하는 것과 같은 세상이 실현됐더라면 사람들은 김지하에 왜 환호했겠습니까? 김지하의 말이 사리에 맞았기 때문에 시원함을 느꼈던 것이죠.

지식인들 사이에서도 이 시가 얼마나 인기를 끌었는지 출간되자마자 『사상계』 5천 부가 매진되어버렸어요. 이것은 그야말로 경악할 일대 사건이었어요. 신민당이 자기네 당보에다 이 시를 싣기로 한 데는 다 그만한 사정이 있었다는 말입니다. 하지만 일반에 배포하기 전에 전량 압수됐죠.

「오적」은 군부독재정권은 물론이고 그와 결탁한 특권층의 비리를 신랄하게 풍자한 것이었지요. 오적이라고 하면 1905년 을사늑약 때 나라를 팔아먹은 이완용과 박제순 등 다섯 명의 대신들을 가리키죠. 그런데 김지하는 1970년 당시에도 을사오적보다 더했으면 더했지 덜하지 않은 악질들이 판을 치고 있다는 생각에서, 그 인간들을 「오적」의 주인공으로 삼았습니다. 그 다섯이 누구냐면, 첫째가 재벌입니다. 비료공장을 지으라고 하니까 사카린을 밀수해다 팔아먹는 그런 재벌. 문제의 그 재벌이 누구였겠어요? 모 재벌의 창건자가 그랬던 것입니다. 그가 얼마나 거짓말을 잘했습니까? 밀수사건이 들통나자 한국비료공업을 비롯해 모든 재산을 다 사회에 환원하고 자신은 영원히 재계에서 은퇴하겠다고 선언했지만 결국엔 물러나기는커녕 현실 사회 속으로 더 파고들었죠. 아주 크게 성공했습니다. 오적의 2번 타자는 국회의원이었죠. 3번은 고급공무원, 4번은 장군님들이었어요. 끝으로는 장차관들이 문제의 장본인으로 등장했어요. 그들은 정치적인 배경이 강했다는 점에서 고급공무원과는 일단 구별됐죠.

김지하는 이 다섯 부류의 도적들을 언급할 때 글자마다 반드시 '개견犭'이란 부수를 배정했어요. 없는 한자까지 새로 만들었습니다. 김지하는 당시 한국 사회를 이끌던 지도층 전체를 민중의 적으로 돌렸던 셈입니다. 바로 그 지도층의 입장에서 보면, 김지하는 용서할 수 없는 불온함의 온상이었어요. 일반 독자에게는 특별한 통쾌함을 선사한 그의 작품이야말로 지배층으로서는 참을 수 없는 방자함이었단 말씀입니다.

김지하가 역사의 무대 위로 끌어낸 오적들은 하나같이 뱃속에 오장육보[2]에 더하여 '큰 황소불알만 한 도둑보' 하나씩을 더 달고 있어요. 『흥부전』의 놀부를 패러디한 것이겠지요. 이 도둑보가 있어서 그들은 정경유착을 바탕으로 극도의 부정부패를 저질러요. 그들은 서민의 등골을 빼먹는 부동산 투기에다 부실공사를 일삼았어요. 시인의 눈에 비친 국가원수는 도둑놈들의 우두머리였고, 오적으로 말하면 '도盜'자 한 자를 크게 벽에 써 붙여놓고 도둑시합을 하는 파렴치한들이었어요.

시인은 「오적」에서 이농 현상을 비롯해 당시의 사회 문제를 모두 파헤쳤습니다. 문제의 작품에는 오적의 박해를 받는 민중의 대표자가 등장합니다. '전라도 갯땅쇠 꾀수'입니다. 사실상 그야말로 「오적」의 주인공이지요.

1960년대 후반부터 1970년대까지는 이농이 대단히 활발했어요. 고향산천 다 버리고, 농사짓던 걸 그만두고 대도시의 변두리로 몰려가 판자촌에 살며 날품팔이를 하게 된 수많은 사람들이 있었습니다. 야반에 도망을 가다시피 한 그 사람들의 상당수는 전라도 출신이었어요. 정치적 이유로 인해 전라도 지역은 산업화가 거의 되지 않았어요. 그래서 거기서는 아무런 일자리도 찾을 수 없었지요. 전라도의 빈농들은 산업화가 먼저 된 지역으로 이주할 수밖에 없었습니다. 그런 까닭에 김지하는 오적에 대칭되는 민중의 인물로 전라도 갯땅쇠를 내세운 거였습니다.

썩어 문드러진 것은 엄연히 지배층이었지만 작중에서는 이 갯땅쇠가 오적으로 몰려 생고생을 합니다. 오적을 붙들러 달려간 포도대장은 갯땅쇠를 못살게 굴다가 그 자신은 오적의 집을 지키는 하수인으로 전

2. 내장을 통틀어 이르는 말로 오장육부(五臟六腑)라 하지만 여기서는 도둑보와 말끝을 맞추기 위해 육보라 했습니다.

락하고 맙니다. 시인의 눈에 비친 1970년대 한국은 부조리의 천국, 가치가 전도된 험악한 세상이었습니다.

마지막에 시인은 권선징악의 낯익은 서사구도로 담시를 마무리합니다. 오적이 횡행하는데도 현실적으로는 그들을 대적할 방법이 없으니까요. 그들을 소탕할 뾰족한 방법을 발견하지 못한 시인은 갑자기 벼락을 동원해 그들을 몰살시키는 것으로 결말을 냅니다. 종당에는 악이 패배하고 선이 승리한다는 비현실적 결말입니다. 이것은 고소설이 일반적으로 취하던 권선징악의 서사방식이었지요. 김지하는 민중에게 익숙한 서사문학의 전통에 호소한 것입니다.

「오적」 맛보기

시는 읽어야 제맛입니다. 특히 「오적」처럼 구수한 시는 더욱 그러합니다. 제가 임의로 발췌한 것이기는 하지만 김지하의 글맛을 좀 보는 것이 어떨까요?

시詩를 쓰되 좀스럽게 쓰지말고 똑 이렇게 쓰랏다. (중략)

서울이라 장안 한복판에 다섯 도둑이 모여 살았것다. / 재벌, 국회의원, 고급공무원, 장성, 장차관이라 이름하는, 간뗑이 부어 남산만하고 목질기기 동탁 배꼽 같은 천하흉포 오적의 소굴이렷다 /

사람마다 뱃속이 오장육보로 되었으되 이놈들 배안에는 큰 황소불알만한 도둑보가 겹붙어 오장칠보 (중략)

하루는 다섯놈이 모여 / 도盜짜 한자 크게 써 걸어놓고 도둑시합을 벌이는데 / 저마다 골프채 하나씩 비껴들고 꼰아잡고 (중략)

첫째도둑 나온다 재벌이란 놈 나온다 / 장관은 노랗게 굽고 차관은 벌겋게 삶아 / 초치고 간장치고 계자치고 고추장치고 / 왼갖 특혜 좋은 이권은 모조리 꿀꺽 / 귀띔에 정보얻고 수의계약 낙찰시켜 헐값에 땅 샀다가 / 길뚫리면 한몫잡고 / 천원공사 오원에 쓱싹, 노동자임금은 언제나 외상외상 (중략)

또 한놈이 나온다 국회의원 나온다 / 구악舊惡은 신악新惡으로 / 부정축재는 축재부정으로 / 모든집은 와우臥牛 식으로.[3]

여기서 말한 '와우 식'이 바로 위에서 말한 와우아파트 붕괴사건을 말하는 것입니다.

정인숙을 철두철미 본받아랏 / 치자즉도자治者卽盜者요 공약즉공약公約卽空約이니 / 우매愚昧국민 그리알고. (중략)

이 대목에서 시인은 다스리는 사람이 곧 도둑놈이요, 백성에게 한 약속은 빈 약속이다, 라고 표현하고 있죠.

셋째놈이 나온다 고급공무원 나온다 / 이빨꼴이 가관이다 / 단것 너무 처먹어서 새까맣게 썩었구나 / 한손으로 노땡큐요 다른손은 땡큐땡큐.

이건 또 무슨 말인가요? 뇌물을 준다고 할 때 한 손으로는 아이고, 이런 거 나 절대 안 받아, 하면서 다른 손으로는 마구 잡아당기는 모

---

3. 김지하의 시 「오적」은 도서출판 답게(2001)에서 출간된 책에서 발췌했으며 표기도 이에 따랐습니다.

습입니다.

되는 것도 절대 안 돼, 안될 것도 문제 없어 / 책상위엔 서류뭉치, 책
상밑엔 지폐뭉치 / 높은놈껜 삽살개요 아랫놈껜 사냥개라 (중략)
넷째놈이 나온다 장성놈이 나온다 / 쫄병들 줄 쌀가마니 모래가득
채워놓고 쌀은 빼다 팔아먹고, / 쫄병 먹일 소돼지는 털한개씩 나눠주
고 살은 혼자 몽창먹고 / 엄동설한 막사없어 얼어죽는 쫄병들을 / 일만
하면 땀이난다 온종일 사역시켜 / 막사지을 재목갖다 제집크게 지어놓
고. (중략)

그 당시에는 군대의 부정부패가 심했습니다. 사병들의 메뉴판은 겉
만 그럴듯했어요. 쇠고기 미역국엔 미역밖에 없고, 가자미 튀김엔 밀가
루밖에 없고, 돼지고기 찌개엔 비계밖에 없을 정도였답니다.

마지막놈 나온다 장차관이 나온다 / 굶더라도 수출이닷, 안팔려도
증산이닷 / 아사餓死한놈 뻑다귀로 현해탄에 다리놓아 가미사마 배알하
잣!

이 대목은 지도층의 배알 없는 친일과 허울뿐인 수출정책을 비꼰
거죠.

예산에서 몽땅먹고 입찰에서 왕창먹고 / 켄트를 피워물고 외래품 철
저단속. (중략)

그때는 일반 시민들이 외래품을 절대로 쓰지 못하게 규제했어요. 그런데 특수층은 집에 외래품을 쌓아놓고 살았습니다.

추문듣고 뒤쫓아온 말잘하는 반벙어리 신문기자 앞에 놓고 / 자네 핸디 몇이더라? (중략) 여봐라 게 아무도 없느냐 / 나라망신 시키는 오적을 잡아들여라 / 당장에 잡아 대령하겠나이다 / 전라도 갯땅쇠 꾀수 놈이 발발 / 네놈이 오적이지 / 애고 애고 난 아니요, 농사로는 밥못먹어 돈벌라고 서울왔소 / 이리바짝 저리죄고 위로 틀고 아래로 따닥 / 찜질 매질 물질 불질 무두질에 당근질에 비행기태워 공중잡이.

마지막 부분에는 여러 가지 고문 수법이 열거되어 있어요. 김지하는 이 시를 쓰고 나서 그런 꼴을 당하게 됐을 테지만요.

오적은 무엇이며 어디있나 말만하면 네 목숨은 살려주마 / 다섯 짐승, 시방 동빙고동에서 도둑시합 열고 있오. (중략)

꾀수는 진짜 도적들이 어디서 무얼 하는지를 알고 있었다는 말입니다. 민중은 부조리의 근원을 훤히 들여다보았던 것입니다.

남산을 홀랑넘어 한강물 바라보니 동빙고동 예로구나.

그 당시 동빙고동은 이른바 도둑촌으로 불렸어요. 나라의 지도층들이 모여 살며 뇌물이라든가 삥 뜯은 것으로 산다고 보통 사람들이 그렇게 생각했으니까요. 한번 생각해보세요. 고급공무원이라도 연봉이 7

천만 원, 8천만 원쯤 되기가 쉽지 않습니다. 그렇지만 그들이 최고급 아파트에서 떵떵거리며 사는 것이 현실 아니었겠습니까? 그것은 저축으로 해결될 일이 분명코 아니었거든요. 시민들은 이래저래 지도층의 사치를 수상하다고 확신했어요.

생김생김은 짐승이로되,

이게 말하자면 지도층의 모습입니다.

호화찬란한 짐승이라 / 포도대장 깜짝놀라 사면을 살펴보는데 / 이것이 꿈이냐 생시냐 이게 어느 천국이냐 / 여대생 식모두고 경제학박사 회계두고 / 가정교사는 철학박사 비서는 정치학박사 / 잔디 행여 죽을세라 잔디에다 스팀넣고 / 새들 행여 추울세라 새장속에 히터넣고 / 왼갖 음식 살펴보니 침 꼴깍 넘어가는 소리 천지가 진동한다. (중략)

포도대장 침을 질질질질질질 흘려싸면서 가로되 / 이럴 줄을 알았더면 나도 일찌암치 도둑이나 되었을 걸 / 한놈이 쓰윽 다가와 써억 술잔을 권한다 / 포도대장 뛰어나가 꾀수 놈 낚귀채어 오라묶어 세운뒤에 / 요놈, 네놈을 무고죄로 입건한다 / 오적은 뒤에 포도대장 불러다가 그 용기를 어여삐 녀겨 / 저희집 솟을대문 바로 그곁에 있는 개집속에 살며 도둑을 지키라하매 / 포도대장 이말듣고 얼시구 좋아라. (중략)

어느 맑게 개인 날 아침, 커다랗게 기지개를 켜다 갑자기 벼락을 맞아 급살하니 / 이때 또한 오적도 육공六孔으로 피를 토하며 꺼꾸러졌다. (하략)

「오적」은 대개 이런 식이었습니다. 그냥 읽기만 해서는 이 시의 재미가 덜하지요. 판소리 같은 것을 좀 할 줄 아는 분이 구성지게 낭독하고 옆에서 추임새도 넣으면서 북이라도 둥둥 쳐야 합니다. 그러면 그 자체가 하나의 공연이 되는 거죠. 새삼스럽게 김지하의 담시에 흐르는 민중의 전통이 실감납니다.

「오적」은 민중의 서사시

이 시의 서사구도를 간단히 정리해봅시다. 서울 장안에 재벌, 국회의원, 고급공무원, 장성, 장차관이라 이름하는 오적이 모여 살았어요. 그들은 도둑시합을 벌입니다. 자기들이 저지른 온갖 비리와 악행을 차례로 자랑하는 것입니다. 바로 그때 나라에서는 다섯 명의 도둑놈을 잡아들이라는 임금의 어명이 떨어져 포도대장이 수사에 착수하지요.

그러나 포도대장이 잡아들인 것은 전라도에서 올라온 갯땅쇠 꾀수라는 좀도둑에 불과했어요. 이 사람은 굶주림을 견디지 못해 조그만 물건 하나를 훔친 좀도둑이었죠. 포도대장은 애매한 꾀수에게 갖은 고문을 다하고는 드디어 꾀수를 앞세워 오적의 소굴로 찾아갑니다.

오적들의 화려한 살림살이를 보자 포도대장은 녹아떨어집니다. 그는 자신의 의무를 방기하고 도리어 오적의 호위병 노릇을 자청하는 거지요. 죄 없는 꾀수가 오적 대신 감옥에 갇히게 됩니다. 그렇게 해놓고는 저희들끼리 영영 잘 먹고 잘살게 될 줄 알았겠지만 하늘이 무심하지 않아 어느 날인가 갑자기 벼락이 쳐서 오적과 포도대장이 다 몰살당한답니다.

입담 좋게 전개되는 이 시에는 추상적인 언어가 눈에 띄지 않습니다. 어떤 이념도 발견되지 않아요. 이 시의 가장 큰 특징은 민중의 언어에 있습니다.[4] 의성어, 의태어, 속어, 게다가 아주 그야말로 천박한 언어들이 난무합니다.

김지하가 세상을 보는 관점이 그러했습니다. 재벌, 국회의원, 고급공무원, 장성, 장차관 등에 대한 그의 비판은 세상에 대한 그의 고발이요, 비판이요, 풍자였으며, 민중의 고함소리였습니다. 이처럼 상류층의 도덕 불감증과 부정부패를 적시함으로써, 『오적』은 결국 이 한국 사회는 지금 몇 시인가, 어디로 가야 되는가 하는 문제를 제기했습니다.

한 가지 흥미로운 것은 시인이 '오적'을 재벌, 국회의원, 고급공무원, 장성, 장차관이라 했을 때, 그는 동음이의어를 한자로 변용해 국회의원獷獪狋猿과 장성張猩 등으로 표기했다는 사실입니다. 아까 저는 글자에 개 '견'자가 들어가서 아주 괴상하게 생겼다고 했는데, 옥편에서 개 '견'자가 있는 항목에서 음만 가지고 따온 거죠. '국회의원獷獪狋猿'의 경우 '국菊'자 옆에 '개 견'을 첨가했어요. 이건 보통 우리가 '국회의원' 할 때 쓰는 나라 '국國'자가 아니잖아요. '회'자에도 개 '견犭'자, '의'자에도 개 '견犭'자, 또 '원'자에도 개 '견犭'자를 붙였습니다. 또 '장성張猩'의 경우도 마찬가지였어요. 길 '장長'자 옆에다가 개를 붙였고, '성'자 역시 '성星'자 옆에 '개 견犭'자를 붙여 원숭이를 뜻하는 '성猩'자로 만들었어요. 그런 식으로 모든 명사에 말하자면 '개새끼'라고 하는 욕설을 담았어요. 이러한 어법은 탈춤에도 나옵니다. '양반은 두 냥도 아니고 한 냥 반이다, 양반인지 개다리소반인지.'[5]

「오적」의 풍자는 위계 구도의 '전도顚倒'가 핵심입니다. 이 세상은 가

---

4. 권영민, 앞의 책, 349~350쪽에 김지하 담시의 일반적 특징이 설명되어 있습니다.
5. 김헌선, 「문제작 재조명 : 김지하의 「오적」 구전 서사시의 혁신과 풍자정신」, 『시와 시학』 제12호, 1993을 참조.

치가 전도되어 있기 때문에 작중에서도 모든 위계가 전도되는 겁니다. 신분상으로 보면 '오적'은 나랏님과 더불어 사회 최상층이고 '꾀수'는 최하층이지만, 행실에 있어서는 완전히 그 반대였습니다. 나랏님을 최저점으로 하여, 오적, 포도대장, 꾀수의 순으로 올라갑니다. 좀도둑인 꾀수도 실은 비판을 받아야겠지만 작중 상황으로 보면 그는 천하에 제일 착한 사람입니다. 그를 체포한 포도대장이나 그 대장을 개장에 가둔 그 사람들이야말로 정말로 간 큰 도둑들이죠. 이보다 심한 가치 전도가 없습니다. 이것이 「오적」의 세계관입니다.

민중사상을 계승한 김지하

놀랍게도 시인 김지하는 군사독재에 맞서 싸우면서 차츰 전통 사상으로 회귀했습니다. 그는 평화, 생명, 살림과 같은 토종의 생각으로 돌아가 서양의 다양한 철학과 주의 주장을 아우르고 싶어 했어요. 금서의 효과가 이런 방식으로 나타난 것은 누구도 예측하지 못했을 것입니다. 김지하의 눈에 띈 것은 동학사상이요, 그 뿌리인 『정감록』이었어요. 김지하는 민중의 예언서에 깊은 관심을 가지고, 이를 담시로 표현함으로써 민중사상의 계보를 이어나갔습니다. 이것이 분명한 사실임에도 불구하고 그런 사실에 주목한 연구자는 없는 것 같습니다. 아마 그 증거를 발견한 사람은 제가 처음이 아닐까 합니다.

김지하의 담시에 『정감록』의 자취가 뚜렷이 나타나기 시작한 것은 1980년대 말입니다. 그의 담시 『이 가문 날에 비구름』(1988)부터였어요. 이 작품은 동학의 역사를 한 편의 유장한 시로 풀어낸 것인데, 『정감록』을 빌려다가 최제우가 동학을 개창하게 된 사회경제적 배경을 생동감 있게 그렸습니다. 작중에는 그야말로 토씨 한 개도 안 바꾸고 『정감록』의 내용을 그대로 가져다가 실은 부분이 눈에 띄지요.

『정감록』에는 난세에 굉장한 재앙이 일어나는 것으로 되어 있는데 그 대목이 말없이 인용되는 것입니다. 인천과 부평 사이에 배가 1천 척이 들어오게 되면, 안성과 죽산 사이에 사람들이 다 죽어서 시체가 산더미처럼 쌓이고, 흐르는 강물은 전부 핏물이 된다는 그런 예언입니다. 그런 것들을 김지하는 그대로 자신의 담시에 수용했어요.

그 몇 년 뒤에 나온 『말뚝이 이빨은 팔만사천 개』(1991)라는 담시집에서는 「오행」이란 시가 눈길을 끕니다. 여기서는 숫제 『정감록』의 예언이 그대로 삽입되어 있어요. 말하자면 이런 식입니다. "그해 여름 복중 큰 눈이 내리고, 큰물이 지고, 큰 흉凶이 들고 안성과 죽산安竹과 수성과 당성 사이隨唐間에 굶어죽은 송장이 산처럼 쌓이고 비석이 땀을 흘리고 우물에 피가 솟고 대꽃이 피고. (하략)" 지금 제가 인용한 내용들은 『정감록』의 문구를 가져다가 자신의 생각을 덧칠해 합성한 것입니다. 『정감록』에 나오는 말세의 풍경들을 담시 속에 넣어둠으로써 우리가 살고 있는 이 세상의 흉악함을 드러낸 것입니다. 이 세상은 곧 망하고야 말 몹쓸 세상이라고 하는 시인의 주관적 견해가 아주 뚜렷하게 드러나는 장면입니다.

그런데 김지하는 우리에게 익숙한 탈춤이나 판소리나 민요 등 그런 고풍스런 민중의 서사양식만 빌려온 것이 아니고, 서사구조 및 내용까지도 다분히 그런 민중의 전통에서 가져왔습니다. 『정감록』에서 가져온 것만이 아니라, 『이 가문 날에 비구름』에서 보듯 동학 등 신종교에서도 빌려왔어요. 김지하에게 동학, 증산교 및 『정감록』 등은 과연 어떠한 의미가 있었을까요? 김지하는 동학사상이 『정감록』에서 배태됐다고 믿었고, 그 서사방식에 민중을 설득하는 위대한 힘이 있다고 보았습니다.

김지하가 『정감록』의 형식과 내용을 빌린 것은 결코 우연이 아니었을 겁니다. 그는 『정감록』에 담긴 예언의 내용 못지않게 지난 수백 년 동안 민중이 사용해온 비밀스러운 화법을 터득하고 싶었다고 봅니다. 겉으로는 절망을 토로하면서도 희망의 씨앗을 남몰래 감춰두는 예언서의 화법 속에서 민중의 편에 선 지식인들은 실의에 빠진 민중을 고무하고, 민중의 혀로 말하는 법을 배우려 했던 것이죠. 김지하가 여러 편의 담시에서 『정감록』을 원용한 데는 그러한 문화적 배경이 작용했다고 생각합니다.

김지하는 전통 사상들이야말로 우리 시대의 민중지식인에게 지침이 된다고 생각했던 것이 아닐까요? 이 흉악한 세상을 고쳐서 후천개벽으로 나아갈 수 있는 길이 거기 있다고 믿은 것이 아니냐는 말입니다. 그는 조선 후기 평민지식인들의 문화투쟁을 계승한 것입니다. 그래서 김지하는 최제우가 갔던 길, 최시형이 갔던 길, 강증산이 갔던 바로 그 길, 『정감록』을 들고 다니다가 역모사건을 꾀했다는 혐의로 잡혀 죽은 민중이 갔던 그 길을 따라가기로 결심했겠지요. 바로 그 점에 역사적 의미가 있다고 봅니다. 그랬기에 그는 민중의 언어로 민중의 생각을 표현하고자 노력했습니다. 그 표현 수단이 곧 담시였어요. 그에게 담시는 민중과 대화를 나누는 주술적 언어였습니다.

그러므로 김지하의 담시는 볼썽사나운 이야기인 것 같아 보이지만 실은 그 안에 무엇보다도 고상한 가치가 담겨 있는 것이지요. 시인은 담시를 빌려 단순히 세상을 욕하는 데 머물지 않고 독자들과 함께 새로운 세상으로 옮아가기를 원했어요. 그것이 바로 생명과 평화의 새 천지일 것입니다.

도대체 김지하는 민중을 너무 미화한 것이 아니냐는 물음이 제기될 수도 있습니다. 하지만 김지하의 민중관은 다면적입니다. 『실천문학』 2001년 여름호에 보면 대담에서 김지하는 이런 얘기를 했어요. "민중은 언제나 이중적입니다. 피난과 변혁을 동시에 생각하는 것이지요. 이것이 민중적 사고를 대표하는 사람들의 생각입니다." 이렇게 말이지요. 요컨대 민중은 극과 극의 생각이 담긴 것이다. 극과 극이라는 것은 이중적인 것 같지만 실제로는 다중이겠지요. 극단적으로 선한 것부터 극단적으로 악한 지점에 이르는 것이랍니다. 시인은 분명히 그렇게 봤습니다.

그러면서도 민중을 나쁘게 볼 수는 없다고 생각했는지 또 이렇게 얘기하지 않습니까? "끊임없이 생성하는 생명은 반드시 이중적입니다." 뭔가 깊은 의미가 느껴집니까? 생명의 생성은 단성생식을 배제하지는 않지만 우주적인 관점에서 본다면 대체로 모두 양성생식이지요. 남성적인 것과 여성적인 것, 음과 양, 이것이 함께 하나의 생명을 만드는 거죠. 그러므로 생명 자체가 이미 이중적인 거죠.

"동학이나 강증산 같은 민중사상가들이 보인 이중성을 지식인들이 한번도 보인 적이 없었어요." 그가 이 대목에서 언급한 지식인이란 현대의 지식인, 서구적 의미에서의 지식인을 말합니다. 이처럼 김지하는 서구적 의미의 지식인을 비판했어요.

짤막한 대담 속에서도 김지하는 자신이 추구하는 새 사상의 길이 무엇인지, 그 지향점이 어디에 있는지를 명확하게 밝혔어요. 그것은 근대적 지식으로부터의 이별입니다. 민중적 지식, 전통적 민중의 세계관

으로 돌아가기를 그는 꿈꾸는 것입니다. 김지하의 담시는 이러한 지향
점을 노정하고 있습니다.

문화투쟁과 시인의 변모

김지하의 내면적 성숙은 오랜 고난의 결실이었습니다. 그에게 밀
어닥친 가장 큰 시련은 박정희의 제3공화국의 폭력에서 비롯됐어요.
1970년대 초반 유신체제가 확립되자 군사정권의 폐해는 더욱 커졌지
요. 1970년 5월 김지하는 「오적」으로 인해 영어의 몸이 됐다고 이미 밝
혔습니다. 그해 12월에는 그의 처녀 시집 『황토』가 출간됐어요. 그 서문
에서 그는, "이 작은 반도는 한에 찬 곡성으로 진동하고 있다. 외침, 전
쟁, 폭정, 반란, 악질惡疾과 굶주림으로 죽어간 숱한 인간들의 한에 찬
곡성으로 진동하고 있다"고 썼어요. 이 원귀들의 한을 풀기 위해 시인
은 곧 무당이 되어 진오귀굿을 하기로 결심했습니다. 이 굿은 원한을
안고 죽어간 혼령들을 위로하는 것인데, 나중에는 『진오귀굿』이라는 시
집도 냈답니다.

김지하는 스스로 민중을 위한 사제 역할을 떠맡은 셈이었지요. 그러
고는 시대의 진오귀굿을 펼칠 무당의 역할을 오랫동안 포기하지 않았
습니다. 웬만한 사람들은 뭘 좀 하다가도, '아, 나도 이제 내 할 만큼은
했어. 두 번 들어가면 죽을 거야. 다시는 그렇게 못하겠어. 조용히 살
테니까 나한테 말 걸지 마.' 이렇게 나오기가 쉽습니다. 설사 그랬더라
도 그것이 비난거리가 될 수는 없습니다. 하지만 이 김지하라고 하는
시인은 참 독한 사람이었어요. 자기 자신에게 매우 충실한 인간이었다

고 생각됩니다.

　감옥살이에서 풀려난 그는 바로 가톨릭에 입문했고, 연달아 많은 시들을 썼습니다. 이태 뒤인 1972년, 바로 10월 유신이 일어났던 그해입니다. 그는 「비어蜚語」를 가톨릭계 월간 종합지 『창조創造』에 실었어요. 박정희 군사정권은 이 시가 북괴의 선전 활동에 동조했다며 판금 조치했죠. 창작과비평사에서 출간된 그의 담시집 『대설大說 남』과 시집 『타는 목마름으로』도 보기 좋게 판매금지 처분을 당했어요. 이 두 편은 1984년과 1985년이 되어야 판금이 풀립니다. 혹시 「타는 목마름으로」라는 시를 아십니까? 김광석이 부른 노래도 있으니 한번 들어보시면 좋겠습니다.

　그 이듬해인 1973년은 그에게 무척 생산적인 해였어요. 스물아홉부터 해마다 연달아 문제작들이 터져 나왔던 겁니다. 그해 9월에는 「분씨물어糞氏物語」와 위에서 말씀드린 희곡 「진오귀鎭惡鬼」를 발표했고, 11월 5일에는 당대의 대표적인 지식인 158명과 함께 시국선언에 서명했어요. 김지하는 겁도 없이 개헌국민운동을 펼쳤습니다. 불과 삼십대 초반의 나이로 시인은 민주화투쟁의 선봉에 섰던 셈입니다.

　박정희 독재 권력에게 그는 눈엣가시나 다름없었죠. 처벌의 기회를 노리던 통치집단은 1974년 한 가지 사건을 조작했어요. 간첩단 사건을 대대적으로 꾸며서 반대자들을 일망타진할 기회로 삼았습니다. 바로 민청학련 사건이었어요. 영문도 모르는 채 김지하는 이 사건에 연루됐어요. 그 당시 김지하는 영화 「청녀靑女」의 조감독으로 촬영 팀과 함께 흑산도 어느 여관에 투숙하고 있었대요. 거기서 붙들려 갔답니다. 모든 것이 다 조작이었죠.

　1974년 7월 9일 김지하는 긴급조치 제4호 및 국가보안법 위반, 그리고 내란선동죄로 사형을 선고받았습니다. 죄목 하나하나가 다 메가 톤급이었죠. 그러자 김지하를 살리기 위한 국제위원회가 결성됐어요. 일본의 저명한 작가와 평론가, 종교인, 프랑스의 사르트르와 시몬 보부아르, 미국의 노암 촘스키 등 세계적인 저명인사들이 시인을 위해 석방호소문에 서명했지요. 국제적 압력이 거세지자 박정희 정권은 그에 굴복하여 1975년 2월 15일 김지하를 석방했어요.

출옥한 김지하는 가만히 있지 않았지요. 그는 『동아일보』에 「옥중기」를 싣는가 하면, 기자회견을 열어 인혁당 사건이 조작됐다고 폭로했어요. 그때만 해도 『동아일보』는 볼 만했습니다. 박정희 정권의 독재에 앞장서 반대했지요. 박정희 정권은 『동아일보』에 아무런 광고도 싣지 못하게 기업들에게 압력을 넣었어요. 신문사 쪽은 백지광고를 실어 맞섰고, 우리들 시민은 호주머니 돈을 털어서 『동아일보』에 힘내라는 격려광고를 날마다 실었죠.

김지하의 격렬한 활동에 자극을 받았는지 박정희 정권의 인내심은 곧 바닥이 났죠. 또 시인을 구속했습니다. 1975년 8월 4일, 옥중의 김지하는 놀랄 만한 사건 하나를 또 만듭니다. 그게 바로 옥중 양심선언이었어요. 그의 선언문을 읽은 세계 각국의 신학자들은 김지하의 삶이야말로 예수의 복음을 실천하는 참된 길이라며 박정희 정권 앞으로 탄원서를 보냈어요. 덕분에 김지하는 사형을 면하고 무기수로 감형됐습니다. 그렇게 꼬박 4년 동안 그는 철창에 갇혀 있었는데, 글쎄 그사이 박정희는 심복의 총을 맞고 죽어버렸습니다.

세상은 바뀌었지만 서울의 봄은 올 듯 올 듯하다가 결국 꽃을 피우지 못했어요. 1980년 초여름 전두환을 비롯한 신군부는 권력을 완전히 장악하고 말았지요. 김지하의 형량은 무기가 됐다가 감형이 됐는데, 그

형기를 다 채웠습니다. 1980년 겨울, 김지하는 마침내 감옥 문을 나옵니다. 통산 8년의 긴 세월을 감옥에서 보낸 겁니다. 적은 시간이 아니었어요.

감옥에서 김지하는 참선과 요가 등 규칙적인 생활을 하며 자기 관리를 잘했다고 합니다. 그는 날마다 계획을 세워 문학과 통일 문제를 연구했다고 합니다. 그리고, 자신의 삶을 꾸준히 성찰했다는 것입니다. 이런 김지하를 학생과 지식인들이 어찌 사랑하지 않을 수가 있었겠어요. 그가 쓴 글은 당국의 금지에도 불구하고 몰래몰래 돌려가며 읽었죠. 저도 겉장을 바꿔 단 김지하의 책을 선물받아 아끼며 읽은 기억이 있어요. 그 당시에는 가방에 책을 넣고 가다 보면 시도 때도 없이 경찰관이 가방 검열을 하던 통에 가슴을 졸이며 살았답니다.

하지만 이른바 운동권과 시인의 밀월은 오래 계속되지 못했습니다. 감옥에서 나온 김지하가 달라진 거죠. 갑자기 달라진 것은 아니고 점점 다른 지점으로 이행해가는 과정이 있었습니다. 마침내 1991년 그는 보수매체인 『조선일보』에다 운동권을 격렬하게 비판하는 글을 썼어요. 그게 바로 '죽음의 굿판론'이었죠.

그 배경 설명을 좀 하면 이랬어요. 그해 봄 운동권 인사들이 방북을 꾀하며 적극적인 통일운동을 추진했지요. 정부가 이를 문제 삼자 반발한 학생 일부가 투신과 분신자살을 해서라도 자신들의 요구를 반드시 관철시키겠다고 주장했어요. 이를 보다 못한 김지하가 문제의 글을 썼답니다. "당신들의 그 숱한 죽음을 찬미하는 국적불명의 괴기한 노래들, 당신들이 즐기는 군화와 군복, 집회와 시위 때마다 노출되는 군사적 편제선호 속에 그 유령(파시즘)이 이미 잠복해 있었던 것이다." 요컨대 여러분이 민주화투쟁을 할 때 이미 여러분 안에 파시즘이 숨어 있었다는 것입니다.

김지하의 운동권 비판은 이어졌습니다. "당신들은 맥도널드 햄버거를 즐기며 반미를 외치고 전사를 자처하면서 반파쇼를 역설했다. 당신들의 구호와 몸짓은 이미 순발적 정열을 이탈하여 의식화됐다." 말하자면 시인은 학생운동권의 교조적 성향을 비판하고, 그들에게 잠재된 파시즘을 맹렬히 비판하면서 의식화를 폄하한 것입니다.

당연히 시인의 발언은 사회적으로 큰 물의를 일으켰습니다. 김지하의 논조에 동조한 사람들은 대부분 보수 기득권층이었지요. 진보진영은 이 사건을 계기로 김지하에게서 등을 돌렸습니다. 일부에서는 김지하의 변절을 노골적으로 비판했어요.

그 뒤로도 김지하는 여러 차례에 걸쳐 사회적 논란의 중심에 있었습니다. 2008년 황석영이 이명박 대통령과 손을 잡으려 했을 때도 그랬습니다. 많은 사람들이 황석영을 변절자라고 비난했어요. 저 역시 그랬습니다. 그때 김지하는 앞장서 황석영을 변호했어요. 작가도 변절할 자유가 있다고 말했습니다. 그 말 자체는 옳을지도 모릅니다. 그렇지만 작가의 변절이 사람들의 눈에 아름답게만 보일 리는 없었지요. 또 2009년 노무현 전 대통령이 정치적으로 궁지에 몰린 나머지 부엉이바위에서 뛰어내려 세상을 떠났습니다. 충격적인 사건이었지요. 전국적으로 추모 열기가 대단했어요. 600만 명이 추모식에 참가할 정도였어요. 김지하는 그때도 추모 물결을 향해 비판의 목소리를 돋웠습니다.

김지하의 비판은 노무현 전 대통령의 지지자들, 이른바 '노빠'를 겨냥했습니다. 그는 노빠라고 하는 사회적 현상을 위험한 것으로 간주했습니다. 그 말대로 노빠가 문제라 합시다. 그렇다면 같은 잣대를 이른바 보수 우파에게 들이댈 경우 얼마나 많은 비판이 쏟아져야 하겠습니까? 그러나 김지하는 우파에 대해서는 늘 침묵하는 편입니다. 형평성에 심각한 문제가 있습니다. 이런 상황이라서 그는 또 한 차례 격렬한 논전에 휘말려들었습니다.

김지하가 늘 옳았다고 생각하지 않습니다. 그럼에도 불구하고, 저는 되도록 그의 입장을 존중하려고 합니다. 그가 조선 후기 평민지식인들의 전통을 이어 생명평화사상이라는 독특한 세계관을 형성했다고 믿어서 그런 것입니다.

생명사상을 위하여

김지하의 생명평화사상은 불교의 선禪, 수운 최제우의 동학사상을 바탕으로 거기에 기독교의 핵심인 사랑과 평화를 융합한 것입니다. 그의 철학적 태도는 동아시아의 지성사에 뿌리가 깊은 '회통론會通論'에 기대고 있습니다. 고대부터 동아시아에는 '삼교회통론三敎會通論'이니 '백교회통론百敎會通論'이니 하는 말이 있었지요. 전자는 유교와 불교와 도교, 이 셋이 사실은 하나라는 논리입니다. 또 '백교회통론'이라고 할 때는 그 외의 다른 모든 사상까지도 결국은 하나로 귀일된다는 입장입니다. 이러한 믿음이 동학에도 있었고, 『정감록』에도, 또 증산교에도 있었어요.

회통의 사상을 김지하에게 전한 이는 무위당 장일순(1928~94)이었습니다. 시인은 자신의 제2 고향, 강원도 원주에서 장일순을 만났어요. 그의 영향으로 가톨릭에 입문하기도 했죠. 장일순이야말로 회통론자였고, 최시형을 이은 생명평화사상의 거장이었습니다.

1970년대에 김지하는 장일순을 통해 동학과 증산사상甑山思想[6]을 접

---

6. 증산사상은 강일순(姜一淳, 1871~1909, 호는 甑山)에게서 시작됐지요. 그는 동학의 정신을 이어받아 유·

하게 됐지만 그다지 깊은 공부를 하지는 못했어요. 그러다가 1980년에 감옥에서 나온 뒤로 달라졌습니다. 김지하는 생명평화사상으로 자기를 돌이킨 것입니다. 그의 지적 쏠림은 1985년에 하나의 결실을 맺었어요. 김지하의 『사상기행』이라는 책이 나오지 않았습니까? 이게 사실 큰 작업이었지요. 자기 발로 최제우가 걸어간 길, 최시형이 걸어간 길을 뒤따라가면서 글을 쓴 겁니다. 그것이 『이 가문 날에 비구름』이라는 담시집으로 표현이 됐단 말입니다.

그때 시인은 서구 사상과 자신의 관계를 어떻게 정립할 것인지를 심각하게 고민했습니다. 김지하의 선택은 명백했지요. 회통론자의 입장에서 서구 사상도 채택하되 중심은 반드시 우리의 사상에 두자는 겁니다. 그것도 도교니 유교니 하는 고답적인 것이 아니라 강증산이나 최제우 같은 민중적 지도자들의 사상을 뿌리로 삼자는 것이었어요.

서구 사상은 이제 김지하의 내면에서 고작해야 언저리를 차지하게 됐어요. 거기에는 뚜렷한 이유가 있었습니다. 김지하는 이렇게 말합니다. '근대 서구의 사상, 즉 계몽주의와 휴머니즘은 물신주의와 인간중심주의를 토대로 삼았다는 점에서 한계가 있다.' 인간중심주의가 결국은 생명을 인간의 하위에 놓게 만들었고, 그로 인해 생명의 흐름이 막히고 생명이 파괴되어 죽음의 파도가 밀려오게 됐다는 지적입니다. 바로 이런 상태를 극복하기 위해서는 생명 자체를 근본으로 여기는 생명사상이 절실히 요구된다는 것이 시인의 주장입니다.

불·선의 교리에 입각한 신종교를 세웠고 그 종지(宗旨)는 '해원상생(解寃相生)', 즉 서로에 대한 원망을 풀고 함께 사는 새 세상을 만드는 것이었지요. 1902년부터 1909년까지 7년간 전라북도 전주의 모악산 주변 지역에서 포교에 전념했지요. 그의 사상은 보천교(普天敎) 등으로 계승됐고, 현재에도 수십 개의 교파가 증산에게서 교맥(敎脈)을 찾고 있습니다.

전통 사상을 기반으로 그는 생명운동을 펴기 시작했어요. 그가 '집단적 신명' 혹은 '공동체적 신명'의 가치를 강조한 것은 그 증거라 하겠고요. 누가 강압하지 않고, 권유하지 않아도 제 스스로 흥이 나서 함께하는 것이 신명이란 말입니다. 그렇게 신명나는 놀이에는 생명의 활기와 의미가 있다는 것이고요. "동북아의 놀이 형식을 통하여 핵, 공해" 등의 과제를 풀어나가자고 그가 주창한 것은 바로 그러한 맥락에서 이해가 됩니다. 생명과 평화를 중시하는 그로서는 실천이 중요한데, 그가 일차적으로 떠올린 것이 반핵운동과 반공해운동이었어요. 산업화의 찌꺼기를 청산하고 생명 살리기로 나아가야 된다는 것이지요.

김지하의 사상적 변화를 긍정적으로 믿는다면 앞에서 말한 "죽음의 굿판을 걷어치워라"고 한 그의 외침도 부정적으로만 볼 것은 아닙니다. 김지하가 돈 몇 푼에 팔려서 그런 것도, 권력의 위세에 주눅이 들어서 그런 것도 아니라고 이해하고 싶습니다. 김지하에게는 이제 표면적인 문화투쟁이 아니라 훨씬 더 치열한 내면의 반성이 중요해졌다고 인정하면 어떨까요?

민주화운동도 생명운동으로까지 한 단계 더 나아가지 않으면 위험하다는 경고는 김지하의 처지에서 얼마든지 나올 수 있습니다. 단지 특정한 정권을 반대하는 운동만으로는 누구도 행복해질 수 없습니다. 그의 생명사상은 나날이 깊어져 1983년에 출간된 이야기 모음집 『밥』에서는 한울님사상, 생명의 세계관, 후천개벽사상, 광대예술론, 민중관 등 자신의 기본적인 관점을 하나 둘씩 명확히 드러냈습니다. 서양 문명의 고리를 끊고 이 악순환에서 벗어나 새 생명의 역사, 즉 후천개벽의 역사를 실천하자는 주장이 나오기에 이릅니다. 드디어 그는 『정감록』의 현대적 의미를 발견한 셈입니다. 1988년, 그가 수운 최제우의 삶과 죽음의 이야기를 담은 담시『이 가문 날에 비구름』을 발표한 것은 이 시인의 평생에 있어 중대한 사건이었습니다.

그런데 이후 김지하의 행보는 복잡해졌습니다. 물론 우리가 비교적 쉽게 이해할 수 있는 측면도 없지는 않습니다. 1988년 그는 장일순을 비롯한 원주 지역 재야인사들과 함께 '한살림운동'을 시작했어요. 이것은 새로운 생명운동의 일환으로서 유기농법을 통해 얻은 생산물을 도시 소비자와 공유하자는 공동체운동이었습니다.

난해한 것은 같은 해에 그 자신이 착수한 '율려학회律呂學會'의 활동입니다. 그는 '신인간운동'을 추구한다고 했습니다. 어떻게 하면 우리가 신명나게 살 수 있을까, 어떻게 하면 예술의 생동성을 가지고 일상생활을 영위할 수 있을까를 추구하는 운동이라는 것입니다. 하지만 이 운동으로 인해 그는 사방으로부터 몰이해와 비판에 직면했습니다. 그때부터 시인의 활동은 더욱더 시민사회로부터 멀어져갔습니다. 이른바 '민족정신회복시민운동연합'을 만들어 대표로 취임했는데, 그가 표방하는 새로운 민족문화운동에 공감하는 사람은 거의 없습니다. 갈수록 그의 행보는 지지와 인정을 받기 어렵게 되어갑니다. 이것이 제 솔직한 느낌입니다.

그럼에도 불구하고, 그를 매도하고 싶지는 않습니다. 그의 사상이 생명과 평화를 중심으로 삼는 만큼 앞으로도 관심을 가지고 지켜볼 생각입니다. 김지하를 무조건 두둔하고 치켜세우자는 것이 아닙니다. 어쩌면 그 자신도 잘 모르는 사이에 1970년의 「오적」에서 시작된 문화투쟁이 동학과 증산교와『정감록』의 전통에 맞닿았고, 그것을 기반으로 생명평화사상을 만들었다는 사실에 김지하다움이 있는 것은 아닐까요? 물론 근자에는 그의 사고가 너무 우경화된 것이 아닌가 염려되기도 합니다. 그가 매사에 민족을 너무 들먹이는 것이 불편하게 생각되기도 합니다. 그러나 「오적」을 통해 붓으로 칼을 이긴 이 시인의 생명은 아직 다하지 않았을 것입니다. 아니, 적어도 그러하기를 저는 소망합니다.

참고문헌

권영민, 『한국 현대문학사』 2, 민음사, 2002.
김지하, 「오적」, 『사상계』, 1970년 5월호.
김헌선, 「문제작 재조명 : 김지하의 「오적」 구전 서사시의 혁신과 풍자정신」, 『시와 시학』 제
    12호, 1993.

『8억인과의 대화』

'진실지상주의자'의 현대 중국 발견

　　1977년에 출간된 『8억인과의 대화』는 그 편역자인 리영희에게 고난과 영광을 선사한 주요 저작의 하나였습니다. 이러한 사실은 리영희의 한평생을 기록한 『대화 : 한 지식인의 삶과 사상』에도 잘 나타나 있습니다. 이번 강의의 제목은 「'진실지상주의자'의 현대 중국 발견」이라고 정했습니다. 리영희가 발견한 새로운 중국의 모습은 '죽의 장막'을 걷어 올린 민얼굴의 중국이었습니다. 그런데 아마 '죽의 장막'이란 말은 설명이 좀 필요할 것 같습니다. 제2차 세계대전 이후 냉전적 사고방식이 지배하던 시기의 일입니다. 영국의 정치가 윈스턴 처칠(1874~1965)은 소련을 비롯한 동구권을 '철의 장막'이라고 불렀습니다. 동유럽 세계가 서방세계와 완전히 단절이 돼 있었기 때문에, 마치 철의 커튼을 친 것처럼 외부에서는 아무것도 볼 수 없다는 뜻으로 쓴 말입니다. 이를 본떠 서방의 저널리스트들은 1949년에 성립된 중화인민공화국을 그 나라의 특산물인 대나무에 빗대어 '죽의 장막'이라고 불렀어요.

　　리영희의 책이 나올 때까지도 한국 시민들은 죽의 장막이 쳐졌다는 중국에 대해서 제대로 아는 게 없었습니다. 권력자들은 중국에 대한 관심 자체를 불온하게 취급했어요. 중국은 6·25전쟁 때 북한 편을 들어 참전까지 했던 판국이라 그에 대한 중립적인 발언조차 금기시됐지요. 중국에 관해서는 미개하고 참혹한 사회라는 악성 루머만 가득했죠. 바로 그 장막을 걷어올린 것이 『8억인과의 대화』였습니다. 이 책은 그때까지 전혀 모르고 있던 중국의 다른 모습을 보여줌으로써, 반공정권이 애써서 만들어놓은 중국의 이미지들을 완전히 탈색시켰어요. 굉장한 파란을 일으킨 책입니다.

박정희 독재정권은 이 책이 나온 바로 그해에 이 책을 금서로 지정했어요. 그들은 편저자 리영희를 반공법 위반으로 옥에 가둡니다. 그럼에도 불구하고 금서 『8억인과의 대화』는 그 자매편에 해당하는 『전환시대의 논리:아시아·중국·한국』(1974), 『우상과 이성』(1977)과 함께 한국 사회에 깊은 충격을 주었고, 그것이 1980년대 민주화운동에 중요한 역할을 담당했습니다. 리영희의 책들은 체제가 금지한 진실을 폭로함으로써, 한국 사회를 시민 중심의 민주 사회로 이끌어나간 '문화투쟁'의 기폭제였습니다. 리영희의 문화투쟁은 '진실'을 향한 열정이었다고 볼 수 있어요.

많은 사람들이 그를 '실천적 지식인 리영희'라고 부릅니다. 어쩌면 지성인이라는 표현이 더 적합할지도 모르겠어요. 그를 돋보이게 하는 것은 지식의 양이 아니라 날카로운 통찰력과 비전에 있었어요. 그렇기 때문에 우리가 그를 20세기 한국의 지성이라고 불러서 안 될 것이 없습니다. 아무리 깎아내린다 해도 그는 엄연한 '실천적 지식인'이었습니다.

이 강의에서는 실천적 지식인 리영희의 문화투쟁을 세 가지 측면에서 고찰해보렵니다. 우선 '진실'에 대한 그의 집념을 시대배경과의 연관 속에서 알아볼 것입니다. '진실'이야말로 리영희가 선택한 최상의 서사 전략이었습니다. 그런 점에서 금서 『8억인과의 대화』를 통해 리영희가 밝힌 중국 공산혁명의 진실도 탐색하고 이어서 리영희가 쓴 책들 가운데 『전환시대의 논리』와 『우상과 이성』이 던진 충격을 알아보겠습니다.

그래야만 비로소 리영희가 전개한 문화투쟁의 실상이 명확히 드러나기 때문입니다. 끝으로, 기왕 말이 나온 김에 현대 중국을 바라보는 리영희의 관점에 대해서도 살펴보고 싶습니다. 그의 주장이 낯설게 여겨지는 점도 있지만 경청할 부분이 있다고 생각되기 때문입니다. '진실'을 향한 그의 목마름은 늘 새로운 문화투쟁의 씨앗이 됐습니다.

'진실'을 찾아나선 리영희

리영희는 평생 동안 '진실'의 소중함을 강조했어요. 최근에 인기를 끌고 있는 방송뉴스 「뉴스타파」를 보세요. 방송을 시작할 때마다 첫 화면에 리영희가 등장해서, "내가 정말 중요하게 생각하는 것은 국가가 아니야. 민족 같은 것이 아니야"라고 얘기합니다. "나한테 정말 중요한 것은, 나에게 정말 중요한 것은 진실이야." 그렇게 말합니다. 과연 리영희에게는 국가와 민족, 그런 것이 중요한 게 아니라 진실을 밝히는 작업이 가장 소중했습니다. 이것은 국가나 민족이 중요하지 않다는 뜻이 절대 아니지요. 그런 것들도 진실의 바탕 위에 서지 않으면 아무런 의미가 없다는 것입니다. 그는 진실지상주의자였던 것입니다.

그토록 그가 진실을 강조하게 된 이유가 궁금해집니다. 리영희가 '진실'이란 서사전략을 채택하게 된 가장 큰 이유는 그가 몸소 체험한 시대의 문제와 맞닿아 있습니다. 그가 가슴 아파했던 일제강점기로부터 오늘에 이르기까지 한국 사회를 지배하고 있는 정치권력은 거짓에 기초했기 때문입니다. 그래서 리영희는 그 허위와 위선을 폭로하기 위해 저널리스트가 됐고, 권력에 의해 그 현장에서 쫓겨난 다음에도 끊임없이 진실을 탐구하게 됐던 것입니다. 리영희의 문화투쟁은 진실을 추구하는 데 뜻이 있었던 것입니다.

다른 이유도 있지요. 리영희가 경험한 한국 현대 사회는 늘 이념과잉에 시달렸기 때문입니다. 군국주의적인 이데올로기, 냉전이데올로기, 반공이데올로기 등이 한국 현대사를 도배했어요. 이 밖에도 많았습니다. 무력에 의한 통일이데올로기, 산업개발이데올로기, 착취의 이데올로기, 도시화의 이데올로기 등등 언제나 그런 이념과잉이 지배했어요. 그러나 늘 빈껍데기뿐이었어요. 리영희는 거기에 맞섰던 것입니다. 그는 권력욕을 합리화하는 거대담론이 아니라 구체적이고 세부적인 사실들을 아주 냉철하게 자신의 머릿속에서 조합함으로써, 자기 나름의 진실한 세계상을 구축했습니다. 리영희는 거짓된 이념을 벗어던지고, 대신에 사람들이 진정으로 살 만한 세상을 누구보다 열심히 그린 것입니다. 이것은 좀 역설적으로 들리겠습니다만, 그는 진실이라는 또 하나의 이념을 창출한 이상주의자였습니다.

그가 자신의 진실을 실천하는 방식은 저술과 출판을 비롯해 체제에 대한 끈질긴 문화투쟁으로 표현됐습니다. 지난 100년 동안 한반도는 늘 외세에 의해 좌지우지됐습니다. 그야말로 지배층의 굴종적이고 사대주의적인 태도가 풍미하는 그런 세상이었습니다. 그 꼴이 싫었던 리영희는 자주적이고 독립적인 사고를 지향했습니다. 『대화』에도 그런 얘기가 나옵니다만, 리영희는 일본이든 서구든 그 어느 유명한 철학자나 사회학자, 정치학자의 이론 따위를 앞세우고 거기에 무조건 굴복하는 태도를 취한 적이 한 번도 없습니다. 리영희의 글에는 '사실의 이론'은 있을지 몰라도 '주장의 이론'은 없었습니다. 그런 점에서 저는 리영희를 격물치지格物致知의 실천적 지식인이라고 생각합니다. 모든 것을 자신의 눈으로 직접 확인해서, 그 자질구레한 사실들 속에서 전체를 꿰뚫는 큰 그림을 기어이 찾아내고야 말겠다는 의미에서의 실천을 그는 중시했습니다. 정치적인 실천이 아니라 사실 탐구를 통해 삶 자체를 바꾸기 위해 노력했다고 봅니다.

리영희의 한평생

진실에 대한 리영희의 생각을 깊이 이해하려면 아무래도 그의 일생을 조금 더 스케치해볼 필요가 있을 것 같습니다. 리영희에 대해 강준만 교수가 한 말이 인상적입니다. "멀쩡하던 대학생들이 리영희의 책만 읽으면 충격을 받고 이상하게 변해갔다. 자신과 가족을 위해 좋은 직장을 얻기 위한 공부에만 몰두하겠다던 '청운의 꿈'을 내던지고 진실과 인권과 상식의 가치에 입각해 이 사회와 나라를 걱정하기 시작했다."[1] 정말 굉장하지요. 리영희는 그렇게 젊은 사람들을 변화시키는 놀라운 힘을 가졌습니다. 그들에게 리영희의 언어는 새로운 세상을 약속하는 하나의 새로운 백과사전이었고, 그것은 양심의 명령문이었습니다.

그러나 기득권의 입장에서 본 리영희는 어떤 사람이었겠습니까? 리영희는 이성의 힘만 믿고 권력의 횡포, 권력의 우상에 맞서 싸운 한국 현대사의 돈키호테였습니다. 풍차와 맞서서 싸운 돈키호테! 리영희의 진실벽眞實癖이 인생의 전 기간에 걸쳐서 그를 돈키호테로 만들었죠. 그 놈의 진실벽 때문에 몸담았던 언론계와 대학에서 번번이 쫓겨났어요. 그 시작은 1969년 베트남전쟁과 국군파병을 반대한 때부터였어요. 국회가 베트남 파병을 승인하기까지 적잖은 반대 여론이 있었지만 박정

---

1. 강준만 편저, 『한국 현대사의 길잡이 리영희』, 개마고원, 2004, 6쪽.

희 군사독재정권은 그 문제에 대한 집착이 워낙 강했어요. 때문에 누구도 감히 그 일에 대해 왈가불가하지 못했어요.

파병 이후 늘 신문에 나오는 건 '귀신 잡는 해병'이 베트콩을 어디서 몇 명 사살했다던가, 또 '대한의 건아들'이 이역만리 타국에서 자유를 수호하기 위해서 불철주야 싸우고 있다는 식의 상투적인 얘기뿐이었어요. 그랬던 것인데 리영희는 베트남전쟁을 노골적으로 비판했습니다. 그것도 『조선일보』 기자로서 그랬으니 살아남을 수 있었겠습니까? 결국 신문사에서 강제 해직됐어요.

그래서 그가 간 곳이 합동통신사였죠. 거기에서도 군부독재에 항의해 「64인 지식인 선언」에 서명해 쫓겨났습니다(1971). 그래도 리영희는 굴하지 않았어요. 그는 군부독재 및 유신체제에 반대하는 '민주회복국민회의' 이사로 활동했습니다.

그런 리영희에게 직업상 행운이 찾아왔어요. 한양대학교 교수가 된 것입니다. 그런데 그 교수 자리도 오래 지키지 못했죠. 반정부 활동을 자꾸 한다고 해서 1976년에 해직되고 말았습니다. 바로 그 해직교수로서 써낸 책이 『8억인과의 대화』예요. 해직되기 전에 간행해 문제가 됐던 것은 『전환시대의 논리』였고요. 『8억인과의 대화』로 인해 그는 감옥에 수감됐고(1977), 나중에 『한겨레신문』 논설고문으로 방북 취재를 계획했다가 또 수감됐어요(1989). 전후 다섯 차례에 걸쳐 1,012일을 그는 감옥에서 보냈습니다. 험한 시대에 진실을 추구한 지식인이 치른 대가는 쓰디썼어요.

그가 『8억인과의 대화』를 편역할 수 있었던 배경이 있습니다. 이미 합동통신사에 있을 적에 그는 외신부장이었어요. 그때부터 중국 문제에 관심이 많았고, 그 인연으로 한양대에 재직하던 시절에는 중국문제

연구소에 관여하게 됐지요. 그때만 해도 공산주의 국가라는 점을 강조하기 위해서 중국을 '중공'이라고 불렀어요. 리영희가 몸담았던 한양대학교 중국문제연구소는 각국에서 나온 중국 관련 자료들을 망라하고 있었던지라 연구 여건이 좋았어요. '망라'라고 했지만 사실 그건 과장이죠. 오늘날의 관점에서 보면 우스꽝스러울 정도로 소장된 자료의 양과 질이 형편없었어요. 하지만 그 당시 한국에서는 중국 사정을 가장 정확하게 파악할 수 있는 처지였습니다.

그 연구소 안에서 수집된 자료를 가장 자유롭게 이용할 수 있는 이가 다름 아닌 리영희였어요. 그의 외국어 실력은 발군이었지요. 영어는 기본이고, 일본어 역시 능통했고, 불어와 중국어까지 읽을 수 있었지요. 리영희 세대에서는 그만큼 할 수 있는 사람이 거의 없었지요. 다들 일본어는 잘했지만, 영어만 하더라도 벌써 어려운 것 아닙니까? 리영희는 탁월한 어학 실력을 무기로 정말 많은 자료를 이용했답니다.

자료를 정리할 때도 리영희의 작업방식은 특이했어요. 매우 꼼꼼했어요. 그는 부산에 있는 해양대학을 나왔거든요. 고급 선원을 키우기 위해 만든 학교가 아닙니까? 이공계 학교인데, 거기서 받은 교육 덕분에 남다른 연구방법을 터득했다고 합니다. "나는 이공계 교육을 받는 과정에서 모든 것을 기계설계나 건축설계를 하듯 정말 치밀하게 분석하고 종합, 체계화하는 것이 습관이 됐어요. (중략) 그런 식으로 치밀한 설계 위에 완전히 균형이 잡힌 조직체로 짜기도 하고, 정책이나 사물관계나 구조물의 구성에 필수불가결한 재료들 즉, 논증자료들을 찾아 모아서 철저하게 해체, 분해, 해부해서 알맹이를 드러내지 않으면 멈추지 않는 기질이에요."[2]

이것이 바로 리영희의 작업방식이었습니다. 『8억인과의 대화』는 바로 그렇게 쓴 책입니다. 그는 아주 구체적인 사실의 숲을 뒤져서 필요한 사실의 단편들을 찾아내, 그것을 자기 식으로 조합한 것입니다. 그는 '지식의 우주'를 편집했던 거예요. 20세기의 세계를 자기 식으로 형상화한 겁니다. 그런 식으로 리영희는 이른바 세계적인 석학들이 만든 이론을 부정하고 자신의 독자적인 인식에 도달했어요. 이것이 그의 독특한 서사전략의 핵심입니다.

결과적으로 그의 현실 인식은 당연히도 한국 정부가 국민들에게 제시한 그림과 달랐습니다. 한국을 지배하는 주류 지식인들의 세계관과도 전혀 달랐어요. 리영희가 제시한 현실 세계상은 지배 이데올로기와는 거리가 먼 것이었기 때문에 젊은 지식인들이 열광했습니다. '아, 이걸 보니까 진짜 다르네. 아, 이건 다른 얘기야.' 이런 식이 됐던 것입니다.

리영희의 눈에 비친 대한민국 사회의 실상은 비참했어요. 그의 말을 직접 인용하겠습니다. "내가 살아온 75년이라는 세월은 최근 몇 해를 제외하면 한마디로 '야만의 시대'였다"라고 했습니다. 여기서 '최근 몇 해를 제외'한다는 것은 무엇입니까? 김대중 정권과 노무현 정권은 예외라는 뜻이지요. 그 10년을 제외한 나머지는 '한마디로 야만의 시대였다'는 것입니다.

"이 엄혹했던 시대에 나는 '지식인'으로서의 자신에 대한 책임으로서, 그리고 인간답게 살 수 있는 권리를 위해서 싸우는 고결한 정신의 소유자들을 돕기 위해서, 많은 글을 썼고 많은 발언을 했다. 이로 말미암아서 나에게 가해지는 고뇌와 불이익은 말할 수 없이 혹독했다."[3] 이것

2. 리영희, 임헌영, 『대화 : 한 지식인의 삶과 사상』, 한길사, 2005, 148쪽.
3. 같은 책, 8쪽.

이 리영희 자신의 삶에 대한 자평이었습니다.

그는 한국 사회의 모순과 문제점들을 날카롭게 인식하고 있었기 때문에 침묵하지 못했습니다. 진실을 알리지 않고는 견딜 수가 없었던 까닭도 있지마는 진실의 편에서 싸우는, 그 몇 안 되는 동지들을 모른 척할 수가 없어서 투쟁한 적도 많았다고 합니다.

글쓰기를 통한 그의 문화투쟁은 1974년 그의 첫 책『전환시대의 논리』와 더불어 시작됐어요. 이 책은 미국의 역할에 근본적인 문제를 던졌습니다. 학교에서 가르치는 미국 상像은 자유민주주의의 수호자, 우리의 우방, 그리고 세계의 경찰, 이런 것들인데 리영희는 그 상을 완전히 무너뜨렸어요. 언론의 자유를 제한하고 남몰래 비밀주의를 추구한 미국 정부의 위선을 밝힌 것입니다. 가령 '통킹만 사건'도 실은 미국이 조작했다는 사실을 숨김없이 드러냈습니다. 통킹만 사건은 미국 기자 대니얼 엘스버그가『뉴욕타임스』에 최초로 폭로했던 것이고, 리영희를 통해 그런 사실을 처음으로 알게 된 한국인들은 경악했습니다.

『전환시대의 논리』가 발표되던 1974년의 한국은 암흑기였어요. 공포와 절망이 한국 사회를 감싸고 있었어요. 젊은 사람들은 전혀 모르는 일이겠지만, 이른바 '대통령 긴급조치'라는 게 있었지요. 국가원수를 비방하는 발언만 해도 잡혀가고, 그런 혐의만 있어도 잡혀갔죠. 권력기관이 마음만 먹으면 언제든지 누구든지 어떻게든지 잡아가도 시민으로서는 대처할 방법이 전혀 없는 것이 바로 '긴급조치'였습니다. '긴급조치'가 제1호에서부터 제9호까지 계속해서 발효되자, '박정희'라는 이름조차 함부로 꺼내기가 어려웠습니다.

아무튼 굉장히 엄혹한 시대였어요. 그때 박정희 일당은 영구집권을 획책하고 있었지요. 리영희를 비롯한 일부 지식인들이 그에 반발했기 때문에, 자기들의 구미에 맞지 않는 지식인들을 침묵시키기 위해서 그들은 많은 사건을 조작했어요. '너희는 다 빨갱이야!'라고 몰아붙였습니다. 정말 많은 간첩단 사건들이 조작됐습니다. 그들을 군사재판에 회부시켜서 1심으로 형을 확정하고 곧장 사형한 경우도 없지 않았어요. 그야말로 폭력의 시대였던 것입니다. 어떤 사람들은 그 시대를 그리워한다고도 말하는데, 도무지 이해가 안 되는 일이지요.

그 어두운 시절에 리영희는 양심의 촛불을 켰다고 하겠습니다. 『전환시대의 논리』에 이어서 1977년에는 문제의 금서인 『8억인과의 대화』를 간행하게 됐습니다. 이 책은 서점에 나온 지 두 달 만에 금서가 되어버렸어요. 바로 그날, 그의 책 『우상과 이성』이 또 출간됐답니다. 그 역시 얼마 지나지 않아서 금서로 묶이고 맙니다. 박정희 정권은 문제의 저술가 리영희를 좌시하지 않았어요. 1977년 11월 23일 아침, 그는 '반공법 위반'의 죄명으로 남영동 대공분실로 끌려갔어요. '해외 공산집단을 고무 찬양'했다는 겁니다. 중국의 공산당을 미화했다는 억지를 그에게 씌운 거였어요. 리영희가 기소되던 날, 그의 모친은 세상을 떴습니다.

나중에 감옥살이에서 풀려난 다음에도 리영희는 계속해서 또 다른 책들을 썼습니다. 그의 문제의식은 차츰 제3세계 쪽으로 확대됐어요. 한반도를 중심에 두고 전 세계적인 문제를 다루었던 것입니다. 지금 여기서 다 말씀드리기는 불가능하겠지만, 『80년대의 국제정세와 한반도』(1984), 『분단을 넘어서』(1984), 『역설의 변증 : 통일과 전후세대와 나』(1987) 등이 차례로 나왔습니다. 진실을 통한 그의 문화투쟁은 계속 이어졌던 것입니다.

한데 1990년대가 되자 리영희는 조용해졌습니다. 이유가 뭘까요? 그동안의 세계사적 흐름과 관련이 있습니다. 1980년대 말부터 동구권의 몰락이 가속화됐어요. 현실 사회주의 국가들이 앞다퉈 망해버렸습니다. 그것이 리영희에게는 큰 숙제로 다가왔다고 합니다. 그때까지 노골적으로 표현한 적은 없었지만 그의 마음속에는 하나의 유토피아가 자리 잡고 있었어요. 그 중요한 부분은 사회주의와 관계가 있었다고 봅니다. 동구권이 몰락하면서 사회주의의 가치에 관한 비판과 반성이 전 세계적으로 크게 일어났습니다. 리영희는 아찔해진 거였습니다. 이제 그는 이 문제를 내적으로 해결해야만 됐기 때문에 상당 기간 침묵으로 일관했습니다.

얼마 후 그의 고뇌와 사색을 담은 책이 나왔습니다. 『새는 좌우의 날개로 난다』(1994)였지요. 그 책에는 리영희뿐만 아니라 진보진영 일반의 고민이 담겨 있습니다. 그는 시대 변화를 응시하고 재정립의 숙고에 돌입한 것입니다. 사회주의의 전면적인 포기도 아니고, 그 반대편에 있는 자본주의에 완전히 백기 투항한 것도 아닌 균형 잡기를 시도하는 거였어요. 그의 이러한 모색은 시대의 진보적인 모든 지식인들이 안고 있는 고민을 압축적으로 보여주는 것이라고 저는 생각합니다.

그리고 리영희는 늙어갔습니다. 어쩌면 그에게는 축복이었을지도 모르겠습니다. 그의 말년에 한국 사회를 주도한 정치 세력이 그래도 그와 이념적으로 보아 맥락을 같이하는 김대중·노무현 정권이었기 때문이지요. 그러나 흥미로운 점이 있었어요. 보통 사람들 같으면 소위 좌파정권이 권력을 잡았으니까 한 자리 얻으려고 나설 것이 아니겠습니까? 자신이 꿈꾸던 세계를 현실에서 구현해보겠다고 두 팔을 걷어붙이고 등장할 만도 하건마는 리영희는 나서지 않았어요. 여기에 리영희다움이 있었습니다.

그는 어떤 직책도 맡지 않았습니다. 그저 언제나처럼 그는 현실을 날카롭게 감시하고 비판하는 역할을 계속했습니다. 그렇게 평생을 일관한 것입니다. 그는 아주 훌륭하게 잘살았다고, 저는 그렇게 평가하고 싶어요.

2005년에는 문학평론가 임헌영과 대담 형식으로 정리한 리영희의 회고록『대화』가 간행됐는데, 리영희의 삶을 잘 정리했어요. 이 책을 꼭 읽어보시기 바랍니다. 그 이듬해(2006)에는 그의 저작집 12권이 빛을 보았습니다. 11권까지는 그동안에 출간된 책들, 즉『8억인과의 대화』를 비롯한 기왕의 저작을 묶은 것이었고, 마지막 권은 미발표 원고를 한데 모은 것이었습니다.

한마디로, 리영희의 저작은 사실적이고 힘차며, 간결하면서도 정밀한 문체를 자랑합니다. 그의 글은 어느 것이나 궁극적 진실에 도달하고자 했던 저자의 분신이었다고 생각됩니다. 리영희는 늘 구체적이고 사실적인 글을 썼는데, 그가 말하는 사실에는 힘이 실려 있었어요. 사실을 표현하는 그의 방식도 대단히 간결했어요. 간결하게 쓰면 대개는 글이 허술하기가 쉽지요. 그러나 리영희식 문장은 간결하면서도 무척 정밀했어요. 리영희의 글쓰기는 그런 특징이 있었습니다. 그의 글쓰기는 감정을 직접적으로 드러내지 않았어요. 그러나 감정을 안에 담고 있다는 것이 볼 만했습니다. 겉보기에 차가워 보이지만 뜨거운 것, 그것이 리영희의 서사전략이었다고 생각합니다.

리영희에 대한 세상의 평가는 완전히 상반됩니다. 진보 지식인들이 그를 '사상의 은사'로 여겼던 반면에 한국 사회의 지배 세력은 그를 '의식화의 원흉'이라고 매도했어요.[4] 우리는 이러한 극단적 평가를 지양하

---

4. 같은 책, 8쪽 참조.

고 공정하게 그의 공과를 가늠해야 할 것입니다.

이미 1970년대부터 그는 탈냉전적 사고를 축구했고, 평화통일을 추구했으며, 제3세계의 문제를 강대국의 왜곡된 시선으로 억단하지 않았습니다. 이러한 사실은 리영희의 성찰이 21세기에도 여전히 타당함을 말해줍니다.

인간 리영희에게는 친구가 별로 많았던 것 같지 않아요. 리영희는 북쪽에서 내려온 이른바 '삼팔따라지'였습니다. 그러니까 어린 시절을 함께한 친구가 거의 없었어요. 중학교 시절은 군국주의 말기에 해당했기 때문에 그렇게 깊은 우정을 쌓을 수도 없었던 모양입니다. 그 뒤 직장 생활을 하긴 했지만 그 직장이라는 것들이 리영희를 항상 쫓아내고 말았지요. 리영희는 강압적 독재 체제의 반대자였기 때문에 그의 주변에는 권력의 사냥개들이 많았겠지요. 날마다 그의 동정을 훔쳐보고 그것을 위에다 고자질하는 사람들이 있었을 겁니다. 리영희는 자기 옆에 있는 사람들을 마음 놓고 믿을 수가 없는 곤혹스런 입장이었어요. 그 자신의 표현을 빌리면, "20년을 사귀어야 겨우 친구라고 마음을 열어놓을까 말까" 하는 그런 처지였답니다. 그렇게 오랜 세월을 함께했어야 비로소 친구가 된다는 것인데, 그렇게 힘들고 먼 길을 함께할 수 있는 사람이 많을 턱이 없지요. 결과적으로, 리영희에게는 인생의 한 구간을 같이 간, 말하자면 동료 마라토너는 많이 있었지만, 지기知己라고 일컬을 수 있는 사람은 적었던 것 같아요.

그러나 친구가 아주 없지는 않았지요. 시인 고은을 리영희는 매우 가까운 친구로 생각했던 것 같아요. 또 그가 정말 좋아했던 사람이 있었답니다. 바로 무위당 장일순이죠. 장일순은 리영희가 매우 좋아하다 못해 존경한 친구였어요. 제가 보기에 20세기 한국이 세계를 향해 내놓을 만한 보배가 몇 있었는데 그중의 하나가 장일순이었습니다. 리영희도 그렇게 믿었습니다.

요컨대 리영희는 장일순과 더불어 해방 이후 이 땅에 빛을 던져준 지성이었어요. 그는 군사독재의 험악한 구둣발 아래 짓밟히면서도 붓이 칼을 이길 수 있다는 진리를 입증한 사람이었습니다.

『8억인과의 대화』로
중국 공산혁명에 관한 진실을 밝히다

정치인 김두관은 리영희를 이렇게 평가했어요. "『8억인과의 대화』 등을 통해 중국을 보는 새 눈을 주셨고 역사와 사회 문제를 보는 안목을 주셨다." 물론 이 책에 대한 부정적인 평가도 없지는 않았어요. 보수 세력은 이 책이 중국의 문화대혁명을 지나치게 미화했다고 비판했죠.

이러한 평가들을 무턱대고 받아들이기 전에 염두에 둘 점이 있습니다. 『8억인과의 대화』는 리영희의 저작이 아니라 편역이었다는 것입니다. 그것도 그가 한양대 중국문제연구소에 재직하면서 축적한 자료를 번역한 것이었단 말입니다.[5] 요컨대 『8억인과의 대화』에 소개된 진실은 리영희의 독자적인 연구 결과가 아니라, 외국학자들의 연구 결과였던 것입니다. 그럼에도 불구하고 그것은 역시 리영희의 선택이었어요. 현대

---

5. 한양대학교의 중국문제연구소는 해방 후 한국에 설립된 최초의 '중공(中共)' 관련 연구소였습니다. 리영희는 이 연구소의 특징을 다음과 같이 요약했습니다. "정부 정보기관에서도 갖지 못한 공산주의사상, 사회주의, 혁명이론과 혁명적 실천 등과 관련한 세계 각국의 발간물, 소위 '불온문서' 취급을 정부가 허락한 것도 세계정세 변화에 부응한 탓이지. 이런 문서, 학술자료, 논문, 정기간행물 등을 선택하여 수입, 구득하는 업무를 내(리영희)가 담당했지"(같은 책, 436쪽).

중국을 분석한 허다한 문헌들 가운데서 하필 왜 그런 문헌들만 골랐느냐, 하는 문제가 있습니다. 요컨대 『8억인과의 대화』는 리영희의 책이 아니기도 하고, 리영희의 책이기도 하다는 이중성을 인정해야 할 것입니다.

리영희는 이 책으로 인해 자신이 감옥에 갇힐 수도 있다는 것을 아마 알았을 것입니다. 그런 추측은 이 책의 서문에 해당하는 '읽는 이를 위하여'에서 확인됩니다. 그는 서문에서 발뺌하는 듯한 언사를 남겼어요. "여기에 수록한 24편의 글은, 한마디로 말해서 중국 민중의 「나날을 살고 있는 모습」을 묘사한 것이다." 즉 중국 민중의 일상생활사라고 했어요. 그의 말은 다음과 같이 이어집니다. "이데올로기, 권력, 정치, 혁명, 선전 등에 관한 것이나 특히 '이론'이라는 것은 하나도 없다." 이 부분이 바로 앞에서 제가 말씀드린 리영희의 특징을 잘 드러냅니다. "그저 기행문을 읽듯이 가볍게 읽으면 중국의 백성들 속에 들어가 목격하는 것과 같은 느낌을 갖게 되는 그런 것이다."(『8억인과의 대화』, 3)[6] 요컨대 이념적인 목적으로 이 책을 낸 것은 아니고, 중국인의 일상생활을 소개하는 것일 뿐이라는 거였지요. 정말 그것뿐이었을까요? 그럴 리가 없다고 생각합니다. 그는 현대 중국을 통해 미래의 한국 사회가 지향할 이상을 제시하고 싶었을 것입니다.

권력자들은 바로 그 점을 크게 문제 삼았습니다. 『8억인과의 대화』와 『우상과 이성』을 통해 한국 사회가 지향할 새로운 이상을 제시했기 때문에 독재정권은 그를 1977년 11월 23일 감옥에 집어넣었습니다. 그런 위험한 책을 찍었대서 창작과비평사 발행인 백낙청과 한길사 대

6. 『8억인과의 대화』의 인용은 창작과 비평사(1977)에서 출간한 책에 따른 것입니다.

표 김언호도 입건됐습니다.

당국에 체포된 리영희는 고문에 시달렸어요. 잠도 안 재우고, 같은 질문을 여러 날 동안 되풀이했습니다. 자기들이 원하는 답이 나올 때까지 그를 몰아세웠답니다. 리영희는 바로 옆방에서 들려오는 비명소리를 들으며 공포에 떨었습니다. 저들은 피의자를 때리고 물 먹이고 짐승처럼 악랄하게 다뤘습니다.

고문의 후유증은 대단합니다. 얼마 전 김근태 전 고문이 고문 후유증으로 작고했습니다. 『대화』에서 리영희는 김근태를 칭송합니다. 보통 사람들은 그렇게 두들겨 맞고 수모를 당하면 아예 의식을 다 놓아버리게 된답니다. 일종의 보호본능이지요. 그래서 자기가 언제 무슨 일을 당했는지, 자기를 괴롭힌 사람이 누구였는지 도저히 기억하지 못하게 된답니다. 고문에 시달리다 보면 피의자는 모든 것을 포기해버리지 않을 수가 없다는 것입니다. 하지만 김근태는 이를 악물고 이 모든 폭력의 순간을 낱낱이 기억했습니다. 인간의 한계를 초월했던 것입니다. 그는 온갖 굴욕과 수모의 기억을 잘 갈무리해서 감옥 바깥으로 전달하는 데 성공했습니다. 그건 정말 초인적인 능력이 아니면 도저히 도달할 수 없는 위대한 경지였다고 리영희는 감탄했습니다.

중국식 공산혁명에 대한 평가

다시 본론으로 돌아가서 리영희의 문제의식을 말해봅시다. 한마디로 요약하면, 중국식 공산혁명은 훌륭하다는 것이었습니다. 리영희가 보기에 중국의 공산혁명은 가뭄 끝에 내린 단비와도 같은 역사의 축복이었어요. 리영희는 미국식 또는 서구 중심의 자본주의 체제에 대해서 염증을 느꼈던 지식인이었어요. 또 그는 1917년 이후 러시아가 선도한 이른바 '리얼 소셜리즘', 즉 현실 사회주의에 대해서도 진저리를 냈습니다. 관료주의와 비밀주의가 지배하는 소비에트 체제는 폭력, 통제, 공포 등의 폭압성을 지니고 있다고 확신했기 때문입니다. 리영희는 이 두 가지 체제를 넘어설 수 있는 제3의 가능성을 모색했습니다.

그의 소망을 충족시켜준 것이 마오쩌둥이었어요. '마오쩌둥의 중국 공산혁명은 과연 다르다!' 리영희는 긴 세월 동안 많은 문헌을 읽고, 번역하고, 생각한 끝에 그런 결론을 내렸습니다. 그랬기에 그는 자신의 생각을 편역의 형식으로 대중에게 알리고자 했습니다. 『8억인과의 대화』는 그렇게 탄생했습니다.

요컨대 리영희는 중국 공산혁명에 대한 한국 사회의 병적인 편견과 거부감을 일소하기 위해 『8억인과의 대화』를 편역했다고 볼 수 있지요. 마오쩌둥의 중국에 대한 공포심을 극복하고 조금이라도 그들의 진실을 보여주기 위한 것이었습니다.[7] 저술이 아니라 남의 글들을 편집하고 번역함으로써 진실에 더욱 가까이 다가설 수 있다는 리영희 나름의 서사전략이 있었습니다.

여러 학자들의 견해를 비교해 읽음으로써 리영희는 마오쩌뚱의 중국 공산혁명에서 몇 가지 특징을 발견했습니다. 첫째, 중국의 공산혁명은 장기간에 걸쳐 준비된 아래로부터의 혁명, 즉 상향적 민중혁명이라는 것입니다. 이 혁명은 "저변의 대중 속에서 운동의 목표, 방향, 행동방식 등이 상향적으로 기능하는 형태"[8]라는 것이었지요.

둘째, 그것은 오랫동안 준비된 혁명이라는 것입니다. 1851년의 태평

---

7. 리영희, 임헌영, 앞의 책, 441쪽.
8. 같은 책, 439쪽.

천국 혁명으로부터 시작되어 80년 이상 계속된 농민혁명의 완성이었다는 주장입니다.[9] 리영희의 견해에 따르면, 바로 그러한 역사적 전통에 힘입어 마오쩌둥은 물리적으로 압도적 우위에 있던 장제스蔣介石 정부와 싸워 완승을 거둘 수 있었습니다. 중국 공산당은 역사의 정통성을 이어받았기 때문에 민중적 베이스가 있었다는 거지요. 바로 그런 점에서 중국의 공산혁명은 과거 지구상에 존재한 어떤 혁명과도 달랐다는 것입니다.

셋째, 중국의 공산혁명은 중국에서 자발적으로 전개된 대중운동이었다는 점입니다. 마오쩌둥의 사상은 그 자체가 중국적인 것으로, 이것이 인류에게 제3의 길을 제시했다는 말입니다. 요컨대 중국 공산혁명이 동아시아의 전통 위에 선, 전적으로 새로운 사회주의 모델이라는 주장이었습니다.

리영희는 중국역사가인 오웬 래티모어(1900~89)의 입을 빌렸습니다. "그들은 소련의 선교사들에 의해서 마르크스주의자가 된 것이 아닙니다. 중국인 스스로가 마르크스주의를 채택하여, 그것을 중국의 낡은 문화수용文化受用의 형식에 어울리는 중국적인 내용으로 변용할 수 있는 권리를 자기들이 갖고 있다는 식으로 생각한 것이지요. 그리고 마르크스사상을 수용한 뒤에는 중국판 마르크스사상이 곧 다른 나라의 마르크스주의보다 우월하다는 주장을 내세우고 있는 것입니다."(『8억인과의 대화』, 22)

넷째, 이상에서 말한 중국적 전통을 증명하는 것이 다름 아닌 '문화혁명'이라고 보았습니다. 문화혁명에 관해서는 여러 가지 엇갈린 평가

9. 같은 책, 443쪽.

들이 있었어요. 극도로 비판적인 것에서부터 찬양일변도에 이르기까지 다양했어요.

리영희의 서사전략에는 특별한 점이 있어요. 그는 중국 방문객들이 남긴 여러 종류의 글에서 사실적인 부분만을 발췌했지요. 그들의 생생한 기록들을 토대로 중국 사람들이 마을에서, 학교에서, 공장에서 실제로 어떻게 살았는가를 집중적으로 따져보았습니다. 즉, 그들의 구체적 생활조건을 살폈고, 생존 환경에서 비롯된 제도, 관습, 인습, 신앙 및 가치관을 문화혁명이 어떻게 뒤엎었는지에 주목했습니다.[10] 그리하여 문화혁명은 위에서부터 아래로 내려가는 '지시형 혁명'이 아니라 상향식의 민주혁명이라는 결론을 도출했습니다.

문화혁명은 그 당시 국가권력의 실세였던 공산당원들에 의해 시작된 것이 아니라, 소수파에 해당했던 '조반파造反派'가[11] 주도했고, 그 운동에 공산당원증도 없는 민중이 대거 개입함으로써 성공하게 됐다는 것입니다.

문화혁명에 대한 리영희의 진단

오늘날 우리는 문화혁명 때문에 많은 사람들이 굶어죽었다, 마오쩌둥 치하에서 문화혁명의 미명 아래 중국 민중은 온갖 폭력에 시달렸다고 생각합니다. 그러나 리영희는 문화혁명에 대해서 완전히 다른 결론

---

10. 같은 책, 448쪽.
11. 조반파는 문화혁명을 지지하는 모임으로, 1966년 11월 6일 상하이에서 왕훙원(王洪文, 1935~92)에 의해 조직됐습니다. 그 공식 명칭은 '상하이 노동자 혁명 조반 총사령부(上海工人革命造反总司令部)'였습니다. 왕훙원은 마오쩌둥의 부인이었던 장칭(江青)을 비롯해 야오원위안(姚文元), 장춘차오(張春橋)와 더불어 이른바 '사인방(四人帮)'으로 불리며, 문화혁명 당시 무소불위의 권한을 행사했습니다. 1976년 9월, 그들은 마오쩌둥이 사망한 지 한 달 만에 모두 숙청되고 말았습니다.

을 내렸습니다. 그는 문화혁명의 결과, 중국 민중은 굶주림으로부터 해방됐고, 복지도 개선됐으며, 여성의 지위 역시 향상됐다고 주장했습니다. 또 중국 사회는 더욱 건전해졌고, 정치적으로도 민주화가 이뤄졌다고 보았어요. 요컨대 중국 민중에게는 밝은 미래가 있다고 말했던 거지요. 인용문을 통해 리영희의 얘기를 직접 들어보지요.

먼저 그는 문화혁명의 결과를 대단히 긍정적으로 평가했습니다. "오늘날 중국에는 굶주리는 사람이 없고 영양실조나 질병에 걸린 사람이 없을 뿐만 아니라, 중국인 대중의 일반적 생활수준은 기본적 생존의 수준을 훨씬 넘어 있다. 아편 중독자나, 성병, 혈액내흡혈충병 같은 유행성 질병은 완전히 일소됐거나 일소되어가는 과정에 있다. 노동자는 퇴직하고 나서 재직 시 월급의 70~80퍼센트를 노후에 매월 지급받는다. (중략) 중공의 사회정책의 우선순위는 놀라울 만큼 인간 위주이며, 이것은 중공이 아직도 산업혁명의 과정을 걷고 있는 저개발국가라는 점에서 볼 때 더욱 놀라운 일이다."(『8억인과의 대화』, 55)

문화혁명 이후 더욱 밝아진 중국 사회의 표정이 다음과 같이 기술되기도 합니다. "중국인은 1주 6일간을 휴식도 취하지 않고, 열심히, 능률적으로, 그리고 아주 요령 있게 일하고 있다는 사실이다. 휴가는 직장관계로 가족과 헤어져 있는 사람들에게만 한정되어 있는 것 같다. 도시건 시골이건, 건설 현장, 학교, 공공토목 공사장에서건, 그들이 분주하게 일에 열중하고 있는 태도에는 압도되고 만다."(『8억인과의 대화』, 130) 또 어느 노인의 증언을 통해 대중 복지가 개선된 사실을 주장합니다. "대체적으로 말해서 생산대生産隊 지도원은 문화혁명 이후 늙은 농민을 더 잘 보살펴주게 됐다. (중략) 우리에게 어려운 일을 맡기지도 않는다. 그리고 우리는 매사를 회의를 통해서 결정한다. (중략) 이제

는 누구도 회의를 거치지 않고 명령만 내리지 못한다."(『8억인과의 대화』, 218)

'회의'라는 말에서 보듯, 문화혁명은 하나의 정치혁명이었다고 합니다. "그것은 보다 깊은 민주주의를 뜻한다. 빈민농이나 중하층 농민이 그전보다 훨씬 넓은 민주주의를 향유하고 있는데, 크고 작은 결정사항은 공개적 토론에서 결정되고, 대중적 의결사항은 그 지역 사회의 경제정책과 전체의 이익에 부합되는 제반 개혁을 처리한다."(『8억인과의 대화』, 220) 또 여성들의 지위도 확연히 개선됐다고 했습니다. "우리 여성들은, 집안 살림이나 돌보면 된다는 류샤오치劉少奇식 사고방식을 거부하고, 여성은 천하의 절반을 덮고 있으니 모든 정치적 활동과 모든 공적 결의 과정에 참여해야 한다는 마오쩌둥어록을 외치면서 싸웠다."(『8억인과의 대화』, 231)

문화혁명의 결과, 중국 사회는 살 만한 나라가 됐다는 것, 이것이 리영희의 종합적 판단이었습니다. 그는 중국을 다녀온 미국 학생들의 눈을 통해서 이러한 변화를 증명하려고 했습니다. "중국은 단순하지만 놀랄 만큼 효율적이고 능률적인 소비물자의 분배방식을 발전시킨 것 같다. 우리가 견학한 공장, 기업들은 규모는 별로 크지 않은 공장의 표본일 수 있겠지만 솜씨 있게 운영되고 있었고, 과잉 노동자도 없고 설비, 시설도 비교적 현대적이었다."(『8억인과의 대화』, 137)

리영희의 눈에 비친 중국은 도덕적으로도 완벽한 사회였습니다. "중국의 많은 도시를 거닐면서 나(해리슨 솔즈버리)는 중국에는 섹스라는 것이 존재한 일이 있는가 하는 착각마저 들었다."(『8억인과의 대화』, 175) 새로운 중국 사회에 대한 리영희의 찬미는 외국인들의 관찰을 토대로 한 것이었어요. "미국인 학생들이 가장 깊은 감동을 받은 것은, 중국인들이 자기 한 개인의 이익을 위해서가 아니라 전체의 이익을 위해서 보여주는 형제애, 동지적 결합, 협동정신이었다. 개인은 전체를 위하고 전체는 개인을 위한다는 정신, 미국인 학생들에 비친 중국 젊은 세대는 자신의 개인적 영달을 위해서가 아니라 중국 사회, 중국 국가의 이익을 위해서 일하는 태도였다.”(『8억인과의 대화』, 184)

리영희의 관찰 결과, 1970년대 초반부터 중국에는 산업화운동이 활발했습니다. 하지만 산업화·도시화에 따른 여러 가지 문제들이 훌륭하게 극복되고 있었습니다. 보통은 산업화나 도시화가 추진되면 여러 가지 부작용이 나타나게 되어 있습니다. 중앙집권이 너무 심해지고, 도시 문제가 심각해집니다. 도덕적 해이의 문제도 생기게 마련입니다. 그것이 서구의 경험이었습니다. 하지만 중국은 그런 문제들을 적절히 해결하고 있다고 리영희는 믿었습니다. 예컨대 중국 정부는 도시인구의 일부를 농촌으로 내려보냄으로써 도시집중화를 막는 동시에, 전원적 공동체를 이상으로 삼는 중국공산당의 가치를 심화, 보급했다는 주장입니다.

농촌으로 내려간 도시 출신의 젊은 지식인들은 복합적인 역할을 담당했다고 합니다. “하방운동下放運動(도시민의 농촌 이주)에는 세 가지 목적이 있다는 것이다. 시 인구를 줄이는 것, 중국의 땅(국토)을 개조하는 장기적인 엄청난 시련에 젊은이들을 참가시킴으로써 그들을 단련시키는 것, 빈농을 뒷받침하는 데 교육받은 노동력을 제공하는 것, 그렇게 함으로써 도시와 농촌 사이의 격차를 줄이는 데 도움이 되며, 결과적으로 농촌 생활이 도시 생활에 비해서 힘들고 권태스러운 것이 아니라 변화 많고 충족감을 주는 것이라는 이상적인 미래를 앞당긴다는 것이다.”(『8억인과의 대화』, 240)

중앙집권화의 폐단을 줄이기 위해 '오칠간부학교五七幹部學校' 역시 많은 노력을 했다고 합니다. 말하자면 지도층의 재교육을 통해 중국 정부는 관료화의 문제를 미연에 방지하고 있다는 것입니다. 알다시피 이 학교는 공산당 간부들의 재교육을 위해 설립된 특수교육기관이었어요. 사상교육보다는 육체노동을 통해 간부들이 민중과 하나 되게 만들었답니다. 리영희는 '오칠간부학교'의 운영을 대단히 긍정적으로 평가했습니다.

리영희의 진실은 진실일까

리영희는 『8억인과의 대화』를 통해 중국에 대해서 한국 정부가 주장해온 상식은 모두 그릇됐다고 평가했습니다. 그는 지난 수십 년 동안 중국이 역사적인 험로를 뚫고 개척해낸 성과는 실로 부럽다는 입장을 표명했습니다. 반공을 국시로 내건 박정희 정권이 이 책을 문제 삼은 것은 당연하다고 하겠습니다. 중국을 바라보는 시각이 완전히 달랐으니까 말입니다.

여러분은 어떻게 생각하십니까? 리영희의 중국 인식은 과연 올바른 것이었을까요? 새롭고, 옳은 부분도 많았겠지만, 정보의 편향성이랄까 또는 정보 부족으로 인한 왜곡도 적지 않았습니다. 1990년대 이후 우리는 도처에서 리영희식 중국관을 반박하는 자료를 만나게 됐습니다. 자연히 우리로서는 리영희가 부러워한 중국은 역사적 실체가 없었다고 믿게 됩니다. 문화혁명이 중국을 여러 면에서 얼마나 많이 후퇴시켰는가, 그것이 얼마나 많은 중국 사람들을 공포에 빠뜨렸는가를 검토한 새로운 연구 결과들이 참 많습니다.

리영희 역시 자신의 주장이 그릇됐다는 사실을 차츰 알게 됐습니다.

그가 일종의 변명을 겸한 해명을 하게 된 것은 역사의 필연이었습니다. "다른 외국학자들에 비해서 월등히 열악하고 한정된 범위의 정보밖에 없던 나에게 그 후 알려진 이른바 '홍위병'의 반문화적 파괴 행위로 말미암은 여러 가지 부정적 사실은 정확히 파악할 방법이 없었어요. 내가 세계정세 전반, 특히 중공혁명에 관련한 어떤 문제에 천착 평가하든지 간에, 그와 같은 나의 지적 행동에는 한 가지 목적과 원칙이 있었어요. 외부의 현상을 한국에 투영할 때에 나의 가장 큰 관심사는 우리 남한 사회와 국가 내부의 온갖 부조리와 왜곡을 파악할 수 있도록 그 대조적인 현상으로서 외부의 현상을 제시하는 것이지요. 그것들이 지니는 '반면교사反面教師'적 효용과 의의를 중시한 거요."[12] 중국의 실상을 제대로 몰랐던 점을 인정하면서도, 아무튼 그 자신이 책을 쓴 근본 목적은 한국 사회의 부조리를 드러내는 것이었다고 고백한 셈입니다. 그렇다면 그 목적은 그래도 상당 부분 충족됐던 것이 아닐까 합니다.

사실 『8억인과의 대화』가 출간될 당시만 해도 이 책에 필적할 만한 책을 낼 수 있는 사람은 없었던 것 같습니다. 중국에 관한 정보도 구하기가 어려웠고, 약간의 정보가 있었다 하더라도 리영희만큼 용기 있게 그것을 소개할 수 있는 전문가도 없었습니다. 아니, 그렇게 다양한 정보를 우리말로 소화할 수 있는 사람도 리영희 말고는 거의 없었어요. 여러모로 리영희는 독보적인 인물이었습니다.

아직도 중국 전문가가 퍽 부족합니다. 지난 몇 년 동안에도 한미일 삼각동맹 체제 때문에 한국과 중국 사이에 적잖은 갈등이 있었습니다. 이런 문제를 해결할 만한 식견 있는 전문가가 필요한데, 좀체 눈에 띄

---

12. 같은 책, 447쪽.

지 않아요. 중국말을 할 줄 아는 사람은 많이 생겼지만 중국의 실정을 날카롭게 분석하는 학자와 언론인은 부족한 게 아닌가 하는 안타까움이 있습니다. 리영희와 같은 인물이 없다는 것은 한국 사회를 위해서도 불행한 일로 생각됩니다.

자매편 『전환시대의 논리』, 『우상과 이성』의 충격파

『전환시대의 논리』와 『우상과 이성』이 한국 사회에 던진 충격파는 대단했어요. 우선 저자 자신의 목소리를 통해서 확인해보죠. "『전환시대의 논리』는 그 내용 하나하나가 남한 사회의 기형적인 상식과 신념이나 이념이 일상화되어 있는 지식인, 대학생, 청년, 노동자들에게 너무나 새롭고 신선했던가 봐요. 그들의 가치관이나 신념체계가 책을 읽어가는 동안에 소리 내어 무너졌다는 거요. (중략) 해방 이후 반세기 가까운 세월을 인류 사회에는 오직 광적인 반공주의적 가치관과 병적인 극우적 세계관밖에 없는 줄 알고 살아온 한국인들에게 그것과는 반대인 것, 때로는 그것보다 훨씬 높은 가치와 가치체계, 그것과 다른 인간적 사유와 존재양식도 있다는 사실, 그리고 그런 것으로 이루어진 사회와 국가들이 많다는 현실 등을 처음 알게 된 거지요. 그러니까 정신이 몽롱해질 정도로 큰 충격을 받은 거지. 잠깐 사이에 그런 경험을 말하고 또 감사해하는 편지가 수백 통이나 배달돼왔어요. 그러니까 의식화된 거지. 정권이 긴장한 것이 당연하지."[13]

13. 같은 책, 460~461쪽.

그랬습니다. 남한의 가치, 남한의 이념, 즉 대한민국 정부가 국민들을 계몽하고, 어떤 점에서는 그것만 알고 있으면 된다고 했던 일종의 도그마를 리영희는 허구로 만들어버렸습니다. 자신의 주장이 얼마나 엄청난 도전을 불러일으킬지를 리영희는 처음부터 계산에 넣고 있었어요.『전환시대의 논리』서문에서 그는 이렇게 주장했습니다.

"지동설을 증명한 코페르니쿠스의『천체의 회전에 관하여』라는 책의 출판을 위탁 맡은 신학자 오리안더는 교회 권력과 신학 도그마와 그에 사로잡혀 있는 민중의 박해 때문에 그 책을 '사실'로서가 아니라 '가설'이라는 궤변을 서문에 삽입하여 출판했다. (중략) 격에 안 맞는 코페르니쿠스와의 비교를 자청하는 것이 아니라." 자청하고 있는 것이 아니라고 했지만 리영희는 이미 자청했던 거죠. "이 사회를 '정치적 신학'의 도그마가 지배하는 날까지는 가설인 것으로 나는 만족한다는 것이다."[14] 이처럼 그는 자신의 저서가 코페르니쿠스적 전회를 불러일으킬 것으로 예감하고 있었습니다.

모두 6부로 구성된 이 책의 제1부는 '강요된 권위와 언론의 자유'라 했지요. 독재정권에 의한 언론자유의 억압을 비판했습니다. 제2부는 금단의 영역이었던 중국 공산혁명의 연원을 다뤘어요. 이 제2부를 확대한 결과, 그것이 나중에『8억인과의 대화』가 됐다고 여겨집니다. 그런 다음에 제3부는 세계정세 즉, 한반도에 관한 국제적인 문제들을 분석했지요. 제4부는 한미일의 이른바 '삼각동맹'에 대한 비판적 성찰을 했어요. 일본이 재무장을 하고 있다는 것이 벌써 그의 시야에 포착됐던 것입니다. 아울러 베트남전쟁의 문제점도 깊이 파헤쳤습니다. 제5부는

---

14. 리영희, 『전환시대의 논리』, 창작과비평사, 1977, 4쪽.

여러 가지 신변잡기였고요. 제6부는 '한미 안보체제의 역사적 전망'이라 하여, 미국의 보호 아래 놓인 한반도의 현재와 미래를 조망했어요. 뭐니 뭐니 해도 결국 이 책은 한국과 미국의 관계에 초점을 두었다고 생각됩니다. 그 다음에 중국이나 베트남 문제를 어떻게 볼 것인가 하는 문제의식이 강했지요. 끝으로, 일본 문제를 어떻게 볼 것인가, 일본의 변화하는 역할에 어떻게 대응할 것인가 하는 문제에 관심을 기울였습니다.

한마디로 『전환시대의 논리』는 1960년대 후반부터 1970년대 초반까지 동아시아의 외교, 군사 및 정치 문제를 분석한 책입니다. 특히 중국에 대한 새로운 관점을 제시했고, 미국의 닉슨 독트린과 대외정책의 장단점을 예리하게 파헤쳤다고 평가됩니다. 또 일본의 재무장을 걱정하며, 베트남 문제를 비판적으로 성찰함으로써 반공이데올로기에 갇힌 시민들에게 큰 충격을 안겨주었습니다. 리영희는 바야흐로 '전환'하는 시대가 왔음을 강조한 것입니다.

그 후속편인 『우상과 이성』도 한국 사회를 지배하는 냉전논리, 분단체제를 옹호하는 분단의 이데올로기를 비판하고 군사독재 체제에 대한 강렬한 거부와 저항감을 표시했습니다. 이 책을 읽은 독자들은 한국 현대사의 질곡을 뚜렷이 인식하게 됐어요. 또 중국과 베트남에 대한 통념을 회의하게 됐습니다. 어떤 매체는 이 책이 지금까지 한 번도 의혹의 대상이 되지 않았던 한국 사회의 도그마(우상)를 '이성'의 이름으로 비판했다고 했습니다.[15]

이 책의 제목에 대해 저자 스스로는 이렇게 말했습니다. "나의 글을

---

15. 「삶을 밝히는 책 : 리영희 저 『우상과 이성』」, 『한국일보』, 1993년 2월 10일자 ; 강준만 편저, 앞의 책, 118쪽.

쓰는 목적은 진실을 추구하는 오직 그것에서 시작되고 그것에서 그친다. 진실은 한 사람의 소유물일 수 없고 이웃과 나눠져야 할 생명인 까닭에 그것을 알리기 위해서는 글을 써야 했다. 그것은 우상에 도전하는 이성의 행위다. 그것은 언제나, 어디서나 고통을 무릅써야 했다. (중략) 그러나 그 괴로움 없이 인간의 해방과 발전, 사회의 진보는 있을 수 없다."[16]

이성의 힘, 나아가 이성과 진실의 힘으로 우상을 깨자는 것입니다. 바로 그 이성과 진실의 힘으로 앞으로 살게 될 새 세상의 모습을 그려보자는 것이 리영희의 저술 동기였다고 봅니다. 그 목적은 상당 부분 달성된 게 아닐까 합니다. 많은 사람들이 그의 저술을 통해서 세상을 보는 비판적인 눈을 가지게 됐다는 점에서 성공적이었다는 말입니다.

그 증거가 있지요. 1980년대 초반 중앙정보부가 조사를 했어요. 중앙정보부라면 그 당시 독재 권력을 상징하는 권력의 아성이자 권력의 호위병이었죠. 그들이 대학생들을 대상으로 가장 영향력이 큰 30권의 책을 조사했답니다. 그랬더니 1위가 뭐였는지 아세요? 리영희의 『전환시대의 논리』였습니다. 2위는 『8억인과의 대화』였습니다. 1위, 2위가 다 리영희의 책이죠. 3위는 송건호의 『한국 민족주의의 탐구』였습니다. 4위는 박현채의 『민족경제론』이었습니다. 5위는 무엇이었을까요? 놀랍게도 다시 리영희의 『우상과 이성』이었습니다. 요컨대 한국의 청년들을 움직인 30권의 책 가운데서 최상위 랭킹 세 권이 리영희의 책이었다는 것입니다.

조금 과장되게 말하면, 리영희의 영향으로 1980년대의 저항이 가능

16. 리영희, 『우상과 이성』, 한길사, 1977, 8쪽.

했다고도 볼 수 있습니다. 그래서 저는 리영희가 성공했다고 주장합니다. 이러했으니, 권력과 이권의 수혜집단은 그를 "지식인과 대학생과 대중의 머릿속에 '생각'을 불어넣는 '의식화의 원흉'이라 매도"했습니다.[17]

　놀라운 것은 리영희의 예지 능력이었습니다. 그는 문제의 저술 활동을 통해 중국의 성장과 변화에 주목했습니다. 오늘날 그 중국은 과연 어떻게 됐습니까? 중국은 G2로 성장했잖아요. 또한 그는 일본이 군사 대국화하는 경향을 경계했습니다. 그 짐작대로 일본은 군사 대국이 되어 있고, 팽창의 야욕을 채우지 못해 안달하고 있습니다. 한 가지 유감스러운 일은 한반도의 불행한 현실입니다. 그가 그토록 피하고자 했던 불행한 대립과 긴장 상태가 여전히 계속되고 있습니다. 리영희는 한반도를 지배하는 냉전적 사고방식을 해결하고 평화공존을 모색하기 위해 이런 책들을 썼습니다. 물론 그 목적은 아직도 요원한 미래의 과제로 남아 있습니다. 하지만 그것이 리영희의 탓이라고 볼 수는 없습니다. 집권자들과 시민들의 노력이 부족한 탓입니다.

리영희가 본 21세기 중국 사회

『8억인과의 대화』는 20세기 중후반의 중국 사회를 분석한 책이었습니다. 알다시피 그 뒤 중국 사회는 엄청나게 변모했습니다. 미국과 함께 세계경제를 이끄는 견인차가 됐다 해도 과언이 아닙니다. 한국의 가

---

17. 리영희, 임헌영, 앞의 책, 466쪽.

장 중요한 무역 파트너이기도 하고요. 이러한 현대 중국을 우리는 어떻게 평가해야 옳겠습니까? 관점에 따라 많은 평가가 있습니다만, 대체로는 긍정적이라고 생각됩니다. 중국의 경제규모는 지금 이 시간에도 눈덩이처럼 불어나고 있으니까요.

그럼 일찍이 『8억인과의 대화』로 중국 공산혁명의 진실을 파헤치고자 했던 리영희의 판단은 어떨까요? 이미 고인이 되고 말아서 정확히는 알 수 없지만 아마도 대단히 부정적인 평가가 나올 거라고 생각합니다. 『8억인과의 대화』를 보더라도 리영희는 덩샤오핑鄧小平에 대해서 대단히 비판적이었어요. 그는 덩샤오핑을 중국 공산혁명의 시계를 거꾸로 돌릴 인물로 보았어요.

실제로도 현재의 중국 사회는 마오쩌둥주의로부터 멀리 벗어나고 말았어요. 중국 사회는 자본주의보다 어떤 의미에서는 더 자본주의적인 국가가 되어버렸다고 생각됩니다. 리영희는 일찌감치 그 낌새를 읽었고, 바로 그 점을 경계했다고 봅니다. 제가 눈여겨본 대목은 '자본주의의 문화의 싹은 아주 초기 단계에서부터 잘라내지 않으면 나타나고, 또 나타나고, 또 나타나서 사회주의가 이룬 성과를 완전히 무화시키고야 만다'고 주장한 것입니다.

이러한 리영희의 주장을 가타부타 평가하고 싶지는 않습니다. 다만 여기서 제가 강조하고 싶은 것은, 그래도 리영희가 한 가지 점에서는 확실히 정곡을 찔렀다는 사실이지요. 사회주의가 지배하던 사회가 자본주의로 이행됐을 경우 그 사회는 본래 자본주의였던 사회보다도 훨씬 더 쉽게 부패하고, 자본주의의 폐단을 더 집약적인 방식으로 표출하게 됩니다. 1990년대 동유럽 사회의 변모를 바라보면서 저도 그런 생각을 했습니다.

이건 좀 다른 이야기이지만 오늘날 한국 사회에서 발견되는 많은 문제점들도 비슷한 맥락에서 빚어진 일로 해석됩니다. 본래 성리학지상주의를 추구하던 한국 사회라서, 제국주의의 침략으로 자본주의를 받아들이게 되자 더 많은 문제점을 드러내게 된 것 같아요. 요컨대 하나의 이념이 그것과 대척점에 서 있던 다른 이념에 항복하게 됐을 때 그 부작용이 심하게 나타난다는 말입니다.

앞의 강의에서 다룬 『금수회의록』에서도 비슷한 양상이 보였어요. 저자 안국선은 한 줌밖에 안 되던 신여성의 타락을 비롯해서 인류과 도덕 및 부패의 문제를 그렇게 날카롭게 비판했지요. 이것 역시 같은 이유가 아닌가 합니다. 비물질적이고 금욕적인 이념을 추구하던 성리학 사회가 제국주의의 압력으로 자본주의의 길을 걷게 되자 삽시간에 각종 퇴폐 현상이 우후죽순 격으로 불어난 게 아닌가 생각됩니다. 오늘날의 한국 사회를 '천민자본주의'라고 비난하는 목소리가 큽니다. 이것도 바로 그런 연장선상에서 이해 못할 일은 아니라 생각됩니다. 한국 사회는 이미 19세기 말 또는 20세기 초에 도덕적 아노미 상태에 빠졌고, 결과적으로 엄청난 사회 문제에 시달리게 됐다는 겁니다.

중국도 마오쩌둥주의를 포기하고 개방정책으로 전환함에 따라 사회주의적 금욕주의가 폐기처분됐다고 볼 수 있을 것입니다. 앞으로 두고 볼 일이지만 20~30년 안에 중국 사회는 자본주의 사회의 폐단을 극단적으로 드러내게 될 것이라는 불길한 예감이 들었습니다. 아마 장차는 북한도 그렇게 되고 말 전망이 있겠지요. 우리는 북한 사회가 우리의 선례를 그대로 답습하지 않고, 순조롭게 더욱 인간적인 사회로 변해 나가기를 희망합니다. 중국의 경우도 그렇지만 우리나 북한의 경우도 굉장히 힘든 역사적 과제 앞에 서 있다는 생각이 듭니다.

　이제 결론을 내려야겠습니다. 리영희는 많은 저술을 했고, 그가 밝힌 개개의 진실들이 과연 진실인가는 장담하기 어려운 점이 있습니다. 그것은 대체로 그 개인의 한계라기보다는 시대적 한계를 반영하는 것입니다. 오히려 전체적인 맥락에서 보면 리영희는 역사의 맥을 잘 짚었다고 생각됩니다. 그와 같이 이성과 진실을 강조하는 것은 굉장히 어렵고 무거운 일이지만, 그것 외에는 현실의 어둠을 헤쳐나갈 뾰족한 방법이 없습니다. 오늘날 우리 사회의 학력 수준은 나날이 높아지고 있지만, 그것은 껍데기 학력일 뿐이지요. 정작 지식인으로서 갖춰야 될 가장 기본적인 소양은 비판적인 사고 능력인데, 그게 부족합니다. 비판적 사고는 사물을 성찰하는 근본 능력인 거죠. 성찰의 기준은 진실에 있습니다. 바로 그 진실에 도달하는 가장 절대적인 수단은 이성의 힘뿐입니다. 이것이 우리 사회의 교육이 놓치고 있는 부분이죠. 어떤 의미에서는 기득권 세력이나 그 기득권에 도전하는 세력들조차 자기들에게 부화뇌동하는 사람들만을 필요로 하고 있는 것 같습니다. 그런 점에서 리영희의 관점은 우리에게도 중요합니다. 우리들 시민과 지식인들이 만약 리영희와 같이 이성의 힘을 믿고 혼신의 힘을 기울여 진실을 추구한다면, 많은 변화가 일어날 것입니다. 당연히 이 나라에는 다양한 스펙트럼의 정치사회운동과 문화운동이 상당한 열매를 수확할 것으로 확신합니다. 그런 점에서 리영희의 문화투쟁은 유효했고 아직도 끝나지 않았습니다.

참고문헌

강준만 편저, 『한국 현대사의 길잡이 리영희』, 개마고원, 2004.

고병권 외, 『리영희 프리즘 : 우리 시대의 교양』, 사계절, 2010.

김삼웅, 『리영희 평전』, 책보세, 2010.

리영희 편역, 『8억인과의 대화 : 현지에서 본 중국대륙』, 창작과비평사, 1977.

______, 『우상과 이성』, 한길사, 1977.

______, 『동굴 속의 독백』, 나남출판, 1999.

______, 임헌영, 『대화 : 한 지식인의 삶과 사상』, 한길사, 2005.

최영묵, 「고 리영희 선생 1주기를 추모하며」, 『창작과 비평』 155, 2012년 봄.

제8강

『태백산맥』

망각의 강요를 뿌리친 빨치산의 역사

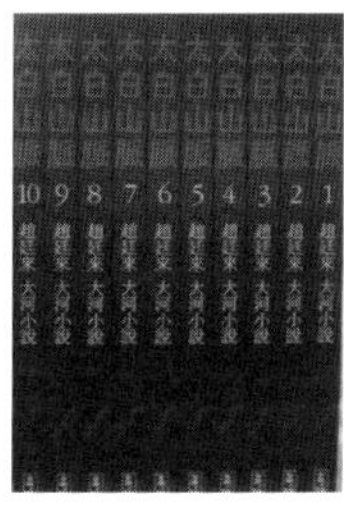

　조정래의 『태백산맥』은 소설의 형식을 빌려 한국 현대사의 고뇌를 심층 탐구한 책입니다. 이 책을 통해 작가는 금기로 되어 있던 빨치산의 역사를 보여주었습니다. 치열한 문화투쟁이었습니다. 한국의 주류사회가 침묵을 강요하고 있던 시대의 어둠을 일반에 드러낸 것이었으니까요. 1989년 문제의 소설이 완간되자, 일부 보수 세력은 이 책을 금서로 낙인찍고자 법정으로 끌고 갔습니다. 그리하여 『태백산맥』을 둘러싼 금서 논쟁은 무려 15년간 지속됐습니다. 또 하나의 비극적인 사건이었습니다.

　이 강의에서 저는 다음의 세 가지를 이야기하고 싶습니다. 첫째, 『태백산맥』은 일종의 역사책이라는 것입니다. 그래서이겠지만 그 서사전략부터가 달랐어요. 제가 보기에 작가는 중층적 서술구도를 선택했어요. 조정래는 복잡다단한 일상의 욕망을 작중에 투영시킴으로써 6·25전쟁의 참화를 중층적으로 묘사하는 데 성공했습니다. 이 작품은 문체상으로도 특이한 점이 있습니다. 작가는 행동적인 단어를 위주로 간결한 문장을 쓰고 있어요. 장면 묘사도 구체적입니다. 마치 한 편의 대하기록물 같은 인상을 줍니다. 작가 조정래는 이 소설을 한 편의 만들어진 허구가 아니라, 어느 역사가도 미처 쓰지 못한 한국 현대사라 인식하고 있었습니다. 『태백산맥』의 독특한 서술기법과 전략은 '이것은 살아 있는 역사책이다'라는 작가의 주장을 웅변합니다.

둘째, 그러한 중층성에도 불구하고 『태백산맥』은 1970년대부터 문단에서 활발하게 논의된 '민족문학'의 전통을 계승했습니다. 작가는 한국 현대사의 근본적인 해결책을 이념이 아니라 '핏줄', 즉 민족에서 찾고 있습니다. 그 무엇으로도 파괴될 수 없는 것은 민족임을 작가는 확신하고 있습니다. 소설의 제목을 '태백산맥'이라 한 것도 그것이 어느 누구도 인위적으로 자를 수 없는 하나의 운명적 고리임을 강조하는 데 있지 않은가 생각됩니다.

셋째, 바로 그 점, 즉 『태백산맥』에서 작가가 민족을 지나치게 강조한 것은 이 소설의 장점이자 또한 약점이라고 여겨집니다. 민족이란 이데올로기는 어느 면에서 이미 시효가 지난 것이 아닐까 하는 생각이 듭니다. 하지만 그것은 현재적인 관점일 뿐입니다. 『태백산맥』이 집필되던 1980년대는 여전히 군사독재정권이 지배하던 시절이었습니다. 그 시절로 되돌아가서 본다면 작가가 민족 문제에 매달린 것은 조금도 빛바랜 것이 아니었습니다.

『태백산맥』은 새로운 한국 현대사다

작가는 『태백산맥』을 쓰는 목적이 통일에 있다고 밝힌 적이 있습니다. 그것은 "민족의 잘린 허리를 다시 잇는 것"[1]이라 했죠. 작가는 이 소설을 1983년부터 쓰기 시작해 1988년에 완성했습니다. 처음에는 『현

1. 「유언 남기고 『태백산맥』 썼다」, 『세계일보』, 2003년 9월 3일자.

대문학』(제1부)에 연재했고, 나중에는『한국문학』(제2부, 제3부)으로 옮겨서 연재했어요. 1989년 이 소설은 전 10권으로 완간됐는데, 현재까지 1천만 부 이상 팔렸답니다. 해외에도 비교적 널리 알려진 편입니다. 일본어, 프랑스어, 영어, 러시아어 등으로 번역 출간됐어요.

이 작품은 작가에게 큰 고초를 안겨주기도 했어요. 한국 현대사의 아킬레스건인 분단의 문제를 사실적으로 그렸기 때문에 문제가 된 것이죠. 작가는 국가보안법 위반으로 고발됐어요. 사건이 완전히 마무리될 때까지 무려 11년 동안 미제사건으로 이리저리 시간을 끌며 작가와 출판사를 괴롭혔어요. 그런데 작가는 그 기간을 15년이라고 말합니다. 공식적으로 문제가 된 건 11년이었지만 실은 그 이전부터 말썽이 있었다는 겁니다.

그럼에도 불구하고 독자들의 큰 사랑에 힘입어 결국은 무혐의 처리가 됐어요. 1992년『출판저널』이 발표한 한국의 지성 49명이 뽑은 '미래를 위한 오늘의 고전 60선'에 들어갔지요. 그해『조선일보』가 독자 500명에게 설문한 결과, '가장 기억에 남는 작품' 1위로도 뽑혔지요. 그 다음부터는 각 기관이나 단체가 실시한 설문조사에서 줄곧 가장 인기 있는 소설로 손꼽혔습니다. 한마디로 우리 시대 최고의 소설이라는 평가가 잇따랐습니다.

도대체 이 소설의 그 대단한 인기, 그 생명력의 비밀은 무엇일까요? 작가의 서사전략이라든가 서술의 중층성이라든가 하는 점이 중요하다고 봅니다. 그런데 작가 자신은 이 소설이 통일 문제를 다루고 있기 때문에 생명력이 있다고 말합니다.[2] 작가는 이 소설의 동기나 목적, 그리

---

2. "이게 통일을 염원하면서 쓴 것이기 때문에 우리가 분단된 상황이 계속되는 한 이 소설을 읽으면 분단의

고 성공의 비결까지도 통일에 있다고 확신하는 모양입니다.

　이제 문제의 소설에 대해서 이야기해보겠습니다. 작가는 이 소설의 등장인물이 정확히 몇 명인지 잘 모르겠다고 했어요. 그런데 어떤 사람이 세어보니까 400명이었다고 합니다. 이처럼 많은 인물이 등장했다는 것은 이 소설의 스펙트럼이 그만큼 넓다는 뜻입니다. 그런데 이 많은 등장인물들 가운데서 진짜 주인공은 누구라고 생각하십니까? 많은 독자들은 염상진이라고 봅니다. 하지만 작가 자신은 하대치와 외서댁이라고 말했어요.[3] 그는 끝까지 살아남은 사람들, 앞으로 무엇인가 과제를 감당해야 할 그 사람들이 주인공이라는 것입니다.

　이 작품에는 서술방식에 특별한 점도 있어요. 일반적으로 소설이라면 작가의 상상력이 빚은 순전한 허구가 대부분이지요. 그러나 이 소설은 다릅니다. 작가는 허구와 사실을 섞어 역사적 사건의 실체적 진실을 드러내려고 했어요. 작가는 등장인물들의 삶을 그 사회경제적 맥락에서 치밀하게 분석했어요. 그 점에 작가의 서사전략의 특장이 있다고 봅니다. 허구의 소설이지만 작가는 그것이 사실보다도 진실하기를 꾀했어요. 이게 아주 특별한 점입니다.

　이 소설의 내적 공간은 6·25전쟁에 국한되지 않습니다. 이야기 속의 이야기는 일제 식민지 시대는 물론이고 한말까지로 번져갑니다. 작가는 이렇게 긴 역사적 맥락에서 삶의 굴곡을 들여다봅니다. 해방 직후 이념의 선택이 과연 어디서 비롯됐는지를 정확히 인식하기 위한 노력이었지요.[4]　작가의 역사적 관점은 제가 보기에 수정주의에 가깝습니다.

아픔이 무엇인지를 알게 되기 때문에 그 생명력이 유지되는 것 아닌가 생각이 듭니다(「우리 사회 한 걸음씩 뒤로 물러서는 여유 필요」, CBS 라디오 「김현정의 뉴스쇼」, 2009년 3월 2일에서).”
3. 「유언 남기고 『태백산맥』 썼다」, 『세계일보』, 2003년 9월 3일자.

정치학자 브루스 커밍스의 관점과 흡사합니다. 그 점을 조금만 더 설명하겠습니다.

6·25전쟁은 미국과 소련 및 중국 등의 외세가 작용한 것이 사실입니다. 그러나 그에 못지않게 한국 사회에 내재된 내부 갈등의 역할도 컸다는 것이 브루스 커밍스의 주장입니다.[5] 그렇다고 해서 브루스 커밍스가 한반도의 불행을 한국민에게 전가한 것은 아닙니다. 그는 분단의 책임을 일차적으로 미국에게 물었습니다. 해방공간에서 미국은 무소불위의 권력을 행사했지만 분단을 막는 데 실패했기 때문입니다. 그것도 미군정 당국의 책임이라기보다는 미국이란 국가의 세계 전략에 취약점이 있었다고 질타했습니다.

브루스 커밍스를 비판하는 이들은 그가 6·25전쟁의 직접적인 발생 원인을 '남한의 선제공격'에서 찾았다는 오류를 지적합니다. 확실히 브루스 커밍스의 그러한 주장은 틀렸습니다. 그러나 한반도의 분단을 다각적인 관점에서 파헤친 브루스 커밍스의 혜안은 평가절하되기 어렵습니다. 특히 미국의 전략적 오류를 지적한 점과 전쟁의 내적 원인에 상당한 비중을 둔 사실은 귀중한 학문적 성과였습니다.

조정래가 6·25전쟁을 바라보는 시각은 브루스 커밍스와 일맥상통하는 점이 있습니다. 작가는 분단과 전쟁의 원인을 밝히려고 고민했고, 그 과정에서 구한말부터 역사의 아픔이었던 소작쟁의에 주목했습니다. 작가는 바로 그 점에서 한반도 내부 분열의 씨앗을 찾았습니다. 이것이 내전 상황으로 악화됐다는 것이 조정래의 기본적인 인식입니다. 그

---

4. "이 소설이 이루어낸 소설 내적 공간의 확대는 내용의 구체성 또는 그 입체적인 접근법에 값하는 것"이라고 합니다(권영민, 『한국 현대문학사』 2, 민음사, 2002, 340쪽).
5. 브루스 커밍스, 김자동 옮김, 『한국전쟁의 기원』, 일월서각, 1986.

는 한국 현대사의 비극을 자본주의와 공산주의라는 외래 사상의 충돌
에서 비롯된 것이라기보다 내부 문제로 말미암았다는 입장을 가진 셈
입니다. 물론 작가가 현대사의 본질적인 문제를 민족 내부의 갈등으로
환원시키려 한 것은 아니었습니다. 하지만 그가 힘주어 강조한 것은
내재화된 구조의 문제였던 것입니다. 작가가 브루스 커밍스의 저작을
읽고 거기서 많은 자극을 받았는지는 단정할 수 없습니다. 중요한 사
실은 그의 역사적 인식이 그동안 국가가 되풀이해 강조하던 '반공이데
올로기' 또는 냉전적 시대상황의 논리를 뛰어넘었다는 것입니다.

서사의 중층성

이 소설은 총 4부 10권으로 되어 있는데, 제1부 '한의 모닥불(1~3
권)'은 여순반란 사건이 종결된 직후 즉, 1948년 12월부터 시작해서 빨
치산 부대가 율어 지역을 해방구로 장악할 때까지를 다루었지요. 전라
남도 벌교에서 좌우익이 엎치락뒤치락하는 상황을 주로 기술했어요.
이야기의 중심에는 지주와 소작농의 갈등이 있었어요. 벌교는 일본인
이 간척사업을 주도했기 때문에 그 갈등이 특히 심했거든요. 그래서 해
방이 된 다음 이곳에서는 염상진 등 좌익의 활동이 활기를 띠었어요.
게다가 벌교에서 멀지 않은 여수와 순천에서 대규모 사건이 일어나자
좌익의 힘은 더욱 강해지게 됐지요. 좌익의 세상이 됐습니다.

1948년 10월 19일에 발생한 여순반란 사건은 12일 만인 10월 27일
에 완전히 진압됐습니다. 이어서 군경이 다시 진주하자 군당위원장 염
상진을 비롯해 하대치, 안창민 등 좌익들은 조계산으로 퇴각하죠. 그
들은 그곳을 근거지로 삼고 율어면을 점령했어요. 그런 다음 토지개혁
을 통해 새로운 세상, 이를테면 율어 해방구를 만듭니다. 당시 북한에

서는 이미 토지개혁이 단행됐지만 남쪽에서는 여러 가지 정치적 사정으로 미루어지고 있었죠.

토착지주와 자본가 등 우익은 군부대와 경찰을 배경 삼아 보복을 일삼았어요. 보복을 위해서 그들은 청년단이며 멸공단 같은 것을 만들었어요. 이들을 내세워 좌익 또는 좌익의 가족들을 아주 못살게 굴었죠.

물론 좌익과 우익만 존재하지는 않았어요. 중간지대가 있었답니다. 그들 가운데 가장 매력적인 인물이 김범우였어요. 그는 지주였지만 소작인에 대해 이해심이 많았고, 좌우 양쪽을 어떻게든지 화합하려고 노력했지요. 그런데 김범우마저도 빨갱이로 몰려 구속이 됐어요. 이처럼 복잡한 벌교의 내부 사정이 1부에 서술됩니다.

제2부는 '민중의 불꽃(4, 5권)'이죠. 여기서는 제1부에서 서술한 좌우 갈등의 근본 문제가 다루어집니다. 그것은 곧 토지 문제랍니다. 구체적으로 말해, 1949년 1월부터 일어난 소작농 봉기의 전말이 제2부의 내용입니다.

해방이 찾아오자 토지개혁에 대한 소작농들의 기대는 컸어요. 실제로 토지개혁이 실시될 전망이 보이자 지주들은 다양하게 반응했어요. 고흥의 지주 서운상처럼 대개는 땅을 몰래 팔아치우려고 했지요. 하지만 서민영 같은 지주는 자신의 소유지를 협동농장으로 개편해서 소작농들과 함께 살려고 했지요. 그때 지구사령관으로 와 있던 심재모란 장교는 소작분쟁을 공정하게 처리하려고 많은 노력을 했어요. 그러나 우익의 압력을 오래 견디지 못합니다. 그는 용공의 혐의를 쓰고 서울로 압송됩니다.

그러는 사이 율어 해방구에서 염상진 등은 토지개혁을 실시해 농민들의 환영을 받았어요. 염상진이 이끄는 빨치산 부대는 벌교읍의 지주들을 습격해, 빼앗은 쌀을 농민들과 골고루 나눠 먹습니다. 그때 관동군 출신의 신임 지구사령관 백남식이 내려옵니다. 그는 우익의 편에서 소작농들을 못살게 굽니다. 그 틈에 지주들은 남몰래 땅을 팔아치우거나 빼돌리는 일이 더욱 빈번해지고, 정현동은 논을 염전으로 바꾸려다 죽음을 당하기도 합니다.

우여곡절 끝에 농지개혁법이 발표됐어요. 유상몰수해서 유상분배하는 방식이었지요. 분노한 농민들은 대대적으로 항의시위를 일으켰지요. 그러자 벌교의 군경과 지역 청년단은 시위 군중을 무자비하게 짓밟습니다.

구속됐다 풀려난 김범우는 서울로 올라가 반민특위 사건과 백범 김구 암살 사건을 체험하죠. 작가는 김범우를 통해 당시 서울의 형편을 보여주는 거였어요. 벌교에서 일어나고 있던 우경화 현상과 우익에 의한 테러의 전면화, 이것은 벌교에서만의 일이 아니었지요. 그것은 서울에서 일어나는 정치권의 변화와 직접적인 관계가 있었어요. 김범우는 그 점을 알아차립니다.

제1부나 제2부에서는 사실의 중층성이 두드러졌어요. 가령 지주라 해도 여러 가지 패턴의 지주가 있잖아요. 군인이라도 일색은 아니었어요. 저는 그런 중층의 세계를 잘 드러낸 점이 이 소설의 중요한 성과라고 봅니다. 그 시대는 탄압과 갈등의 시대였고, 크게 보면 빨간색이냐 파란색이냐, 그런 다툼이었지만 사물을 자세히 들여다보면 그 안에도 다양한 색깔들이 있었답니다. 작가는 그 점을 놓치지 않았어요. 작가는 중층적이라는 말을 직접 사용하지 않았어요. 하지만 바로 그 중층성 때문에 작가는 여러 사람들로부터 공격을 받을 때에도 스스로 당당할 수 있었다고 생각합니다. 자신이 진실의 토대 위에 서 있다고 하는

확신, 이것이야말로 작가가 15년가량이나 이어진 금서 논쟁을 견디게
한 힘이 아닐까, 저는 그렇게 생각합니다.

제3부 '분단과 전쟁(6, 7권)'은 1949년 10월부터 1950년 12월까지를
치밀하게 묘사합니다. 주로 6·25전쟁의 성격을 작가 나름으로 분석한
것이지요. 작중의 공간은 벌교라는 하나의 작은 공간에서 시작해 서울
로 확대됐다가 다시 벌교로 좁혀졌다가, 그런 다음 전쟁을 통해 한반
도 전체로 확대가 됩니다. 한반도뿐만 아니라 주변 국가들까지도 부분
적으로는 작품 안으로 빨려듭니다. 이처럼 공간의 축소와 확대, 집중
과 분산은 반복됩니다. 공간 역시 중층적인 거죠.

전쟁 상황을 묘사할 때도 작가의 시선은 단선적이지 않습니다. 심재
모와 같이 양심적인 군인의 눈과 발길을 따라가며 부패와 무능에 빠진
한국 군대의 실상을 여실히 보여주기도 하고, 또 후방에서 특무대원이
벌이는 민간인 학살을 묘사함으로써 이념 전쟁의 맹목성과 그 참극을
증명하기도 했어요. 또 벌교 국회의원인 최익승을 내세워 일제 때는 친
일파였다가 해방 뒤에는 미국에 빌붙어서 잘 먹고 잘사는 부패한 인간
을 보여줍니다.

북에서 내려온 인민군들이 한동안 유리한 고지를 점했지요. 그 덕분
에 염상진을 비롯한 좌익들이 또다시 벌교를 장악합니다. 그 직전에 경
찰은 좌익을 모두 사살했지요. 때문에 벌교는 또 살육의 참상을 겪어
요. 이를 계기로 중도파였던 손승호와 김범우도 좌익으로 돌아섰지요.
그런데 좌익의 세상은 오래가지 못하죠. 미군이 밀려오고 인민군은 물
러갑니다.

인민군 치하에서 전북도당 일을 보던 김범우는 억지로 미군의 통역
관이 됐지만, 미군들이 벌이는 강간, 살인, 방화 등 부도덕한 행태를 목

격하자 이 전쟁은 미국과 한국 민족의 싸움이라고 규정합니다. 그는 인민군에 입대합니다. 손승호도 빨치산에 합류해요. 벌교의 좌익들은 모두 앞을 다퉈 입산을 서두릅니다.

그와 관련하여 제가 강조하고 싶은 점이 있습니다. 김범우 같은 사람은 본래 좌익도 우익도 아니었어요. 민족주의 중도파였다는 말이죠. 그런 그들조차 결국 빨치산이나 공산주의자가 됩니다. 바로 이런 부분 때문에 이 소설은 우파들로부터 공격을 받습니다. '왜 이런 사람들마저도 좌익으로 전향하는가. 전향에 설득력이 없다.' 이런 것입니다. 작가가 뭐라고 말하든 실제로는 좌익의 시각에서 소설을 썼다는 비난을 받게 되는 것입니다. 쏟아지는 비난 속에서 작가가 말하고 싶은 것은 과연 뭐였겠습니까? 제가 보기엔 명백합니다. '그 시대에 양심이 있는 인간이라면 우익이 될 수는 없었다.' 이것이 역사적 진실이라고 작가는 말하고 싶었을 것입니다.

제4부는 '전쟁과 분단(8~10권)'으로, 1950년 12월부터 1953년 7월 휴전협정 직후까지의 변화를 기술하고 있습니다. 빨치산 투쟁이 중심 내용이죠. 전쟁은 미국과 중국의 참전으로 막바지를 향합니다. 전선이 38선 부근으로 이동하자 퇴로가 끊긴 인민군과 빨치산은 지리산을 무대로 무장투쟁을 전개해요. 그들은 죽어라 싸웠지만 결국 군경의 진압으로 차츰 무력화됐어요.

'이 소설은 결국 빨치산 이야기다.' 이렇게 말하는 사람들이 많습니다. 그전에는 본격적인 빨치산 소설이란 것이 없었어요. 그런데 우리나라 역사에서 빨치산의 역사가 나름으로 중요한 것이 사실 아니겠어요? 그들의 투쟁은 하루 이틀도 아니었고, 한두 명이 빨치산을 한 것도 아니거든요. 빨치산에 가담한 이가 어림잡아 8만 명이었어요. 1948

년부터 1953년까지 그 많은 사람들이 전쟁 속의 전쟁을 이어나갔죠. 그런데도 그들의 존재를 본격적으로 다룬 것이 참 적단 말이에요. 바로 그런 점에서 제4부가 무척 중요합니다.

북쪽에서는 자기들이 원했던 방향으로 전쟁이 끝나지 못하니까 남로당계 인사들을 다 숙청해버리지요. 이래저래 빨치산은 일대 위기를 맞는 거죠. '결국 다들 우리를 버렸구나. 우리를 포기하고 있구나.' 그런 느낌이 들지 않을 수가 없었죠. 그런 처참한 분위기 속에서도 빨치산들은 그 싸움이 역사에 기록될 투쟁임을 인식하고 장렬한 최후를 맞습니다.

한편 전쟁포로가 됐던 벌교 사람들은 거제도 포로수용소로 가게 됐어요. 그 대표적인 인물이 김범우와 제자 정하섭이죠. 그들은 6·25전쟁이 민족해방전쟁이라 확신했지만 그들의 눈에 비친 거제포로수용소의 참상은 끔찍했어요. 포로 석방이 단행되자 정하섭은 북쪽을 선택합니다. 그는 이 소설의 서두에 등장한 인물이었던 만큼 이 결말은 좌익의 미래에 관한 일종의 상징이지요. 그런데 김범우는 반공포로로 위장해 풀려난 다음 고향으로 돌아와 거점구축을 도모합니다.

많은 사람들이 전쟁통에 죽습니다. 손승호도 죽고, 인민군 소장 김범준도 토벌군의 총탄에 쓰러졌죠. 살길이 막힌 염상진은 부하들과 함께 수류탄으로 자결합니다. 그가 염원했던 '인민해방'은 실패로 끝났죠. 하지만 하대치 등은 살아남아요. 그들은 염상진의 무덤 앞에 모여 투쟁의 결의를 다지고 어둠 속으로 사라져갑니다. 이것이 이 소설의 대단원입니다.

평론가 김윤식은 그 점을 이렇게 해석합니다. 염상진의 빨치산 정신은 죽었지만, 염상진의 육체성과 계층성, 염상진의 핏줄은 하대치를 통해서 살아남았다는 겁니다. 염상진의 이데올로기는 죽고, 그 삶의 정수가 하대치를 통해 살아남았다는 시각입니다.[6] 일리가 있다고 생각합니다. 염상진은 죽었지만 또 다른 염상진을 살려놓음으로써 작가는 분단의 극복을 추구하고 있는 셈입니다.

여기서 저는 하대치 등이 이 소설의 참 주인공이라고 말한 작가 조정래의 말을 다시 떠올립니다. 통일을 위한 그들의 투쟁이 어둠 속에서 아직도 진행되고 있다는 뜻입니다. 하대치의 뜻은 곧 작가의 뜻으로 보아도 무방합니다. 그의 사상적 지향점은 무엇일까요? 그가 꿈꾸는 세상은 우리 사회의 현실과 얼마나 일치하는 것일까요? 사상 문제에 과민한 우익들이 이 소설의 작가를 빨갱이로 몰게 된 배경이 여기 있는 것일 텐데요. 여러분의 의견은 과연 무엇인지요?

『태백산맥』은 대안적 역사서술이다

이 소설에 대한 평가는 다양합니다. 평자마다 의견이 엇갈리는 것은 당연한 일이겠습니다만, 『태백산맥』은 현대사에 대한 정부의 공식적인 관점을 벗어나서 하나의 대안적 관점을 제시하려 했다는 김우창의 평가에 동의합니다.[7] 김현은 여기서 한걸음 더 나아갔습니다. 그는 8만을 헤아리는 빨치산이 역사에 등장한 것은 세계 역사에서도 유례없는 일인데, 작가 조정래는 그것을 본격적으로 문학화했고, 그들 작중의 빨치산에게 다양한 성격을 부여했다고 극찬했어요.[8]

6. 김윤식, 「벌교의 사상과 내가 보아온 태백산맥」, 유임하 엮음, 『조정래 : 민족의 삶과 역사적 진실』, 글누림, 2010, 180쪽 참조.
7. 이러한 논평은 『『장길산』이냐 『태백산맥』이냐』, 『연합뉴스』, 1991년 11월 8일자에서도 확인할 수 있습니다.
8. 김현, 『행복한 책 읽기』 : 권영민, 『권영민 교수의 태백산맥 다시 읽기』, 해냄, 2003, 40쪽에서 재인용.

독자들이 사랑한 작중인물도 여럿입니다. 합리적·중립적이고, 그러면서도 민족주의적인 인사인 김범우도 그렇지만, 인간적 향기가 있는 공산주의자 염상진도 많은 사랑을 받았습니다. 중도적 민족주의자였던 손승호며 소작농의 아들 하대치도 인기 있는 인물입니다. 그런데 대부분의 작중인물들이 결국은 좌익의 길을 선택했습니다. 그 의미가 무엇일까요?

작가가 공산주의 이념을 두둔했기 때문이라고 생각되지는 않습니다. 그보다는 20세기 한국 사회가 당면한 사회경제적인 문제 때문에 다들 결국은 비극적인 선택을 하고 말았다는 게 작가의 입장이다, 저는 그렇게 생각합니다. 작중에서 김범우의 하인 문서방이 그런 말을 해요. "지주가 빨갱이 만들고, 나라가 공산당 만든다." '지주가 빨갱이를 만든다'는 것이 뭡니까? 지주와 소작인의 왜곡된 관계로 인해 그렇게도 많은 사람들이 빨갱이가 됐다는 거지요. 별로 배움도 없던 문서방이 보기에는 그렇게 보인다는 겁니다. 그러면 '나라가 공산당을 만든다'는 것은 또 무슨 소립니까? 1945년 해방 이후 미군정기는 물론이고 1950년대 초반까지도 우리나라의 국가 운영은 대단히 비정상적이었지요. 대한민국이라는 국가는 친일파와 친미파의 야합 국가가 아닌가라고 생각될 정도였단 말씀입니다. 그래서 많은 사람들은 그 국가를 반대하는 공산당에 관심을 가진 것이었지, 공산당 그 자체가 사람들을 끌어당긴 것은 아니다, 그런 말입니다. 이것이 작가의 역사적 관점인데, 작중에서 문서방의 눈을 통해 제대로 표현이 됐다고 봅니다.

이 소설에서 우리는 한 가지 거대한 문제의식에 직면합니다. 작중인물들은 자본주의의 모순을 직시하고 그 대안을 좌익에서 찾고자 했지만, 그들이 몸담은 좌익 역시 역사의 승리자가 되지는 못했다는 겁니다. 이 소설이 그린 6·25전쟁은 패자만을 남기고 끝나버립니다. 작가가 희망의 상징으로 살려둔 이 소설의 주인공 하대치 등은 과연 또 얼마나 성공적이었다고 할 것인가, 이런 문제도 제기됩니다.

전쟁이 끝난 지 60년이 다 지나도록 통일의 전망은 요원합니다. 사회 내부의 갈등도 잦아들기는커녕 오히려 증폭되고 있어요. 그렇다면 한국 현대사는 여전히 분단 극복의 숙제를 다 하지 못한 채 잠 못 들어 하는 어린아이와 같다는 생각이 듭니다.

소설은 역사가 될 수 있는가

작가는 『태백산맥』을 통해 빨치산과 소작농의 역사, 즉 아래로부터의 한국 근현대사를 형상화하려고 했다고 봅니다. 소설은 과연 역사가 될 수 있을까요?

우선 『태백산맥』의 작가가 자신의 소설을 하나의 역사책으로 인식하고 있다는 점부터 확인해보겠습니다. 제가 보기에 조정래는 이 소설의 역사화를 위해 많은 노력을 기울였어요. 첫째, 그는 빨치산의 역사를 제대로 다루기 위해서 지리산 공부를 많이 했어요. 그는 지리산을 무려 열세 번이나 종주했습니다.[9] 둘째, 그는 많은 사람들을 만나 그들의 증언을 기록했습니다. 셋째, 그는 19~20세기 한국의 사회경제적인 문제를 깊이 이해하려고 그것을 전공한 학자들의 글도 많이 읽었고, 자문도 받았다고 합니다. 그저 단순히 한 편의 소설을 쓰기 위해 이렇게까지 할 이유는 없었다고 봅니다.

작가가 이 작품을 구성하기 위해 많은 역사적 자료들을 축적했다는

---

9. 「『태백산맥』 쓰려고 지리산 13번 종주」, 『매일경제』, 2004년 1월 30일자.

사실은 우리가 두 눈으로 확인할 수 있어요. 2008년 벌교읍에 개관한 태백산맥문학관에는 작가의 취재기록이 전부 전시되어 있습니다. 작가가 그린 벌교읍과 지리산의 약도도 있고, 그가 꼼꼼하게 메모한 취재 수첩도 있고, 경제학자 박현채 교수가 알려준 빨치산 노래를 적은 것도 있고, 그 당시 토벌대가 작성한 빨치산 분포도도 있어요. 여러 가지가 참 많습니다. 그야말로 초대형 르포를 쓰기 위해 꼼꼼히 잘도 챙겼다는 느낌이 들 정도랍니다. 문제의 소설은 문학의 이름을 빌린 역사책이죠.

방대한 역사자료를 바탕으로 대하소설이 탄생했습니다. 원고지 분량으로 치면 200자로 1만 6,500장을 썼답니다. 이것은 여담인데, 문학관에 가면 그 원고가 세 벌이나 있어요. 누런 원고지는 작가가 직접 쓴 것, 하얀 원고지는 그의 아들 며느리가 각각 정서한 것이랍니다. 작가에게는 아들 하나가 있는데 그가 장가를 가게 되자 예비 며느리에게 이 작가가 이랬답니다. "우리 집안에 시집오려면 『태백산맥』을 필사해야 한다." 참 지독한 시아버지죠. 며느리는 그 말에 따라 무려 3년 반 동안 원고지 1만 6,500장을 그대로 베껴 썼다고 합니다.[10] 이렇듯 작가와 그 가족의 정열이 녹아들어 있는 작품이 바로 소설 『태백산맥』이죠.

벌교읍에 가면 소설에서 묘사한 장면과 유사한 모습을 많이 볼 수 있지요. 심지어 건물 같은 것도 작중의 것과 그대로 일치하는 경우가 많답니다. 작가는 읍내의 실제 모습을 소설 속에 그대로 옮겨놓았어요. 다 그랬다는 것은 아니지만 그런 면이 분명히 있어요. 이 점을 염두에 둔 전라남도 보성군 당국은 약 8킬로미터의 '태백산맥 문학기행길'을 조성했답니다. 그 길을 걷다 보면 작중의 왈짜 염상구의 청년단이

---

10. 「[논설위원이 만난 사람/정성희] 『태백산맥』 작가 조정래」, 『동아일보』, 2012년 1월 2일자.

포진한 공중목욕탕도, 다다미방이 널려 있는 남도여관도 만날 수 있어요. 작가가 굉장한 애정으로 설정한 인물인 김범우의 집도 실은 작가와 절친했던 어느 친구의 집을 실경 그대로 묘사했다고 합니다.

역사적 현실도 소설 『태백산맥』의 허구와 거리가 최소로 좁혀져 있습니다. 가령 여순반란 사건 당시 빨치산들이 벌교에서 권력을 쥔 것은 엄연한 사실이었어요. 작중에서 빨치산들이 배신자들을 총살한 소화다리 부근에서는 정말로 인민재판이 열렸다고 합니다. 그 소화다리는 '소화昭和 6년(1931)'에 만들어졌기 때문에 현지 주민들은 아직도 소화다리라고 부른답니다.

한마디로, 조정래가 문학의 역사화에 쏟은 열정은 이루 다 말하기 어렵습니다. 그는 20년 동안 자기 자신을 스스로 만든 글감옥에 수감했어요. 글감옥에 말입니다. 한국 현대사의 중요 장면들을 기록한 그의 기념비적인 작품들, 이른바 3부작을 위해서였답니다. 이 『태백산맥』과 『아리랑』, 『한강』이 그것인데, 이 작품들을 집필하기 위해 그 긴 세월 동안 작가는 술 한 방울 안 마시고 날마다 6시 반에 일어나 밤늦은 시각까지 일했대요. 하루 16시간씩 원고지 30매 쓰기를 철칙으로 삼았다더군요. 바로 그 '황홀한 글감옥'에서 『태백산맥』이 탄생한 겁니다.[11]

그렇게 자기 자신을 글감옥에 가두고, 그렇게 엄청난 취재 활동을 해가면서 이렇게 두꺼운 소설들을 써야 하는 이유가 도대체 뭐냐 하는 것이 제 관심사입니다. 도대체 작가는 왜 그랬을까요? 작가는 직업적인 역사가들에게 역사를 맡겨놓을 수가 없다고 판단했기 때문이죠. 그토록 많은 사람들이 지리산에 가서 그렇게 싸우며 눈물을 쏟았는데 기

---

11. 조정래, 『황홀한 글감옥』, 시사IN북, 2009.

왕의 역사책 어느 구석에 그 역사가 나오느냐, 하는 반문입니다. 사실 한 줄도 제대로 안 되어 있지요. '그러니까 너희를 믿고, 우리가 너희에게 역사를 맡길 수가 없다. 차라리 내가 써야 되겠다. 아무도 안 하니까.' 조정래는 이러한 각오를 가졌다고 믿어집니다.

작가의 비장한 각오가 『태백산맥』을 구성해냈습니다. 조정래의 성공에 고무된 여러 작가들은 앞을 다투어 근현대사를 소재로 대하소설들을 쓰기 시작했어요. 정동주는 19세기 농민운동에서 일익을 담당한 백정白丁 계급의 이야기인 『백정』(10권, 1991)을 완간했고, 송기숙도 동학농민전쟁을 소재로 『녹두장군』(12권, 2008)을 내놓았어요. 아쉽게도 이 『태백산맥』처럼 많은 독자들의 심금을 울리지는 못한 것 같지만 하여튼 대단하지 않습니까?

우리의 작가들이 소설을 역사화하기 시작한 것은 오래됐지요. 구한말부터 문학은 민족의 이념과 정치적 주의 주장을 펴는 수단으로 널리 사용됐지요. 구한말에는 박은식과 신채호가 일종의 전기소설을 통해 민족적 자각을 촉구했고, 일제강점기에는 홍명희의 『임꺽정』을 필두로 이광수의 『단종애사』, 김동인의 『대수양』 등 많은 역사소설들이 독자들의 마음을 사로잡았죠.

해방 이후에도 그 맥이 끊이지 않았습니다. 그러다가 1970년대에 와서 의미심장한 대하소설이 나왔습니다. 박경리의 『토지』와 황석영의 『장길산』이 그것입니다. 이 두 작품은 문학의 이름으로 쓴 민족과 민중의 역사였습니다. 이처럼 문학이 새로운 역사인식을 담아내기 시작한 것은 1970년대의 특징이 아닐까 생각합니다. 그때는 정치적으로 어두웠던 시기였습니다. 군사독재 하에 멋대로 자행된 인권탄압도 문제였고, 산업화로 인해 농촌공동체들이 파괴되어 도시로 내몰린 도시 빈민층의 고단한 삶이 작가들의 역사인식을 자극했어요. 1970년대는 '모순의 풍요'가 우리 사회를 지배했습니다. 그 풍요를 전유하는 최상층의 부패와 타락, 이런 것들은 작가들에게 현실과 역사의 의미를 고민하게 만들었죠. 작가들은 현실의 좌표를 역사 속에 어떻게 찍을 것인가 고민했습니다.

박경리는 현실의 아픔을 역사 문제로 인식했지요. 그는 자신이 목격한 역사적 사건이 당대의 사회 현실과 직결된다고 확신했습니다. 그리하여 자신의 문학적 상상력을 역사적 상상력으로 변환하는 데 주력했죠. 발로 쓰는 역사소설이 등장하게 된 배경입니다. 그는 어떤 의미에서 조정래 이전의 조정래였습니다.

1980년대는 대하역사소설의 붐을 지켜보았습니다. 김주영의 『객주』, 문순태의 『타오르는 강』 등 여러 역사소설이 나왔어요. 하지만 그것들도 결국 한 가지 문제만은 외면했어요. 그 문제를 조정래가 건드렸지요. 그것이 바로 이데올로기의 대립이 빚은 분단의 문제에 대한 새로운 접근이었습니다. 과거에 그 문제를 다룬 사람들은 우익의 이데올로기를 지지하거나 휴머니즘이라는 틀 안에서 문제를 다루었지요. 좌익의 입장에서 그 문제를 다루는 것은 금지되어 있었으니까, 아예 우익을 편들거나 이데올로기 자체의 탈색을 기도했던 것입니다. 말하자면 역사의 수레바퀴에 짓밟힌 개인의 비참한 운명을 묘사하는 정도에서 다들 붓을 멈췄어요. 그 이상은 정치 권력이 용인하지 않을 테니까 말입니다.

서사전략으로 성공한 미시사

그러나 조정래는 과감하게 도전장을 던졌어요. 빨치산의 목소리와 소작농의 목소리를 자기가 전하겠다는 것이었어요. 그에게 뚜렷한 역사의식과 용기가 없었다면 이런 일은 아예 불가능했을 겁니다. 그런데 소설화된 역사를 써내려가면서 작가 나름으로는 깊은 고민이 없지 않았을 겁니다. 터부가 된 빨치산이란 주제를 어떻게 소화하느냐 하는 문제였어요. 여기서 그는 민중의 관점을 선택합니다. 좌익도 우익도 아닌 민중의 관점에서 역사적 문제를 보겠다는 것이죠. 그리하여 '생활의 문제'가 『태백산맥』에서 중요하게 부각됐습니다. 이것이 조정래에게는 가장 중요한 서사전략이었습니다.

그가 우익을 선택하지 않은 것은 쉽게 이해됩니다. 그런데 좌익도 버렸어요. 『태백산맥』은 공산혁명사상에 불타는 혁명가들을 주인공으로 내세우지 않았어요. 그 대신 혁명사상에 대해서 이해가 전혀 없이 좌익에 합류하고, 그것을 위해서 목숨을 버리기까지 하는 민중들이 주인공으로 설정됐습니다. 이러한 작가의 시각은 대안적 관점으로 볼 수 있습니다.

그는 공산주의자의 시선으로 한국 현대사를 바라본 것이 아닙니다. 우편향으로 왜곡된 관제 한국 현대사를 교정하고 싶어 했을 따름입니다. '빨치산'에 덧칠된 역사의 어두운 그림자를 벗기고 싶어 했다는 것입니다. 곧 『태백산맥』은 민중적 관점에서 서술된 근현대사요, 여기서는 이념의 대결이 문제가 아니라 농토를 매개로 한 지주와 소작농의 대결이 핵심입니다. 이 갈등을 작가는 기득권을 수호하려는 소수 지배자들과 그에 대적하여 사람답게 살 권리를 얻고자 싸우는 민중의 대결로 읽었어요.[12] 그런 점에서 지주도 소작농도 없고, 양반도 머슴도 없

---

12. 소작쟁의야말로 『태백산맥』의 근본 문제라는 견해는 김윤식의 「벌교의 사상과 내가 보아온 『태백산맥』」, 앞의 책, 173쪽에도 잘 드러나 있습니다.

는, 그야말로 평등 사회를 추구하는 순박한 사람들이 작중에서 빨치산이 되고 만 것은 당연한 귀결입니다.

그러나 소작쟁의만 가지고 얘기를 몰고 가면 역사는 단선적으로 그려집니다. 그래서 작가는 양극점의 중간 중간에 위치하는 여러 가지 입장을 대변하는 작중인물들을 생성했습니다. 소설은 자연히 중층적 성격을 띠게 됐어요. 바로 그 중층성이 이 소설을 매력적인 것으로 만들어놓았다, 이것이 제 관점입니다.

우리는 작중에서 참으로 다양한 인물군을 만납니다. 그렇지만 각자의 삶을 들여다보면 나름으로는 일관성이 있는 삶들입니다. 우리 삶의 구김살은 이념이나 꿈에 의한 것이 아니라 생활 때문이라고 주장하는 인물들이 너무 많은 것은 이 작품의 특징이기도 하지만 또 단점도 됩니다. 작가는 인생의 물적 측면에 지나치게 경도되어 있는 게 아닌가 하는 생각이 드는 겁니다. 그렇기는 하지만 작중의 다양한 인물들의 삶에 저마다 설득력이 있다는 사실은 나무랄 수 없는 장점입니다.

요컨대 작가는 역사를 쓴다는 심정으로 소설을 썼고, 그것은 민중 중심의 역사관이었다는 겁니다. 작가의 민중사는 좌익의 이데올로기를 중심축으로 전개되지 않습니다. 그의 민중사는 민중 개개인의 삶을 모자이크하듯이 직조했다는 데 특징이 있습니다. 그런 식으로 작가는 아무래도 소화하기 어려운 초대형 역사적 사건을 10권으로 엮었고, 많은 사람들은 이 소설을 통독했습니다. 좀체 기대하기 어려운 일이 일어난 것입니다. 그 이유는 뭘까요? 작가의 인물 묘사가 성공했다는 증거가 아닐까요? 제가 보기에, 『태백산맥』은 한 편의 성공한 미시사microhistory입니다.

작가가 구사한 또 하나의 전략은 언어적인 것입니다. 우선 그는 사투리를 많이 썼지요. 자신의 고향 말인 벌교 지방의 사투리를 사용해 작가는 작중인물들을 피가 통하는 살아 있는 인물들로 만들어놓았어요. 또 한 가지, 작가는 구체적이고 행동적인 언어에 주목했어요. 작중의 숱한 사건을 빠르고 긴장되게 전개시켜서 소설이 지루하지 않게 만들었지요. 요컨대 작가는 우리 언어의 매력을 충분히 활용했고, 결과적으로 다중적인 일상의 모습을 훌륭한 역사적 기록으로 옮기는 데 성공했습니다.

그러나 작가의 승부처는 역사의 이름으로 은폐된 역사를 공개하고야 말겠다는 치열한 작가정신에 있었습니다. 그는 공식적으로 기록된 역사를 의심합니다. 인습적인 사고를 거부하고 틀에 박힌 역사적 인식을 뒤집으려는 그로서는 당연한 일이지요. 대신에 그는 그동안 은폐된 사실을 공개하는 데 치중했습니다.[13] 그리하여 문제의 소설로서 새로운 역사, 숨겨진 역사를 노출시켰습니다. 혹자는 이것이 역사학자의 작업과 다른 것이라고 주장할지도 모르겠어요. 그러나 저는 작가 조정래의 이런 작업이야말로 가장 본질적인 역사학적 탐구라고 평가합니다.

한국 현대사 속의 작가

도대체 왜, 이 작가는 이토록 많은 정력을 쏟아 그늘에 가려진 역사를 드러내야 했을까요? 그 역사는 타인의 이야기가 아니라고 믿었기 때문입니다. 자신의 삶이 곧 한국 현대사라고 하는 믿음이 조정래의 심장을 지배했다고 저는 감히 주장하렵니다. 작가를 소설가이면서도 역사가가 되도록 만든 것은 작가 자신의 신념이었다는 말이죠.

---

13. 권영민, 앞의 책, 2003, 66쪽.

조정래에게 문학이란 무엇인가를 물었을 때, 그는 이렇게 답했어요. "종교는 말해서는 안 되는 것을 말하려는 것이며, 철학은 말할 필요가 없는 것을 말하려는 것이며, 과학은 말할 수 있는 것만 말하는 것입니다. 그런데 문학은 꼭 말해야 하는 것을 말하는 것입니다." 그렇다면 작가가 '꼭 말해야 된다'고 한 그 말의 내용은 무엇일까요? 그게 바로 은폐된 사실, 아니겠습니까? 그럼 사람들은 왜 그 무엇인가를 은폐합니까? 왜 빨치산의 말을 못하게 했나요? 그 이야기는 너무도 비인간적인 이야기이고, 그 이야기에는 불의가 가득 차 있고, 그 이야기는 편법의 역사이기 때문이 아니겠습니까? 그리하여 작가는 이에 맞서 옳고, 바르고, 참된 것, 즉 진실을 말해야 할 소임이 있다고 느꼈던 겁니다.

그런 확신 때문에 작가는 지리산을 열세 번이나 종주한 겁니다. 그의 이러한 실천적 진실은 문학을 역사화하는 동인이 됐어요. 그 결과물은 기존의 역사책에서는 도저히 발견할 수 없는 민중의 살아 있는 실제 이야기, 억울하게 죽어간 사람들의 삶을 사실보다 더욱 사실적으로 살려내는 것이 됐습니다. 이것이 곧 그 자신이 스스로에게 설정한 문학의 사명이었다고 저는 생각합니다.

문학은 역사 이상의 참 역사라는 작가의 인식이 특이합니다. 이와 같은 인식이 탄생한 데는 그럴 만한 이유가 있었지요. 그가 처한 역사적 현실에 답이 있어요. 작가는 일제강점기의 막바지인 1943년 전라남도 승주에서 태어났습니다. 그는 어린 시절을 6·25전쟁과 분단의 상처를 핥으며 보냈고, 청년기는 혁명과 독재의 격동 속에서 지나갔어요. 문학적 감성이 탁월한 젊은이에게 한국 현대사의 굴곡은 참기 어려운 수난이었지요. 1970년 『현대문학』을 통해 문단에 나온 그는 현대사 속에서 개인이 처한 한계상황을 재현하는 데 매달렸습니다.

자신이 체험한 현대사의 굴곡과 부조리, 그 속에는 반드시 말하지 않으면 안 될 진실이 숨어 있다고 작가는 믿습니다. 그걸 말하려고 붓을 든 것인데, 그런 작가에게 이론적 배경을 제공한 것은 '민족문학론'입니다. 그것이 무엇입니까? 문학의 가장 큰 사명이 민족 문제의 해결, 즉 분단 극복과 통일 지향에 있다는 것이 아닙니까? 1970년대 우리 문단에 생긴 이 흐름에 작가는 공감했습니다. 작가는 민족공동체를 위해 무엇인가 다른 사람들이 할 수 없는 기여를 해야 된다는 사명감을 공유했던 것입니다. 바로 그 바탕 위에서 문제의 작품이 탄생한 것입니다.

실제로 그의 개인적 삶은 소설이 역사화하고 있는 현대사와 완전히 맞물렸어요. 작가의 선친은 선암사의 부주지였어요. 대처승으로 스님이었죠. 스님의 아들이라니? 뭔가 만만치 않다는 느낌이 오지요. 바로 그 아버지가 절에서 쫓겨났어요. 쫓겨난 이유는 뭐냐면, 해방 이후에도 절들은 넓은 땅을 소유했잖아요. 그 땅들을 윗사람의 허락도 받지 않고 토지개혁을 했던 겁니다, 그 아버지가. 그래서 절에서 쫓겨났어요.

작가의 아버지는 이른바 좌익이 됐어요. 이 아버지가 끌려가는 모습을 어린 아들, 즉 작가는 가만히 지켜봐야 했어요. 사실이 그랬단 말입니다. 하필 작품의 무대가 벌교인 것도 작가 자신이 어린 시절에 살던 곳이었던 것이죠. 요컨대 작가는 자기 집안의 문제, 어린 시절 자기 눈을 통해서 분명히 본 일련의 사건들, 잊으려야 잊을 수가 없었던 그 사건들 때문에 소설화된 역사를 쓰게 되는 거였습니다.

그는 이런 말을 했어요. "충격이 큰 기억일수록 평생 가는 것 같다. 일곱 살 때 아버지가 끌려 나가던 모습이 선명하다. 경찰서 앞 공터에 발을 디딜 수도 없을 정도로 탄피가 깔려 있고 화약 냄새가 진동했다. 즐비한 시신을 보았다. 내 인생 최초로 사회를 바라본 사건이었다. 사람들은 왜 싸울까? 그때 내 문학의 본질을 깨달은 것 같다. 지주와 소작인 간의 생존권 갈등이 『태백산맥』의 주제였다. 이것이 빈부격차로 이어져 지금까지 계속되고 있다. 이러니 부자 증세를 해서라도 갈등을 풀어야 한다."**14**

우리가 읽었듯이, 작가의 삶에는 어린 시절부터 이런 생각이 있었다고 볼 수밖에 없어요. '사람들이 침묵하는 사회적 부조리, 그 은폐된 사실을 드러내지 못하는 역사는 역사가 아니다, 이건 문학이 해결해야 될 과제다, 그 짐을 내가 반드시 져야 되겠다.' 그리하여 그는 결국 한국 현대사의 비극과 충돌한 자기의 삶, 그 삶을 성냥개비로 삼아 『태백산맥』의 불을 지른 거죠. 그렇게 볼 수 있습니다.

현대사의 비극을 극복하기 위한 문화투쟁

『태백산맥』은 한국 현대 사회를 대상으로 한 문화투쟁이었습니다. 작가는 무엇보다도 답답한 세상과 싸우고 싶었던 것이라 생각됩니다. 그는 은폐된 사실을 공개함으로써 한국 사회에 변화를 이끌어내고 싶었다는 것이지요. 작가가 바란 사회 변화란 태백산맥이 하나로 이어주는 한반도가 어떤 경우든지 둘로 쪼개질 수 없는 하나 된 우리임을 재확인하자는 것이었어요. 그러한 역사인식의 보편화를 작가는 강렬히 열망했다고 믿어집니다. 우리가 이 소설을 '분단문학의 정점'으로 평가하는 것은 마땅합니다.

14. 「[논설위원이 만난 사람/정성희] 『태백산맥』 작가 조정래」, 『동아일보』, 2012년 1월 2일자.

그러나 이 소설을 곱지 않은 시선으로 바라본 이들도 적지 않았어요. 그들은 법적 문제를 제기했어요. 1994년 4월 이승만 전 대통령의 양아들 이인수씨와 한국전쟁참전총연맹 등 8개 단체가 작가와 해당 출판사 대표를 국가보안법 위반 및 명예훼손 혐의로 경찰청에 고소·고발했어요. 2003년에도 자유언론수호국민포럼 등 일부 우익단체가 『태백산맥』의 이적성에 관한 탄원서를 국회에 제출하고, 소란을 피웠어요.

작가는 굽히지 않았죠. "작품을 사실적으로 묘사하는 것에 죽기를 각오하고 매달린 만큼 내가 형상화한 소설의 현장에 확신을 갖고 있다."[15] 이렇게 그는 단호히 말했답니다. 작가가 왜 자료 수집을 위해 그렇게 발로 뛰어다녔는지가 저절로 설명되는 부분입니다. '이건 거짓이 아니라 사실이다.' 이 말을 위한 거였죠. 『태백산맥』이 자신에게 가져다줄 불명예와 핍박을 예견하면서도 작가는 끝내 집필을 포기하지 않았어요. 그는 은폐된 사실을 무기 삼아 분단을 공고히 하려는 기득권 세력, 대한민국이라는 국가에 도전장을 내밀었다, 저는 그렇게 봅니다.

탄압은 이미 1987년부터 시작됐어요. 그때 작가는 유서를 썼답니다. 그 몇 줄을 읽어볼까요? "나는 6개월 전에 종합건강진단을 받았다. 그 결과 아무 이상도 없었다. 내가 어느 날 갑자기 죽게 되면 그건 나를 음해하는 세력이 저지른 소행이다. 불의의 사고를 당하거나 폭행을 당해도 마찬가지다. 내 아내나 아들이 같은 변을 당해도 마찬가지다."[16] 결국 말이지요, 『태백산맥』을 쓸 때 작가의 눈앞에 어른거린 것은 죽음

---

15. 「민족사 1세기 소설화 작업 마친 조정래 씨」, 『한국일보』, 2002년 2월 26일자.
16. 『태백산맥』을 집필할 때부터 작가가 받은 심리적 압박에 대해 조정래는 권영민과의 인터뷰에서도 솔직하게 털어놓았습니다. 권영민, 앞의 책, 2003, 301~302쪽을 참조 바랍니다.

이었던 겁니다. 죽음의 공포와 싸우며 쓴 거예요. 정말 문자 그대로 작가는 문화투쟁을 치열하게 벌이고 있었어요. 이것을 어떻게 이 이상 더 명확히 증명할 수 있겠어요? 적대 세력으로부터 가해져오는 심리적 압박과 싸우는 것이 작가에게는 엄청난 고통이었습니다.

작가는 검찰에 소환됐어요. 강도 높은 조사도 받았습니다. 그런데요. 위에서 말씀드린 고발장에 앞서 검찰이 먼저 조사를 시작했어요. 노태우 대통령 집권기였던 1991년 검찰이 이적성 조사를 했단 말씀입니다. 그러자 이에 고무된 우익 세력들이 작가를 집요하게 공격했어요. 당시 검찰은 일반인이 이 소설을 읽으면 괜찮지만 대학생과 노동자가 읽으면 이적표현물로 처벌하겠다는, 정말 괴상망측한 수사 결론을 내렸어요.

보수단체들은 연일 작가를 빨갱이라고 규탄했지요. 당시 군대에 입대한 작가의 아들은 두들겨 맞고 병원에 입원까지 했죠. 심지어 작가가 우군이라고 믿었던 문인과 언론들마저 공격의 대열에 참여했어요.[17] 소설은 날개 돋친 듯 팔려나갔지만 작가는 15년 동안 내내 핍박을 받았습니다. 그 와중에도 작품이 일본어로도 번역됐으니, 웃지 못할 대한민국의 현실이었답니다.

여러분은 작가가 주사파라고 생각하십니까? 그가 공산혁명을 원한다고 생각하십니까? 그럴 리가 없습니다. 작가 자신은 '건강한 보수와 책임 있는 진보가 함께 이끌어가는 사회를 원한다'고 했습니다. 작가의 이러한 진술이 진짜냐 가짜냐 하는 점을 문제 삼을 사람들도 있겠지만, 제가 보기에는 작가의 진술이 믿을 만해 보입니다. 우익 쪽 사람들

---

17. 「조정래와 이현세」, 『한국일보』, 2001년 6월 15일자.

은 '그건 뭐 탄압에서 피해 나가기 위한 구실일 거다', 이렇게 말했지만 그건 아닙니다. 뒷날 작가는 대하소설 『한강』을 썼지요. 포항제철의 박태준을 주요 등장인물로 한 소설이었어요. 박태준은 보수우파를 대표하는 사람이 아닙니까?

저는 이 작가에게 사상성이 미약하다고 봅니다. 이런 작가마저도 좌익으로 몰아붙이고, 그 작품을 금서로 낙인찍어 읽지 못하게 해야 된다고 하는 것이 20세기 후반의 우리 사회였습니다. 어떤 의미에서는 지금도 그런 모습이 상당 부분 남아 있어요. 2010년 3월 26일에 백령도 근처 해상에서 우리 해군의 초계함 'PCC-772 천안'이 침몰되자 그 원인을 둘러싸고 논란이 벌어졌습니다. 정부에서는 이 사건을 '천안함 피격사건'이라고 부르고 있지만, 아직도 일부 전문가들은 그것이 과연 북한의 피격에 의한 것인지를 단정할 수 없다고 말합니다. 하지만 천안함 사태의 의혹을 주장했던 사람들은 고소와 고발을 당했습니다. 심지어는 당초 천안함 조사위원이었던 신상철과 박선원 전 청와대 통일안보전략비서관까지도 그런 처지를 면하지 못했습니다. 침몰 원인에 대해 의혹을 제기한 누리꾼들은 국가로부터 상당한 탄압을 받았습니다. 국가정보원은 그들의 수년치 이메일을 조사했으며, 북한에 동조했다는 혐의로 수사를 했다는 것입니다. 한마디로, 천안함의 조사 결과에 대해 의문을 제기하는 사람들은 공권력의 제재를 받았습니다. 이것은 한국 사회가 이념적으로 얼마나 완고하고 경색되어 있는지를 여실히 보여주는 실례입니다.

과거에 저는 15년 세월을 독일에서 보냈어요. 한때 우리처럼 분단국가였던 그 독일이란 나라에 대해 얘길 하고 싶어집니다. 제가 그 나라에 처음 갔을 때 독일은 분단국이었어요. 나중에는 통일이 됐지만 그때는 그랬지요. 그 분단 독일, 특히 제가 있던 서독에서는 동독의 작가를 얘기한다든가 동독이란 사회에 관해서 얘기하는 것이 아주 자연스러웠어요. 서신도 주고받고, 방문도 할 수 있고, 도서관들끼리는 자료도 주고받고 다 했어요. 서독의 대학에서는 동독문학 전공을 하는 교수들이 많았어요. 물론 반공의 색안경 없이 그들은 동독문학을 감상하고 평론했습니다. 서점에서는 동독소설, 동독의 시, 무엇이든 다 주문해서 볼 수 있었어요. 우리식으로 얘기하면, 서울의 대형서점에서 책을 주문하면 평양에서 어제 나온 소설도 며칠 뒤에는 손에 들어온다는 겁니다. 그게 북한 정권을 찬양하는 것이든 아니든 상관이 없었어요. 분단 상황에서도 서독의 현실은 그랬단 말이죠. 우리는 어떻습니까? 지금도 전혀 안 되잖아요.

조정래 문학과 북한문학

우익과 보수를 자처하는 사람들은 '조정래는 빨갱이다'라고 합니다. 만일 그렇다면 북한문학이 묘사하는 6·25전쟁과 조정래가 서술하는 6·25전쟁이 정말 같은지를 따져볼 필요가 있는 것이 아닙니까? 결론적으로, 그건 완전히 다르다는 얘기입니다.

북한의 리장후라는 소설가가 『전선』(1987)이라는 전쟁소설을 썼지요. 이것은 한 개인의 문학작품이 아니라 조선로동당의 입장에서 쓴 것이었지요.[18] 그러나 조정래의 『태백산맥』은 그런 시각에서가 아니라 남한 민중의 시각에서 쓴 것이죠. 전쟁의 결과에 대해서도 리장후는 6·25전쟁을 '승리의 전쟁'으로 보았어요. 즉 노동당의 승리라고 서술했어

---

18. 서경석, 「6·25전쟁문학, 남과 북이 어떻게 다른가」, 『역사비평』, 1990년 겨울호.

요. 그에 비해 『태백산맥』은 민중의 비극으로 보았죠. 완전히 다른 시각입니다. 요컨대 북한의 입장에서 본 6·25전쟁은 '정의의 전쟁'이지만 우리의 작가가 역사화한 6·25전쟁은 '비극적 혁명'이란 말씀입니다. 이건 완전히 다른 것 아닙니까?

작가가 관심을 가진 것은 진상을 철저히 밝히는 것이었어요. 이념이 아니었어요. 그는 그때 정말 무슨 일이 어떻게 일어났는가를 민중의 관점에서 밝히는 것이 주된 관심사였어요. 그리고 그 아픔을 극복할 수 있는 희망의 싹은 이데올로기 안에 있지 않고, 우리가 한 핏줄이라고 하는 민족의식에 있다는 게 작가의 입장입니다. 그는 직접 이렇게 발언한 적이 있어요. "진정으로 분단을 넘어서는 문학은 이념적 대결 구도를 보여주고 있는 현실 상황을 넘어서서 역사적으로 민족사의 지평을 확장해보는 작업에 임해야 합니다. 이데올로기의 선택 이전에 민족 전체가 함께 소중히 다루어야 할 역사가 놓여 있기 때문입니다."[19] 답이 민족이라는 거죠. 작가 조정래는 그렇게 확신합니다.

민족이란 덫

저는 작가의 민족 사랑에 문제가 있다고 생각합니다. 그가 취한 민족문학의 시각을 문제 삼는 것입니다. 저는 '민족'이 사태의 올바른 해결책이라고 믿지 못합니다. 저더러 만일 '당신이 생각하는 해결책은 뭐냐?'고 묻는다면 저는 올바른 가치를 만들고, 이를 실천하는 것이 더

<hr>

19. 권영민, 앞의 책, 2003, 306쪽.

중요하다고 말하겠습니다.

　잠시 생각해봅시다. 경상도 사람과 전라도 사람은 같은 민족이 아니어서 매일 이 지경입니까? 노동자와 사용주는 같은 민족이 아니라서 쌍용자동차 문제로 스물두 명이 자살했습니까? 역사가 증명하듯, 민족이란 개념으로는 이런 문제들조차 해결이 안 됩니다. 같은 민족이 아니어서 문제가 생긴 게 아니잖습니까? '우리는 같은 민족이니까 이 문제를 넘어가자. 내가 양보하겠다. 너나 나나 같은 민족이니까 다 양보하마.' 그런 일이 도대체 언제 있었습니까? 지난 100년 동안 다들 민족을 내세웠지만 그렇게 해서 된 일이 무엇입니까? 하나도 없는 것 같습니다. 그래서 저는 그건 해답이 아니라고 주장합니다.

　그것보다는 대다수가 공감할 수 있는 올바른 가치를 공유하는 일이 훨씬 중요하지 않겠어요? 그런 가치를 제대로 공유하지 못하고 있기 때문에 김진숙 씨 같은 사람은 높은 탑 같은 데 올라가서 저항했지요. 그는 한진중공업 영도조선소에서 발생한 정리해고의 철회를 위해 35미터 높이의 85호 크레인에 올라가 309일 동안 고공농성을 벌였습니다. 민주노총 부산지역본부 지도위원인 그의 농성과 이를 지지하는 각계각층의 성원에 힘입어 한진중공업 노사는 정리해고자 94명을 1년 안에 재고용한다는 데 합의했습니다. 당초 고공농성이 시작될 때만 해도 사측에서는 '너 하나쯤은 죽어도 상관없다'는 식으로 아무런 관심도 기울이지 않았습니다. 그러나 각지로부터 출발한 '희망버스'를 타고 시민들이 현장으로 몰려가 지지와 성원을 보내자 사태가 일변했지요. 시민들의 단결된 행동이 문제를 풀었고, 김진숙 씨도 살려냈어요. 민족의식 같은 것은 그 일에 아무 도움도 되지 못했어요. 희망버스를 부산으로 보낸 것은 하나의 가치관이었지 민족의식은 아니었어요. 사람이 그런 식으로 죽게 내버려두어서는 안 된다는 가치관 때문에 다들 희망버스를 탔던 거지, 그게 작가가 말하는 '핏줄'하고 무슨 관계가 있겠어요.

더구나 지금의 우리 사회는 다문화 사회를 향해서 나아가고 있어요. 가장 보수적이라고 하는 어느 지역에서도 그곳 농촌의 신생아 가운데 30퍼센트 정도가 혼혈이라고 합니다. 도대체 언제까지 민족 타령, 핏줄 놀음을 할 것입니까? 핏줄을 가지고 뭉치고, 핏줄로 인해 차별하는 것이 우리 사회의 큰 문제입니다. 2012년 5월 러시아 출신 어머니에게서 태어난 다문화가정 출신의 청소년이 방화소동을 일으켰습니다.[20] 집단 따돌림을 견디다 못해 그랬다는 것입니다. 여기서 우리는 어설픈 민족주의의 병폐가 이 사건의 숨은 배경으로 작용한 것을 확신하게 됩니다.

'민족'이 우리 역사에 핵심적인 개념으로 떠오른 것은 제국주의의 침략 위협이 급증한 19세기 말, 20세기 초반의 일이었습니다. 서양에서도 민족의 이익을 절대시하는 민족주의가 등장한 것은 썩 오래된 일이 아니었습니다. 18세기 말부터 본격화된 근대국가의 탄생과 더불어 민족주의는 국가적인 이데올로기의 위상을 차지하기 시작했습니다.

민족주의는 지구상 어디서나 미덕보다는 수백 배 큰 해악을 남겼습니다. 건강한 애국주의를 넘어선 민족주의는 곧 흉기로 돌변하여 국가 간의 전쟁을 일으켰고, 타민족에 대한 폭력과 차별을 정당화했습니다. 그리하여 군국주의와 제국주의로 둔갑하여 제1, 2차 세계전쟁을 불러일으키기도 했습니다. 제2차 세계대전 이후에는 민족주의의 열풍이 더욱 거세졌고, 이것이 미국과 소련을 정점으로 한 냉전체제를 강화했습니다.

---

20. 「국회의원 22명 '다문화 소년 방화범 선처' 탄원서」, 『경향신문』, 2012년 6월 27일자.

냉전적 사고에 익숙한 남북한 당국은 겉으로만 민족통일을 부르짖었을 뿐, 실제로는 민족의 화해와 협력을 완전히 거부한 셈이었습니다. 더욱 흉악한 것은 민족주의의 기치 아래 대다수 시민들의 정당한 권리와 요구가 묵살됐다는 점입니다. 군부 독재자들은 민족의 평화와 통일을 구실로 기본권을 제한하고 자신들의 영구 집권을 꾀했을 뿐입니다. 독재정권은 민족의 경제발전을 위한다며 시민들의 노동력을 함부로 착취하고, 소수의 재벌에게 특혜를 몰아주었습니다. 민족주의는 이른바 '정경유착'의 허울이기도 했습니다.

민족주의는 폐기 처분되어야 마땅합니다. 민족의 자리에 시민사회를 두는 것이 마땅합니다. 이 사회의 주인은 시민이며, 그들의 권리와 요구가 최우선입니다. 일단 이 사회의 성원이 된 시민은 누구든지 다 이 나라의 구성원입니다. 단일민족 같은 것이 따로 존재할 수는 없습니다. 혈통과 문화적 배경에 무관하게 우리와 함께 일하며 살아가는 이들은 모두 이 사회의 주인이란 말씀입니다. 그런 점에서 저는 이제 '민족문학'이라고 하는 개념도 청산할 때가 됐다고 생각합니다. 민족문학의 논의 구도를 초극한 새로운 가치정립이 필요한 시점입니다. 그 점은 물론 다른 분야에서도 마찬가지입니다. '민족사'라든가 '민족의 통일' 같은 말은 더 이상 사용할 필요가 없다고 생각합니다. 통일을 하더라도 그 까닭은 같은 민족이어서가 아니라 '역사공동체' 또는 '문화공동체'를 회복하려는 시도라고 설명하는 것이 적절할 것입니다.

참고문헌

권영민, 『권영민 교수의 태백산맥 다시 읽기』, 해냄, 2003.

______, 『한국 현대문학사』 2, 민음사, 2002.

「[논설위원이 만난 사람/정성희] 『태백산맥』 작가 조정래」, 『동아일보』, 2012년 1월 2일자.

「민족사 1세기 소설화 작업 마친 조정래씨」, 『한국일보』, 2002년 2월 26일자.

서경석, 「6·25전쟁문학, 남과 북이 어떻게 다른가」, 『역사비평』, 1990년 겨울호.

「유언 남기고 『태백산맥』 썼다」, 『세계일보』, 2003년 9월 3일자.

유임하 엮음, 『조정래 : 민족의 삶과 역사적 진실』, 글누림, 2010.

「『장길산』이냐 『태백산맥』이냐」, 연합뉴스, 1991년 11월 8일자.

조정래, 『태백산맥』, 해냄출판사, 1989.

______, 『황홀한 글감옥』, 시사IN북, 2009.

「[지평선] 조정래와 이현세」, 『한국일보』, 2001년 6월 15일자.

「『태백산맥』 쓰려고 지리산 13번 종주」, 『매일경제』, 2004년 1월 30일자.

시대의 빗장을 열어젖힌
금서 작가들의 서사전략

끝으로 두 가지만 강조하고 싶습니다. 첫째는 금서와 '문화투쟁'이 불가분의 관계라는 점입니다. 둘째는 금서로 낙인찍힌 문제작들이 추구한 서사전략에 관한 제 소감입니다. '서사전략'은 '문화투쟁'의 중요한 도구였습니다. 이 두 가지의 특징을 간단히 스케치해봄으로써 우리는 금서의 시대적 역할을 보다 명확히 이해할 수 있을 것입니다.

'문화투쟁'의 역사

금서의 역사는 곧 '문화투쟁'의 역사였습니다. 조선 후기만 해도 평민지식인들은 『정감록』을 무기 삼아 지배 이데올로기인 성리학을 상대로 힘겨운 투쟁을 벌이지 않았습니까? 당시 특권적 지배층이 크게 문제 삼았던 서학(천주교)도 제 생각으로는 일종의 신문화운동이었습니다. 정조가 금지한 중국 명청 시대의 소품小品이나 패사稗史 등도 기성 문화계에 상당한 충격을 주었습니다. 이에 대해 정조는 '문체반정'으로 맞섰지요. 왕이 취한 일련의 사태가 곧 문화투쟁이었어요. 지배층은 전통적인 가치체계를 수호하려고 갖은 방법을 다 썼지요.

이처럼 지배층의 저항이 워낙 강력했기 때문에 평민지식인들의 '문화투쟁'은 이렇다 할 성과를 내지 못했어요. 적어도 표면상으로 보면 그렇게 보였습니다. 그러나 장기적인 관점에서 사태의 추이를 분석해보면 그렇지가 않았어요. 거듭된 금지와 탄압의 역사 속에서 『정감록』은 신종교들을 배태했습니다. 동학, 증산교 및 원불교로 대표되는 한국 근대의 신종교단체들은 '『정감록』 문화투쟁'의 과정에서 새 문명의 씨앗을 품게 됐어요. 즉, 19세기 말부터 20세기 전반까지 한국 사회에 우후죽순처럼 등장한 신종교단체들은 숱한 『정감록』 역모사건을 통해 배양된 평민들의 조직 경험을 바탕으로 한 것이었습니다.

이 책에서 검토한 8종의 금서는 저마다 독특한 성격을 가지고 있었고, 각기 독특한 문화투쟁의 역사를 남겼어요. 『조선책략』만 해도 그 출현을 계기로 개화파와 척사파가 거세게 충돌했지요. 긴 흐름에서 보면 『조선책략』은 한반도가 외세의 각축장이 되고, 더 나아가 식민지화될 조짐을 알리는 신호탄이었어요. 척사파는 문제의 서적에서 미래의 불길한 조짐을 읽었기 때문에, 거칠게 반대 상소운동을 전개했습니다. 반면에 개화파는 그 책에 고무되어 개화와 자강의 의욕을 불태웠던 겁니다.

유감스럽게도 개화정책은 제대로 추진되지 못했습니다. 나라의 운명은 갈수록 풍전등화가 됐지요. 금서 『금수회의록』은 망국의 길에 접어든 한국 사회의 고뇌를 여실히 보여주었습니다. 『을지문덕』 역시 국권을 회복하고, 우리의 정체성을 지키고자 노력하는 그 시대의 굳센 각오를 표현했지요. 그들 금서는 민족적 '거세'를 부정하는 일련의 문화투쟁이었어요. 『백석 시집』도 그렇게 읽을 수 있습니다. 백석의 시는 얼핏 보아 순수 서정시였어요. 하지만 식민지 시기의 말기적 증상이 나날이 도를 더해가던 그 시점에서는 얼마든지 다른 뜻으로도 읽힐 수 있었습니다. 시를 통해 백석은 식민지 조선의 '문화적 정체성'을 지키기 위한 문화투쟁을 벌였다는 해석이 가능합니다.

우리가 살핀 다른 금서들도 예외 없이 한국 근현대사를 뒤흔든 문화투쟁의 피어린 역사였어요. 리영희는 냉전이데올로기에 사로잡힌 한국 사회의 비참한 현실을 타개하기 위해 『8억인과의 대화』를 썼습니다. 김지하는 풍자시 「오적」으로 반민주적이고 권위적인 군사정권의 부정부패에 맞섰습니다. 이런 것들을 우리는 정치투쟁이라고 말하기 쉽습니다. 제 입장에서는 평가가 좀 달라집니다. 리영희와 김지하 또한 전형적인 문화투쟁의 견인차였어요. 그들은 새로운 사고와 새로운 가치를 구현하기 위해 적극적으로 권력에 저항했습니다. 오랫동안 금서 시비에 휘말린 조정래의 『태백산맥』도 분단의 역사를 극복하려는 새로운 모색이었어요. 그런 점에서 문화투쟁으로 보는 것입니다.

리영희, 김지하, 조정래 등은 권력자들이 은폐해온 불편한 진실을 각자 자기 나름의 방식으로 폭로했어요. 그로써 그들은 한국 사회에 새로운 변화를 불러일으키고자 했습니다. 그들은 신상에 가해질 위협까지 감수하면서 붓을 꺾지 않았어요. 그들 가운데는 미리 유서를 써둔 이도 있었어요. 그때 그들은 죽음의 공포와 싸우면서도 저항과 비판의 글을 썼습니다.

그 점은 신채호, 안국선, 그리고 『정감록』과 같은 예언서의 저자들에게서도 발견됩니다. 그들은 권력으로부터 가해져오는 물리적·심리적 압박에 맞서 싸웠습니다. 금서 작가의 이처럼 끈질긴 문화투쟁이 없었다면, 한국의 역사는 더욱 깜깜해졌을 것입니다. 자신의 신념을 위해 싸운 이가 어찌 그들뿐이었겠습니까? 그렇지마는 금서 작가들의 문화투쟁이야말로 우리가 함부로 과소평가해서는 안 될 중요한 문화유산입니다.

서사전략

금서의 저자들은 서사전략을 각별히 고민했습니다. 기성의 가치를 부정하거나 권력에 노골적으로 항거하는 '위험한' 글을 써야만 했던 그들에게 글쓰기란 결코 쉬운 일이 아닙니다. 저자들의 심적 부담은 클 수밖에 없습니다. 자연히 그들은 모종의 서사전략을 수립하게 됐습니다. 저는 이 책에서 바로 그런 부분을 드러내고자 했습니다. 서사전략의 포착을 통해 사태의 긴박성 또는 사안의 본질이 날카롭게 이해될 수 있기를 바랐던 게지요.

저자의 실명조차 알 수 없는 『정감록』은 고려에서 제외하더라도 황준헌의 『조선책략』은 어떨까요? 중국인 저자는 조선의 외교전략을 수립하는 데 참고하라며 이 책을 조선인 관리의 손에 쥐어주었습니다. 이 책은 물론 황준헌이라는 한 개인의 저술이었습니다. 하지만 저자가 현직 청나라 외교관이었다는 점, 그리고 이 책이 바로 조선 국왕에게 전달될 운명이었다는 점을 고려할 때, 그것을 개인의 저술로 보기는 어렵겠습니다. 이 책은 청나라가 조선에게 비공식적으로 외교지침을 시달한 것이나 다름없었던 것입니다.

『조선책략』의 서사전략은 다중적이었다고 봅니다. 우선 그 당시 중국과 일본, 그리고 조선의 지배자들은 이 책이 주장하는 통상과 개방을 절대적인 생존전략으로 받아들였습니다. 그러나 국내의 위정척사파들은 이 책이 오랑캐 문화를 선전하는 것으로 보고 거세게 반발했습니다. 그들의 문화투쟁은 우여곡절 끝에 임오군란으로 나타났어요. 이에 당황한 청나라는 조선에 군대를 파견했지요. 여차하면 청나라가 조선을 직접 통치할 수도 있다는 뜻을 내비친 겁니다. 그리하여 청나라와 일본의 암투는 도를 더해갔지요. 그러다가 일본은 마침내 한반도를 식민지로 만들어버렸습니다. 결과를 가지고 보면, 『조선책략』은 국내에서 신구 문화의 충돌을 불러일으켰고, 나아가 한반도의 식민화를 촉진한 셈입니다.

글쓴이 황준헌과 그 배후인물인 청나라의 실력자 이홍장 등이 과연 어디까지를 염두에 두었을까요? 그 점을 분간하기란 쉽지 않습니다. 그럼에도 한 가지 분명한 것은, 그들이 청나라의 국익을 지키기 위해 조선에 근대화의 바람을 일으키고, 국제적 연대를 통해 러시아의 남하를 막고자 부심했다는 점입니다. 그들은 한국을 외교적인 수단으로 이용한 것입니다. 이런 점들이 『조선책략』의 서사전략에 그대로 반영되어 있습니다.

안국선의 『금수회의록』에서는 저자의 서사전략이 훨씬 세부적으로 포착됩니다. 그는 이 책을 쓸 때 기독교 신자의 관점을 선택했습니다. 이것은 무척 새롭고 중요한 전략이었습니다. 기존의 유교적 입장을 벗어나, 서양 종교인 기독교의 관점을 취함으로써 저자는 한국 사회를 새로운 각도에서 비판할 수 있게 됐지요. 또한 담론의 폭을 화이론華夷論에서 문명개화론으로 확대할 수 있었지요.

그때는 아직 전국에 기독교 신자가 수천 명에 불과했어요. 기독교에 대해 거부감을 가진 인사들도 많았습니다. 하지만 기독교는 서양 문명을 대표하는 종교로 알려져 있었지요. 안국선은 기독교적 입장을 취함으로써 자신의 위상을 신식 문명의 대변자로 끌어올렸지요. 그러면서도 그는 한국 사회의 저변을 지배하던 유교사상과의 맞대결은 회피했습니다. 훌륭한 전략이었다고 평하고 싶습니다. 게다가 그는 무조건 서양이라면 칭찬을 아끼지 않던 기독교 선교사들과는 달리, 서양의 제국주의에 대해서도 여지없이 비판의 칼날을 휘둘렀지요. 안국선의 서사전략은 그와 같이 다채로웠습니다.

또 안국선은 작중인물로 동물들을 내세웠어요. 동물들의 입을 빌려 인간 세상을 비판함으로써 구한말의 세태가 더욱 적나라하게 표현됐습니다. 또 만약에 당국이 이 책의 비판적인 내용을 문제 삼을 경우에는 우화라는 형식을 강조해 탄압의 예각을 피할 수도 있었을 것입니다.

한 가지 더 말씀드릴 게 있지요. 안국선은 『금수회의록』에서 자신에게 유리한 문체를 활용하기 위해 연설문의 형식을 채택했습니다. 또한 '손뼉 치는 소리 천지 진동' 따위의 지문을 포함시켜, 저자가 강조하고 싶은 대목을 마음껏 강조했습니다. 신소설 『금수회의록』이 구한말 대중의 사랑을 받은 데는 그가 구사한 여러 가지 전략이 상당한 역할을 했습니다. 이 신소설이 일본의 번안소설이라는 주장이 사실이라 해도, 『금수회의록』은 구한말 한국 사회의 문제점을 예리하게 파헤쳤기 때문에 그 독창성을 부인할 수 없습니다.

신채호의 경우는 어땠을까요? 그의 『을지문덕』은 구한말의 제국주의 침략에 효과적으로 맞서기 위해 고민한 흔적이 역력합니다. 저들과의 경쟁에서 물리적 열세를 극복하기 위해 '영웅'의 탄생을 염원했습니다. '민족'의 굳센 정신적 힘만이 제국주의와의 물리적 격차를 해소할 방법이라는 것이 신채호의 신념이었습니다. 『을지문덕』은 영웅주의와 민족주의를 결합함으로써 국권 수호의 목적을 이루고자 했던 것입니다. 신채호는 그 점을 효과적으로 전달하기 위해 '을지문덕주의'를 주창했습니다.

또한 신채호는 책의 파급 효과를 극대화하기 위해 전략적인 고려를 했던 것이 틀림없습니다. 우선 저자는 소수의 지식인들을 이 책의 독자로 상정하지 않았어요. 대신에 한문을 잘 모르는 아이들과 여성들까지도 이 책의 독자 범위에 포함시켰습니다. 그래서 저자는 낭독에 적합한 문체를 선택했습니다. 저자는 주인공의 영웅적인 행적을 방방곡곡의 시골 사랑방 같은 데서 누군가 목청을 돋워 큰소리로 읽기를 기대하며, 누구나 쉽게 이해할 수 있는 쉬운 어휘와 씩씩한 문장으로 꾸몄습니다.

언어상의 배려는 물론 다른 작품들에서도 쉽게 발견됩니다. 시인 백석과 김지하, 그리고 소설가 조정래도 저마다 특별한 언어를 선택했지요. 백석은 정주 지방의 토착어에 호소했고, 김지하는 판소리와 사설시조, 가사는 물론 『정감록』과 동학, 증산교 등에 보이는 민중의 언어를 마음껏 차용했지요. 조정래 역시 고향 말인 벌교 사투리를 풍부하게 구사함으로써 민중의 생활과 의식 세계를 되살려냈습니다. 저자가 누구의 어떠한 어투를 빌려 작품을 쓰는가 하는 문제는 모든 글에 있어 가장 중요한 근간입니다. 그런데 공교롭게도 우리가 다룬 금서의 저자들은 모두 기층민의 언어에 호소했습니다. 그들이 선도하는 '문화투쟁'의 동지는 다름 아닌 평민 또는 민중으로 예정됐기 때문입니다.

언어에 관해 조금 다른 이야기를 해보겠습니다. 언론인 리영희는 그 자신이 평생 강조한 진실의 탐구를 위해 독특한 글투를 창안했습니다. 언제나 그는 구체적이고 사실적인 어투를 고집했어요. 권위자의 의견에 기대지도 않았어요. 『8억인과의 대화』가 입증하듯, 그가 사실을 기술하는 방식은 간결하기 짝이 없었습니다.

리영희식 글쓰기는 간결하면서도 정밀한 문장이 생명이었어요. 그는 자신의 감정을 글 밖으로 직접 드러내지 않고, 글 안에 품는 방식을 선택했습니다. 겉보기에는 차가워 보여도 속이 뜨거운 글투를 빌려 리영희는 독자들의 비판적 지성을 일깨우고, 그들이 실천운동의 대열에 합류하도록 촉구했습니다. 1970~80년대 민주화운동 때 리영희가 쓴 여러 권의 책들은 이른바 '운동권의 교과서' 노릇을 했습니다. 거기에는 책의 내용 못지않게 그의 독창적인 문체도 한몫 톡톡히 했습니다.

끝으로, 『태백산맥』의 서사전략을 검토해보면 조정래의 문체는 행동적입니다. 그는 작중인물의 행동을 구체적으로 묘사하는 데 주력했습니다. 문장도 간결하고 어휘 면에서도 추상적인 것들이 배제됐습니다. 장면 묘사도 꾸밈없는 사실적 언어, 나아가 기록적 언어로만 가득하지요. 작중의 숱한 사건들도 빠르고 긴장된 언어를 통해 박진감 있게 서술됩니다.

작가 조정래는 『태백산맥』이란 소설을 한 편의 허구로 인식했다기보다 비공식적인 대하 기록물로 간주했습니다. 이것은 한국 사회가 오랫동안 금기시한 빨치산의 역사입니다. 제가 보기에도 이 소설은 역사소설이면서 또한 역사적 기록물입니다.

미시사가인 저는 『태백산맥』을 한 편의 성공한 미시사로 읽습니다. 작가의 서사전략은 삶의 중층성을 부각시키는 데 성공했어요. 그는 수백을 헤아리는 등장인물들의 삶을 각자가 처한 사회경제적 맥락에서 치밀하게 분석했어요. 좌익이니 우익이니 하는 이념의 관점에 얽매이지 않고, 작가는 민중 생활의 실체를 묘사한다는 각오로 개개인의 삶을 모자이크하듯 직조했습니다.

그는 은폐가 강요된 빨치산의 역사를 공개하고야 말았습니다. 그렇게 하려고 그랬나요? 그는 공인된 역사를 유일한 역사서술로 인정하기를 거부했습니다. 틀에 박힌 공식적 역사의 이면에는 치열한 삶의 역사가 숨어 있다고 믿었기 때문이지요. 그리하여 작가는 숱한 현지 답사와 메모를 엮어 금단의 역사를 재구성했습니다. 이것은 분명히 역사학자들의 일반적인 작업과는 여러 면에서 다를지도 모릅니다. 하지만 삶의 구체성을 바탕으로 한 작가의 중층적 서사는 역사학의 본질에 근접한 진실한 탐구가 아니었을까요? 이념의 자리에 생활을 두고자 한 조정래의 서사전략은 풍부한 결실을 가져왔다고 평가됩니다.

금서의 역사는 지금도 계속됩니다. 지배 권력의 위선과 부패를 질타하는 저주와 야유와 폭로, 새로운 가치관의 도래를 알리는 불온함과 도발성이 문제라고 합니다. 보수적인 기득권층으로서는 이 모든 것이 참기 어려울 것이고, 그래서 그들은 '퇴폐'와 '음란', 그리고 '미풍양속의 저해'를 이유로 늘 금서목록을 새롭게 작성합니다. 그러나 그것은 사태의 본질이 아닙니다. 금서를 배태하는 본질적인 동기는 문화적 헤게모니를 지키려는 지배 권력의 야욕에 있습니다. 지배 권력이 때로 그럴듯한 이유를 내세워 사상과 표현의 자유를 억압하지만, 긴 역사적 흐름에서 바라보면 그들의 '문화투쟁'은 결정적인 한계를 노출하게 마련입니다. 시간은 모든 질서를 바꿉니다. 변화의 모든 싹이 시간의 품 안에서 자라납니다. 때가 되면 역사 무대의 주인공도 바뀌게 마련입니다. 그 전환을 가속화하는 것이 금서 저자들의 다양한 '서사전략'입니다. 금서를 정해놓고 함부로 사상과 표현의 자유를 탄압하는 일은 어떤 경우에도 결코 합리화될 수 없습니다.